:: 中華文化促進會主持編纂

:: 國家“十一五”重點圖書出版規劃項目

:: 中國社會科學院哲學社會科學創新工程學術出版資助項目

出品人　王石　段先念

今注本二十四史

隋書

唐　魏徵等　撰

馬俊民　張玉興　主持校注

六　志〔五〕

中国社会科学出版社

隋書　卷二五

志第二十

刑法

　　夫刑者，制死生之命，詳善惡之源，翦亂誅暴，禁
人爲非者也。聖王仰視法星，[1]旁觀習坎，[2]彌縫五
氣，[3]取則四時，[4]莫不先春風以播恩，後秋霜而動憲。
是以宣慈惠愛，導其萌芽，刑罰威怒，隨其肅殺。仁恩
以爲情性，禮義以爲綱紀，養化以爲本，明刑以爲助。
上有道，刑之而無刑；上無道，殺之而不勝也。《記》
曰：“教之以德，齊之以禮，則人有格心。教之以政，
齊之以刑，則人有遁心。”[5]而始乎勸善，終乎禁暴，以
此字人，必兼刑罰。至於時逢交泰，[6]政稱忠厚，美化
與車軌攸同，[7]至仁與嘉祥間出，[8]歲布平典，年垂簡
憲。昭然如日月，望之者不迷，曠乎如大路，行之者
不惑。

　　[1]法星：星名。一指北斗七星第二星天璇的別名，天文中反

映人間刑罰的星象。參見《晉書·天文志》。

[2]習坎：重重險阻。

[3]五氣：五行之氣。

[4]四時：四季。

[5]"教之以德"至"人有遁心"：語出《禮記·緇衣》。格心，歸正之心。

[6]交泰：天地之氣和祥，萬物通泰。典出《易·泰卦》："天地交，泰。"

[7]車軌：以車同軌意指天下一統。

[8]至：宋刻遞修本、宋殘本、汲古閣本作"自"，殿本、庫本、中華本與底本同。"至仁"與"嘉祥"並列，爲仁德之意，作"至"是。

刑者甲兵焉，[1]鈇鉞焉，[2]刀鋸鑽鑿，[3]鞭朴榎楚，[4]陳乎原野而肆諸市朝，其所由來，亦已久矣。若夫龍官之歲，[5]鳳紀之前，[6]結繩而不違，不令而人畏。五帝畫象，[7]殊其衣服，三王肉刑，[8]刻其膚體。若重華之眚災肆赦，[9]文命之刑罰三千，[10]而都君恤刑，[11]尚奉唐堯之德，[12]高密泣罪，[13]猶懷虞舜之心。殷因以降，去德滋遠。若紂能遵成湯，[14]不造炮烙，[15]設刑兼禮，守位依仁，則西伯斂轡，[16]化爲田叟。周王立三刺以不濫，[17]弘三宥以開物，[18]成、康以四十二年之間，[19]刑厝不用。薰風潛暢，頌聲遐舉，越裳重譯，萬里來歸。若乃魯接燕、齊，荊鄰鄭、晉，時之所尚，資乎辯舌，國之所恃，不在威刑。是以纔鼓夷蒐，宣尼致誚；[20]既鑄刑辟，叔向貽書。[21]夫勃澥之浸，[22]霑濡千里，列國之政，豈周之膏潤者歟！

[1]甲兵：古者兵刑不分，用兵即用刑。

[2]鈇（fū）鉞：指斫刀與大斧，腰斬、砍頭的刑具。

[3]刀鋸鑽鑿：古代用以執行肉刑的四種刑具。

[4]榎（jiǎ）楚：以榎木荆條製成刑具用以笞打。按，“榎”字宋殘本、汲古閣本、中華本同，殿本、庫本作“夏”。

[5]龍官之歲：太皞之時以龍命官，此代指其時。

[6]鳳紀：亦指“鳳曆”。代指少皞之時。

[7]五帝：上古傳說中的五位帝王。説法不一，此代指上古之時。　畫象：亦稱“畫衣冠”，傳説上古有象刑，以異常的衣着象徵五刑表示懲誡，犯人穿着特殊標志的衣冠代替刑罰。參見《慎子·逸文》。

[8]三王：指夏、商、周三代之君。説法不一：一説夏禹、商湯、周武王。一説夏禹、商湯、周文王。

[9]重華：虞舜的美稱。詳見《史記》卷一《五帝本紀》。眚災肆赦：語出《尚書·舜典》。指寬待或赦免罪犯。

[10]文命：傳說爲夏禹的名字。詳見《史記》卷二《夏本紀》。

[11]都君：此亦指虞舜。《孟子·萬章上》：“謨蓋都君咸我績。”孫奭疏：“都君，即象稱舜也。”

[12]唐堯：傳說中的古帝陶唐氏之號。詳見《史記·五帝本紀》。

[13]高密泣罪：夏禹在路見犯人，下車悲傷詢問罪因。典出劉向《説苑》卷一。高密，爲夏禹所封之國，此代指夏禹。

[14]紂：人名。商代最後一位君主紂王。詳見《史記》卷三《殷本紀》。　成湯：亦作“成商”。商開國之君。詳見《史記》卷三《殷本紀》。

[15]炮烙：宋殘本、汲古閣本、殿本、庫本同，宋刻遞修本、

中華本作"炮格"。

　　[16]西伯：指周文王或周武王，商紂王命爲西方之長，故稱。詳見《史記》卷四《周本紀》。

　　[17]三刺：周代治理重案，必依次與群臣、群吏和百姓反復計議，然後定罪判決。參《周禮·秋官·司刺》云："司刺掌三刺、三宥、三赦之法，以贊司寇聽獄訟。壹刺曰訊群臣，再刺曰訊群吏，三刺曰訊萬民。"

　　[18]三宥：周代對犯人可從輕處理的三種情況。《周禮·秋官·司刺》云："壹宥曰不識，再宥曰過失，三宥曰遺忘。"

　　[19]成、康：指周成王與周康王。詳見《史記》卷四《周本紀》。

　　[20]纔鼓夷蒐，宣尼致誚：典出《左傳》昭公二十九年。魯昭公二十九年（前513）冬，晋國鑄刑典於鐵鼎。宣尼，即孔子，漢平帝元始元年（1）追諡孔子爲褒成宣尼公。

　　[21]叔向貽書：典出《左傳》昭公六年："三月，鄭人鑄刑書。叔向使詒子産書。"叔向，春秋時晋國大夫羊舌肹。

　　[22]勃澥：亦作"勃解"。指渤海。

　　秦氏僻自西戎，[1]初平區夏，于時投戈棄甲，仰恩祈惠，乃落嚴霜於政教，揮流電於邦國，棄灰偶語，[2]生愁怨於前，毒網凝科，害肌膚於後。玄鉞肆於朝市，[3]赭服飄於路衢，[4]將間有一劍之哀，[5]茅焦請列星之數。[6]漢高祖初以三章之約，[7]以慰秦人，孝文躬親玄默，[8]遂疏天網。孝宣樞機周密，[9]法理詳備，選于定國爲廷尉，[10]黃霸以爲廷平。[11]每以季秋之後，諸所請讞，帝常幸宣室，[12]齋居决事，[13]明察平恕，號爲寬簡。光武中興，[14]不移其舊，是以二漢群后，罕聞殘酷。魏武造易鈇之科,[15]明皇施減死之令,[16]中原凋敝,[17]吳、蜀三分,哀矜折獄,亦所未暇。晋氏平吳,九州寧一,乃命賈充,[18]大明刑憲。内以平章百姓,外以和協萬邦,實曰輕平,稱爲簡易。是以宋、齊方駕,[19]輒其餘軌。若乃刑隨喜怒,[20]道暌正直,布憲擬於秋荼,設網逾於朝胜,恣興夷翦,取快情靈。若隋高祖之揮刃無辜,[21]齊文宣之輕刀臠割,[22]此謂匹夫私仇,非關國典。

[1]西戎:古代西北戎族的總稱。

[2]棄灰:指刑棄灰燼於路者。典出《史記》卷八七《李斯列傳》。 偶語:指相聚議論或竊竊私語。典出《史記》卷八《高祖本紀》。

[3]玄鉞:指古代鐵製斧刑兵器,常用以施斬刑。

[4]赭服:古代囚衣,此用指囚犯。

[5]將閭:人名。秦始皇之子,爲秦二世所殺。事見《史記》卷六《秦始皇本紀》。

[6]茅焦:人名。戰國時齊國人,秦王嬴政時封爲上卿。事見《史記·秦始皇本紀》、劉向《説苑·正諫》。

[7]漢高祖:即劉邦。紀見《史記》卷八、《漢書》卷一。

[8]孝文:漢文帝劉恒。紀見《史記》卷一〇、《漢書》卷四。

[9]孝宣:漢宣帝劉詢。紀見《漢書》卷八。

[10]于定國:人名。漢宣帝時任廷尉,執法公正,後任丞相。傳見《漢書》卷七一。 廷尉:官名。秦漢九卿之一,掌刑辟。秩中二千石。

[11]黃霸:人名。漢宣帝時爲廷尉正,五鳳三年(前55)任丞相。傳見《史記》卷九六、《漢書》卷八九。 廷平:官名。亦作“廷尉平”,漢廷尉屬官,漢宣帝地節三年(前67)始置,初置四人,稱左右平,掌平決詔獄事。秩六百石。按,《漢書·刑法志》

載宣帝以黄霸爲"廷平"，然檢《漢書·黄霸傳》宣帝以爲"廷尉正"。

[12]宣室：古代宫殿名。此指漢代未央宫中宣室殿。

[13]居：宋殘本、汲古閣本、殿本、庫本同，宋刻遞修本、中華本作"而"。

[14]光武：指東漢光武帝劉秀。紀見《後漢書》卷一。

[15]魏武造易鈦之科：魏武帝曹操定甲子科條，犯鈦左右趾的人，易以木械。典出《晋書·刑法志》。魏武，三國魏武帝曹操。紀見《三國志》卷一。

[16]明皇：三國魏明帝曹叡。紀見《三國志》卷三。

[17]敝：殿本、庫本、中華本同，宋殘本、宋刻遞修本、汲古閣本作"弊"。

[18]賈充：人名。西晋開國元勳。傳見《晋書》卷四〇。

[19]宋：即南朝宋（420—479），都建康（今江蘇南京市）。
齊：即南朝齊或蕭齊（479—502），都建康（今江蘇南京市）。

[20]乃：殿本、庫本、中華本同，宋刻遞修本、宋殘本、汲古閣本作"亦"。

[21]隋高祖：隋文帝楊堅廟號。紀見本書卷一、二，《北史》卷一一。

[22]齊文宣：北齊文宣帝高洋。紀見《北齊書》卷四、《北史》卷七。

孔子曰："刑亂及諸政，政亂及諸身。"心之所詣，則善惡之本原也。彪、約所製，[1]無刑法篇，臧、蕭之書，[2]又多漏略，是以撮其遺事，以至隋氏，附于篇云。

[1]彪、約：彪，指司馬彪，晋人，曾著《後漢書》；約，指沈約，南朝梁人，著有《宋書》。

[2]臧、蕭：臧，指臧榮緒，南朝齊人，曾著《晋書》，書已失傳；蕭，指蕭子顯，南朝梁人，著《南齊書》。

梁武帝承齊昏虐之餘，[1]刑政多僻。既即位，乃制權典，[2]依周、漢舊事，有罪者贖。其科，[3]凡在官身犯，罰金。鞭杖杖督之罪，悉入贖停罰。其臺省令史士卒欲贖者，[4]聽之。時欲議定律令，得齊時舊郎濟陽蔡法度，[5]家傳律學，云齊武時，[6]删定郎王植之，[7]集注張、杜舊律，[8]合爲一書，凡一千五百三十條，事未施行，其文殆滅，法度能言之。於是以爲兼尚書删定郎，使損益植之舊本，以爲《梁律》。天監元年八月，[9]乃下詔曰：“律令不一，實難去弊。[10]殺傷有法，昏墨有刑，此蓋常科，易爲條例。至如三男一妻，[11]懸首造獄，[12]事非慮内，法出恒鈞。前王之律，後王之令，因循創附，良各有以。[13]若游辭費句，無取於實録者，[14]宜悉除之。求文指歸可適變者，載一家爲本，用衆家以附。丙丁俱有，[15]則去丁以存丙。若丙丁二事，注釋不同，則二家兼載。咸使百司，議其可不，取其可安，以爲標例。宜云：‘某等如干人同議，以此爲長’，則定以爲《梁律》。留尚書比部，[16]悉使備文，若班下州郡，止撮機要。可無二門侮法之弊。”[17]法度又請曰：“魏、晋撰律，止關數人，今若皆諮列位，恐緩而無決。”

[1]梁武帝：南朝梁武帝蕭衍。紀見《梁書》卷一至三、《南史》卷六、七。

[2]權典：臨時法律。

[3]科：條文。

[4]臺省：尚書省別稱。　令史：尚書省專管文書簿册的吏員。

[5]濟陽：郡名。南朝梁治所在今河南蘭考縣東北。　蔡法度：人名。梁武帝天監二年（503），上《梁律》二十卷，《令》三十卷，《科》四十卷。

[6]齊武：南朝齊武帝蕭賾。紀見《南齊書》卷三、《南史》卷四。

[7]删定郎：官名。即删定曹郎，南朝齊尚書省屬官之一，掌删定律令。齊官品不詳。　王植之：人名。南朝齊人，事略見《南齊書》卷四八《孔稚珪傳》、卷四九《王奐傳》。按，《通典》卷一六四《刑法二·刑制中》、《册府元龜》卷六一〇《刑法部·定律令》同底本作“王植之”，然《南齊書·孔稚珪傳》、《南齊書·王奐傳》、《南史》卷四九《孔珪傳》、《南史》卷五七《范雲傳》均作“王植”。

[8]張、杜：指晉時張斐與杜預，二人曾爲《晉律》作注。事分別見《晉書》卷三〇《刑法志》及卷三四《杜預傳》。

[9]天監：南朝梁武帝蕭衍年號（502—519）。

[10]弊：諸本均同，然中華本校勘記云：“‘弊’，《册府元龜》六一〇作‘取’。”

[11]三男一妻：漢宣帝時，有三男同娶一女爲妻，生兩子。後爲爭兩子打官司。黄霸正爲廷平，便殺三男，把兩子判歸其母所養。典見《棠陰比事》。

[12]懸首造獄：漢元帝時，王尊爲美陽令，有繼母告繼子要娶她爲妻，王尊審得實情後將繼子吊在樹上，用箭射殺。典出《漢書》卷七六《王尊傳》。

[13]良各有以：“有”，惟宋殘本無。

[14]實録：此指專門記載某一皇帝一朝事的編年史。

[15]丙丁：漢代帝王所發之令，均分類彙編爲《令甲》《令乙》《令丙》《令丁》之別。

[16]尚書比部：官署名。尚書省諸曹之一，南朝梁掌刑法，兼掌稽覈詔書律令等事。

[17]二門侮法："刑開二門"，意指法令不統一，可任意輕重，同罪異罰，使官吏可借此舞文弄法。典出《後漢書》卷二八上《桓譚傳》。

於是以尚書令王亮、侍中王瑩、尚書僕射沈約、吏部尚書范雲、長兼侍中柳憕、給事黃門侍郎傅昭、通直散騎常侍孔藹、御史中丞樂藹、太常丞許懋等，[1]參議斷定，定爲二十篇：一曰刑名，二曰法例，三曰盜劫，四曰賊叛，五曰詐僞，六曰受賕，七曰告劾，八曰討捕，九曰繫訊，十曰斷獄，十一曰雜，十二曰戶，十三曰擅興，十四曰毀亡，十五曰衞宮，十六曰水火，十七曰倉庫，十八曰廐，十九曰關市，二十曰違制。其制刑爲十五等之差：棄市已上爲死罪，大罪梟其首，其次棄市。刑二歲已上爲耐罪，言各隨伎能而任使之也。有髠鉗五歲刑，[2]笞二百，收贖絹，男子六十匹。又有四歲刑，男子四十八匹。又有三歲刑，男子三十六匹。又有二歲刑，男子二十四匹。罰金一兩已上爲贖罪。贖死者金二斤，男子十六匹。贖髠鉗五歲刑笞二百者，金一斤十二兩，男子十四匹。贖四歲刑者，金一斤八兩，男子十二匹。贖三歲刑者，金一斤四兩，男子十四。贖二歲刑者，金一斤，男子八匹。罰金十二兩者，男子六匹。罰金八兩者，男子四匹。罰金四兩者，男子二匹。罰金二兩者，男子一匹。罰金一兩者，男子二丈。女子各半之。五刑不簡，正于五罰，五罰不服，正于五過，[3]以贖論，故爲此十五等之差。[4]又制九等之差：有一歲刑，半歲刑，百日刑，鞭杖二百，鞭杖一百，鞭杖五十，鞭杖三十，[5]鞭杖二十，鞭杖一十。有八等之差：[6]一曰免官，加杖督一百；二曰免官；三曰奪勞百日，[7]杖督一百；四曰杖督一百；五曰杖督五十；六曰杖督三十；[8]七曰杖督二十；八曰杖督一十。論加者上就次，當減者下就次。

[1]尚書令：官名。尚書省長官，梁時政令機要在中書、門下，尚書令但聽命受事而已。南朝梁十六班。　王亮：人名。歷宋、齊、梁三朝，梁武帝受禪遷侍中、尚書令。傳見《梁書》卷一六，《南史》卷二三有附傳。　侍中：官名。掌侍從左右，擯相威儀，盡規獻納，糾正違闕。南朝梁第十二班。　王瑩：人名。梁武帝受禪，遷侍中、撫軍將軍。傳見《梁書》卷一六，《南史》卷二三有附傳。　尚書僕射：官名。尚書省次官，與尚書令同居宰相之任。南朝梁十五班。　沈約：人名。歷宋、齊、梁三朝，以文學、史學著名，撰有《宋書》。傳見《梁書》卷一三、《南史》卷五七。　吏部尚書：官名。尚書省下轄六部之一吏部的長官。掌全國文職官員銓選、考課等政令。南朝梁十四班。　范雲：人名。梁武帝受禪，任爲侍中，遷散騎常侍、吏部尚書。傳見《梁書》卷一三、《南史》卷五七。　長兼侍中：指非正式任命之侍中。　柳惲：人名。梁武帝受禪爲侍中。傳見《梁書》卷二一、《南史》卷三八。　給事黃門侍郎：官名。與侍中同掌侍從左右，擯相威儀，盡規獻納，糾正違闕。監合嘗御藥，封璽書等職掌。南朝梁第十班。　傅昭：人名。歷宋、齊、梁三朝，梁武帝受禪遷給事黃門侍郎，領著作郎。傳見《梁書》卷二六、《南史》卷六〇。　通直散騎常侍：官名。南朝梁散騎省官員，位比侍中，侍從左右，備顧問，不典事。第十一班。　孔藹：人名。事迹不詳。　御史中丞：官名。掌

督司百僚，皇太子以下，其在宮門行馬內違法者，皆糾彈之。雖在行馬外而監司不糾，亦得奏之。南朝梁第十一班。　樂藹：人名。歷宋、齊、梁三朝，梁武帝受禪升驍騎將軍，遷御史中丞。傳見《梁書》卷一九、《南史》卷五六。　太常丞：官名。太常寺次官，佐卿掌宗廟郊社禮樂事。南朝梁第五班。　許懋：人名。梁天監初，參議五禮，傳見《梁書》卷四〇、《南史》卷六〇。

[2]髡鉗：刑罰之一，指剃去頭髮，以鐵圈束頸。

[3]五刑不簡，正于五罰，五罰不服，正于五過：語出《尚書·呂刑》。

[4]十五等之差：《册府元龜》卷六一〇《刑法部·定律令》、《文獻通考》卷一六五《刑考四》同，《通典》卷一六四《刑法二·刑制中》“十五”作“十四”，“差”作“制”。此“十五”當爲上文“制刑爲十五等之差”，應包含死罪、耐罪、贖罪，故作“十五”，是。

[5]鞭杖二百，鞭杖一百，鞭杖五十，鞭杖三十：《册府元龜》卷六一〇《刑法部·定律令》同，《通典》卷一六四《刑法二·刑制中》、《文獻通考》卷一六五《刑考四》無“鞭杖二百”，有“鞭杖四十”，亦爲九等。

[6]有八等之差：汲古閣本、殿本、庫本同，然宋刻遞修本、宋殘本、中華本及《册府元龜》卷六一〇《刑法部·定律令》“有”前有“又”字。《文獻通考》卷一六五《刑考四》作“又八等之差”。

[7]奪勞：對犯罪官吏剥奪職務，令服一定勞役的制度。

[8]三十：《册府元龜》卷六一〇《刑法部·定律令》同，《通典》卷一六四《刑法二·刑制中》、《文獻通考》卷一六五《刑考四》作“四十”。

凡繫獄者，不即答款，應加測罰，不得以人士爲隔。[1]若人士犯罰，違扞不款，宜測罰者，先參議牒啓，然後科行。斷食三日，聽家人進粥二升。女及老小，一百五十刻乃與粥，[2]滿千刻而止。囚有械、杻、斗械及鉗，[3]並立輕重大小之差，而爲定制。其鞭，有制鞭、法鞭、常鞭，凡三等之差。制鞭，生革廉成；法鞭，生革去廉；常鞭，熟靶不去廉。[4]皆作鶴頭紐，長一尺一寸。梢長二尺七寸，廣三分，[5]靶長二尺五寸。杖皆用生荆，長六尺。有大杖、法杖、小杖三等之差。大杖，大頭圍一寸三分，小頭圍八分半。法杖，圍一寸三分，小頭五分。小杖，圍一寸一分，小頭極杪。諸督罰，大罪無過五十、三十，小者二十。當笞二百以上者，笞半，餘半後決，中分鞭杖。老小於律令當得鞭杖罰者，皆半之。其應得法鞭、杖者，以熟靶鞭、小杖。過五十者，稍行之。將吏已上及女人應有罰者，以罰金代之。其以職員應罰，[6]及律令指名制罰者，[7]不用此令。其問事諸罰，[8]皆用熟靶鞭、小杖。其制鞭制杖，法鞭法杖，自非特詔，皆不得用。詔鞭杖在京師者，皆於雲龍門行。[9]女子懷孕者，勿得決罰。其謀反、降叛、大逆已上皆斬。[10]父子同産男，無少長，皆棄市。母妻姊妹及應從坐棄市者，妻子女妾同補奚官爲奴婢。[11]貲財没官。劫身皆斬，妻子補兵。遇赦降死者，黥面爲劫字，[12]髠鉗，補冶鎖士終身。[13]其下又讁運配材官冶士、尚方鎖士，[14]皆以輕重差其年數。其重者或終身。

[1]人士：宋刻遞修本、殿本、庫本、中華本同，宋殘本、汲古閣本作"人事"。下句"若人士犯罰"與此同。按，此"人士"

指士族，故作"士"是。

[2]一百五十刻：《通典》卷一六四《刑法二·刑制中》、《文獻通考》卷一六五《刑考四》"百"前無"一"字，《册府元龜》卷六一〇《刑法部·定律令》作"一百十刻"。

[3]斗：底本原作"升"，中華本爲"斗"，其校勘記云："'斗'原作'升'，據《册府元龜》六一〇改。下文'斗械'，據《册府元龜》二六一改。"《文獻通考》卷一六五《刑考四》亦作"斗"。按，"斗械"即爲魏武帝易鈇之具，見《魏書·刑罰七》。今從改，本卷後同。

[4]靼：底本及他本均作"靼"，唯中華本改爲"靼"，其校勘記云："'靼'原作'靼'。《御覽》六四九引《晋令》也作'靼'，《御覽》注：'柔革也。'按：《説文解字》'靼，柔革也'；'靼'始見于《廣韻》。是此字應作'靼'，不作'靼'，今改正。下同。"所考是，今亦從改，本卷後同。

[5]分：底本、宋刻遞修本、宋殘本、汲古閣本、殿本、庫本作"寸"，中華本作"分"，其校勘記云："'分'原作'寸'，據《御覽》六四九改。"按，中華本所據爲《御覽》所引《晋令》，又《文獻通考》卷一六五《刑考四》亦作"寸"。今從改。

[6]其以職員應罰：各本均同，中華本校勘記云："'員'疑當作'負'。下文，北齊'鞭杖十爲一負'，隋'贖銅一斤爲一負'。"

[7]指名制罰：律令規定應這樣處罰。

[8]問事諸罰：訊問、拷訊罪犯時所用刑罰。

[9]雲龍門：南朝梁宮門之一，在今江蘇南京市鷄鳴山南。

[10]其謀反、降叛、大逆已上皆斬：《通典》卷一六四《刑法二·刑制中》、《文獻通考》卷一六五《刑考四》均作"其反、叛、大逆以上，皆斬"。

[11]奚官：官署名。即奚官署，南朝均設，掌管皇宮内宮人疾病、喪葬及罪罰等事，多以犯罪者家屬從坐爲之。

[12]黥面：古代刑罰之一，在臉上刺字塗墨，亦稱黥刑、

墨刑。

[13]冶鎖士：冶士與鎖士。南朝梁設立東西兩冶署，掌管冶鐵業，在冶署供役者稱爲冶士與鎖士。

[14]謫運配：指謫運與謫配。　材官冶士：梁少府所屬材官將軍所領之冶士，掌製造軍器。　尚方鎖士：南朝梁左、中、右三尚方署所領之鎖士，掌製造皇帝御用刀劍等器物。

士人有禁錮之科，[1]亦有輕重爲差。其犯清議，[2]則終身不齒。耐罪囚八十已上，十歲已下，及孕者、盲者、侏儒當械擊者，及郡國太守相、都尉、關中侯已上，亭侯已上之父母、妻、子及所生，[3]坐非死罪、除名之罪，二千石已上非檻徵者，[4]並頌繫之。[5]

[1]禁錮之科：起於漢代，禁止犯罪士人做官或參加政治活動。

[2]犯清議：鄉里社會輿論認爲其犯法。清議，指社會輿論。

[3]郡國太守相、都尉、關中侯已上，亭侯已上：《册府元龜》卷六一〇《刑法部·定律令》無“亭侯已上”四字，《通典》卷一六四《刑法二·刑制中》、《文獻通考》卷一六五《刑考四》作“關中侯已下，亭侯已上”。中華本《通典》校勘記云：“‘下’，《隋書·刑法志》作‘上’，非。”此“上”恐爲“下”之誤。郡國太守相，指郡太守、國相。按，此沿用漢代地方長官名稱，南朝梁郡稱太守，國稱內史，已不稱相。都尉，此亦漢官名。漢景帝改秦郡尉爲都尉，佐郡守掌一郡軍事。關中侯，爵名。南朝梁十三等爵的第七等。亭侯，爵名。南朝梁十三等爵的第十三等。　生：《册府元龜》卷六一〇《刑法部·定律令》、《通典》卷一六四《刑法二·刑制中》、《文獻通考》卷一六五《刑考四》均無此字。

[4]二千石：此沿用漢代以米計算官俸方法，二千石爲郡守國相俸祿。自魏晋九品官人法實行以來，南朝梁官品已不用此計算方

法。　檻徵：官吏罪情重大者，逮捕後以囚車送往京師。

[5]頌繫：謂有罪入獄，寬容不加刑具。

丹楊尹月一詣建康縣，[1]令三官參共録獄，[2]察斷枉直。其尚書當録人之月者，[3]與尚書參共録之。大凡定罪二千五百二十九條。

[1]丹楊尹：官名。爲梁京師所在地丹陽郡的主官。南朝梁品秩不詳。宋殘本、宋刻遞修本、殿本同，汲古閣本、庫本、中華本作“丹陽”。　建康：縣名。治所在今江蘇南京市。

[2]三官：此指建康縣獄正、獄監、獄平。據本書《百官志上》載：“建康舊置獄丞一人。天監元年，詔依廷尉之官，置正、平、監……又令三官更直一日，分受罪繫。”三官位視給事中。

[3]尚書：官名。此指尚書省都官尚書，掌軍事、刑獄等事。南朝梁第十三班。

二年四月癸卯，法度表上新律，又上《令》三十卷，《科》三十卷。[1]帝乃以法度守廷尉卿，[2]詔班新律於天下。

[1]科：晉將律令以外各種規章制度編製成篇，稱爲故事，梁改爲科。　三十卷：各本均同。然本書《經籍志二》云：“《梁律》二十卷，梁義興太守蔡法度撰。……《梁科》四十卷。”《梁書》卷二《武帝紀》、《南史》卷六《梁本紀》天監二年四月癸卯載法度所上《梁科》“四十卷”。《通鑑》卷一四五《梁紀》“天監二年四月”條亦載：“蔡法度上《梁律》二十卷。……《科》四十卷。”據此，疑志文有誤。（參見顧吉辰《〈隋書·刑法志〉考異》，《歷史文獻研究》，北京燕山出版社1992年版，第232頁）

[2]守：官制用語。暫時代理職務。　廷尉卿：官名。梁初曰大理，天監元年復改爲廷尉，長官爲卿，掌司法。南朝梁第十一班。

三年八月，建康女子任提女，坐誘口當死。[1]其子景慈對鞫辭云，[2]母實行此。是時法官虞僧虬啓稱：[3]“案，子之事親，有隱無犯，直躬證父，仲尼爲非。[4]景慈素無防閑之道，死有明目之據，陷親極刑，傷和損俗。凡乞鞫不審，[5]降罪一等，豈得避五歲之刑，忽死母之命！景慈宜加罪辟。”詔流于交州。[6]至是復有流徒之罪。[7]其年十月甲子，[8]詔以金作權典，宜在蠲息。於是除贖罪之科。

[1]誘口：誘拐人口。

[2]景慈：人名。事迹不詳。　對鞫：對質，當面質証。

[3]虞僧虬：人名。事迹不詳。

[4]“案”至“仲尼爲非”：意指父子當相互隱瞞罪行。典出《論語·子路》。

[5]乞鞫：亦作“乞鞫”，罪人家屬不服判決請求復審。

[6]交州：南朝梁治所在今越南北寧省仙游東。

[7]流徒：宋刻遞修本、宋殘本、中華本同，汲古閣本、殿本、庫本均作“徒流”。

[8]十月甲子：十月無甲子日，此乃“十一月甲子”之誤（參見顧吉辰《〈隋書·刑法志〉考異》，第232頁；牛繼清、張林祥《十七史疑年録》，黃山書社2007年版，第177頁）。

武帝敦睦九族，優借朝士，有犯罪者，皆諷群下，屈法申之。百姓有罪，皆案之以法。其緣坐則老幼不免，一人亡逃，則舉家質作。[1]人既窮急，姦宄益深。後帝親謁南郊，秣陵老人遮帝曰：[2]"陛下爲法，急於黎庶，緩於權貴，非長久之術。誠能反是，天下幸甚。"帝於是思有以寬之。舊獄法，夫有罪，逮妻子，子有罪，逮父母。十一年正月壬辰，乃下詔曰："自今捕謫之家，及罪應質作，若年有老小者，可停將送。"十四年，又除黥面之刑。

[1]質作：質其身使居作。
[2]秣陵：建康的別稱。

帝銳意儒雅，疏簡刑法，自公卿大臣，咸不以鞫獄留意。姦吏招權，巧文弄法，貨賄成市，多致枉濫。大率二歲刑已上，歲至五千人。是時徒居作者具五任，[1]其無任者，著斗械。若疾病，權解之。是後囚徒或有優劇。大同中，[2]皇太子在春宮視事，[3]見而愍之，乃上疏曰：[4]"臣以比時奉敕，權親京師雜事。[5]切見南北郊壇、材官、車府、太官下省、左裝等處上啓，[6]並請四五歲已下輕囚，助充使役。自有刑均罪等，愆目不異，而甲付錢署，[7]乙配郊壇。錢署三所，於辛爲劇，[8]郊壇六處，在役則優。今聽獄官詳其可否，舞文之路，自此而生。公平難遇其人，流泉易啓其齒，[9]將恐玉科重輕，全關墨綬，金書去取，更由丹筆。愚謂宜詳立條制，以爲永准。"帝手敕報曰：[10]"頃年已來，處處之役，唯資徒謫，逐急充配。若科制繁細，義同簡約，[11]切須之處，終不可得。引例興訟，紛紜方始。防杜姦巧。自是爲難。更當別思，取其便也。”竟弗之從。

[1]徒居作：命處徒刑者在一定區域内服勞役。徒居，《通典》卷一七〇《刑法八·舞紊》、《文獻通考》卷一六五《刑考四》、《通鑑》卷一五九《梁紀》大同十一年十二月條同，《太平御覽》卷六三六《刑法部二·敘刑下》作“居徒”。《册府元龜》卷二六一《儲宫部》作“從居”。　五任：《通鑑》卷一五九《梁紀》大同十一年十二月條胡三省注云：“任，謂其人巧力所任也。五任，謂任攻木者則役之攻木，任攻金者則役之攻金，任攻皮者則役之攻皮，任設色者則役之設色，任摶埴者則役之摶埴。”

[2]大同：南朝梁武帝蕭衍年號（535—546）。

[3]春宫：東宫，太子所居之所。

[4]疏：奏章。

[5]權親：此爲“權視”之誤（參見顧吉辰《〈隋書·刑法志〉考異》，第232頁）。

[6]車府：官署名。南朝梁隸尚書駕部，掌皇帝之車輿。長官爲令。南朝梁第一班。按，《册府元龜》卷二六一《儲宫部》作“軍府”。　太官下省：官署名。隸門下省，掌皇帝御膳。長官爲太官令。南朝梁第一班。按，南朝梁太官府屬門下省，無“太官下省”官署，疑爲原文小注“門下省”，缺“門”字後衍入。然《通典》《文獻通考》《册府元龜》等書此均爲“太官下省”。　左裝：官署名。具體不詳，惟本書《百官志上》載：南朝梁左右二裝，爲三品蘊位。　啓：此指奏疏、公文。

[7]錢署：官署名。南朝梁隸少府之左中右尚方署，掌錢幣鑄造。故下文云“錢署三所”。

[8]辛：諸本均同，《文獻通考》卷一六八《刑考七》亦作“辛”，中華本改作“事”，其校勘記云：“‘事’原作‘辛’，據

《册府元龜》二六一改。”又，《通典》卷一七〇《刑法八·舞粲》亦作“事”。按，“辛”實爲“辛”之誤。“辛”音 qiān，《説文解字》注云：“辠也。辠，犯法也。”此指罪犯服勞役。故“辛”應爲“辛”傳抄之誤，中華本改爲“事”不妥。（本《沈寄簃遺書·刑法分考》卷一三）

[9]流泉：指錢幣。

[10]手敕：手詔，皇帝親自所書之命令。

[11]約：底本、宋殘本、汲古閣本、殿本、庫本均同，宋刻遞修本、中華本及《册府元龜》卷二六一《儲宮部·忠諫》作“絲”。

是時王侯子弟皆長，而驕蹇不法。武帝年老，厭於萬機，又專精佛戒，每斷重罪，則終日弗懌。嘗游南苑，[1]臨川王宏伏人於橋下，[2]將欲爲逆。事覺，有司請誅之。帝但泣而讓曰：“我人才十倍於爾，[3]處此恒懷戰懼。爾何爲者？我豈不能行周公之事，[4]念汝愚故也。”免所居官。頃之，還復本職。由是王侯驕横轉甚，或白日殺人於都街，劫賊亡命，咸於王家自匿，薄暮塵起，則剥掠行路，謂之打稽。武帝深知其弊，而難於誅討。十一年十月，復開贖罪之科。中大同元年七月甲子，[5]詔自今犯罪，非大逆，父母、祖父母勿坐。自是禁網漸疏，百姓安之，而貴戚之家，不法尤甚矣。尋而侯景逆亂。[6]

[1]南苑：地名。在今江蘇南京市鷄鳴山南。

[2]臨川王宏：即蕭宏，梁武帝蕭衍之弟。傳見《梁書》卷二二、《南史》卷五一。

[3]十倍:《南史·臨川靖惠王宏傳》及《通鑑》卷一四八《梁紀》天監十七年五月條作"百倍"。

[4]周公:即周公旦。詳見《史記》卷三三《魯周公世家》。

[5]中大同:南朝梁武帝蕭衍年號(546—547)。

[6]侯景逆亂:南朝梁武帝末年東魏降將侯景發動的一場叛亂,歷時五年(548—552)。侯景,人名。傳見《梁書》卷五六、《南史》卷八〇。

及元帝即位,[1]懲前政之寬,且帝素苛刻,及周師至,[2]獄中死囚且數千人,有司請皆釋之,以充戰士。帝不許,並令棒殺之。事未行而城陷。敬帝即位,[3]刑政適陳矣。[4]

[1]元帝:南朝梁元帝蕭繹。紀見《梁書》卷五、《南史》卷八。

[2]周:即北周(557—581),都長安(今陝西西安市西北)。

[3]敬帝:南朝梁敬帝蕭方智。紀見《梁書》卷六、《南史》卷八。

[4]陳:即南朝陳(557—589),都建康(今江蘇南京市)。

陳氏承梁季喪亂,刑典疏闊。及武帝即位,[1]思革其弊,乃下詔曰:"朕聞唐、虞道盛,設畫象而不犯,夏、商德衰,雖孥戮其未備。[2]洎乎末代,綱目滋繁,矧屬亂離,憲章遺紊。朕始膺寶曆,思廣政樞,外可搜舉良才,册改科令,群僚博議,務存平簡。"於是稍求得梁時明法吏,令與尚書删定郎范泉參定律令。[3]又敕尚書僕射沈欽、吏部尚書徐陵、兼尚書左丞宗元饒、兼尚書左丞賀朗參知其事,[4]制《律》三十卷,《令律》

四十卷。[5]採酌前代，條流冗雜，[6]綱目雖多，博而非要。其制唯重清議禁錮之科。若縉紳之族，犯虧名教，不孝及內亂者，發詔棄之，[7]終身不齒。先與士人爲婚者，許妻家奪之。其獲賊帥及士人惡逆，免死付治，[8]聽將妻入役，不爲年數。又存贖罪之律，復父母緣坐之刑。自餘篇目條綱，輕重簡繁，一用梁法。

[1]武帝：南朝陳武帝陳霸先。紀見《陳書》卷一、二，《南史》卷九。

[2]雖孥戮其未備：《册府元龜》卷六一一《刑法部·定律令第三》作"雖孥戮其備有"。孥戮，出《尚書·甘誓》："予則孥戮汝。"意指誅及子孫。

[3]范泉：人名。南朝陳任尚書比部郎，本書《經籍志二》載："《陳律》九卷，范泉撰。"《舊唐書·經籍志上》載："《陳令》三十卷，范泉等撰。"按，《陳書》卷三三、《南史》卷七一《沈洙傳》載范泉删定律令時爲"比部郎"。

[4]尚書僕射：《册府元龜》卷六一一《刑法部·定律令第三》記載與此同，然《陳書》及《南史·武帝紀》載：永定元年冬十月癸未，"詔立删定郎，治定律令"。而《通典》卷一六四《刑法二·刑制中》、《文獻通考》卷一六五《刑考四》亦衹載"又令徐陵等知其事"。檢《陳書》卷七《沈欽傳》云："（廢帝）光大中，爲尚書右僕射，尋遷左僕射。"又《陳書》卷四《廢帝紀》亦云：天康元年五月"丁酉，……吳興太守沈欽爲尚書右僕射。……（光大元年）三月甲午，以尚書右僕射沈欽爲侍中、尚書左僕射"。是以沈欽任僕射是在陳廢帝時，而非武帝時。檢《陳書》及《南史·廢帝紀》，以及《通典》《文獻通考》《册府元龜》等書不載廢帝時曾詔修律令。故此言"尚書僕射"，誤，蓋修史者以後任官加之。　沈欽：人名。《陳書》卷七、《南史》卷一二有附傳。　吏

部尚書：《册府元龜》卷六一一記載與此同，而《通典》卷一六四《刑法二·刑制中》、《文獻通考》卷一六五《刑考四》祇載“又令徐陵等知其事”，《唐六典》卷六《刑部尚書》“郎中”注云：“陳令范泉、徐陵等參定律令。”均未載其官職。檢《陳書》卷二六《徐陵傳》、《陳書·廢帝紀》，徐陵任吏部尚書在廢帝天康元年（566）。故此言“吏部尚書”，誤。　　徐陵：人名。南朝梁、陳時人，陳後主時，官至太子少傅。傳見《陳書》卷二六，《南史》卷六二有附傳。　　尚書左丞：官名。職掌佐尚書令、尚書僕射理尚書省政事。南朝梁第九班。　　宗元饒：人名。陳宣帝時爲通直散騎常侍、兼尚書左丞。傳見《陳書》卷二九、《南史》卷六八。　　賀朗：人名。事迹不詳。

　　[5]《律》三十卷，《令律》四十卷：宋刻遞修本、汲古閣本及《册府元龜》卷六一一《刑法部·定律令第三》作“《律》三十卷、《令科》四十卷”，《通典》卷一六四《刑法二·刑制中》、《文獻通考》卷一六五《刑考四》作“《律》三十卷、《科》三十卷”，《唐六典》卷六《刑部尚書》“郎中”注云：“（陳）《律》三十卷、《令》三十卷、《科》三十卷。”本書《經籍志二》載：范泉撰《陳律》九卷、《陳令》三十卷、《陳科》三十卷。各書所記均有差異。

　　[6]冗雜：《册府元龜》卷六一一《刑法部·定律令第三》作“雜件”。

　　[7]發詔棄之：《通典》卷一六四《刑法二·刑制中》與《文獻通考》卷一六五《刑考四》均無此四字。

　　[8]免死付治：《册府元龜》卷六一一《刑法部·定律令第三》同，《通典》卷一六四《刑法二·刑制中》、《文獻通考》卷一六五《刑考四》前有“雖經赦”三字。“治”，中華本及中華書局新修訂本據宋甲本改爲“冶”。

　　其有贓驗顯然而不款，[1]則上測立。[2]立測者，以土

爲垛，高一尺，上圓，劣容囚兩足立。鞭二十，笞三十
訖，著兩械及杻，上垛。一上測七刻，日再上。三七日
上測，七日一行鞭。凡經杖，[3]合一百五十，得度不承
者，免死。其髡鞭五歲刑，降死一等，鎖二重。[4]其五
歲刑已下，並鎖一重。五歲四歲刑，若有官，准當二
年，餘並居作。其三歲刑，若有官，准當二年，餘一年
贖。若公坐過誤，[5]罰金。其二歲刑，有官者，贖論。
一歲刑，無官亦贖論。寒庶人，[6]准決鞭杖。囚並著械，
徒並著鎖，不計階品。死罪將決，乘露車，[7]著三械，[8]
加壺手。[9]至市，脫手械及壺手焉。當刑於市者，夜須
明，雨須晴。晦朔、八節、六齊、月在張心日，[10]並不
得行刑。廷尉寺爲北獄，[11]建康縣爲南獄，並置正、
監、平。又制，常以三月，侍中、吏部尚書、尚書三公
郎、部都令史、三公録冤局令、御史中丞、侍御史、蘭
臺令史，[12]親行京師諸獄及冶署，[13]理察囚徒冤枉。

[1]其有贓驗顯然而不款：《册府元龜》卷六一一《刑法部·
定律令第三》無"其有"二字。《通典》卷一六四《刑法二·刑制
中》、《文獻通考》卷一六五《刑考四》"顯"作"昭"，"款"後
有"伏"字。

[2]上測：站測，施行測刑。測，刑具名，見後文。

[3]凡經杖：《册府元龜》卷六一一《刑法部·定律令第三》
同，《通典》卷一六四《刑法二·刑制中》、《文獻通考》卷一六五
《刑考四》作"凡經鞭杖"。按，視此上下文，似脫一"鞭"字，
當增入（本顧吉辰《〈隋書·刑法志〉考異》，第234頁）。

[4]鎖：《通典》卷一六四《刑法二·刑制中》、《文獻通考》
卷一六五《刑考四》同，《册府元龜》卷六一一《刑法部·定律令

第三》"鎖"作"鉗"，下"並鎖一重"同。

[5]公坐：因公務犯罪。"坐"字宋刻遞修本、汲古閣本、殿本、庫本、中華本同，宋殘本作"主"。

[6]寒庶人：指寒族與庶族，在魏晋南北朝時期門閥制度下與士族相對而言。

[7]露車：指没有蓬和蓋的車。

[8]三械：手足所帶刑具。《周禮·秋官·掌囚》鄭玄注云械在手部梏，械在足部爲桎，兩手共一木爲拲。

[9]壺手：《册府元龜》卷六一一《刑法部·定律令第三》、《唐六典》卷六《刑部尚書》同作"壺手"，然《通典》卷一六四《刑法二·刑制中》、《文獻通考》卷一六五《刑考四》作"拲手"。若作"拲手"，則與《周禮》所言三械不符，此"壺手"是否爲當時所創之新刑具？抑或前"三械"乃"二械"之誤？

[10]晦朔：《册府元龜》卷六一一《刑法部·定律令第三》同，《通典》卷一六四《刑法二·刑制中》、《文獻通考》卷一六五《刑考四》作"朔日"。　八節：古代以立春、立夏、立秋、立冬、春分、夏至、秋分、冬至爲八節。　六齊："齊"當爲"齋"之誤（參見顧吉辰《〈隋書·刑法志〉考異》，第 235 頁）。六齋，指六齋日，陰曆每月八日、十四日、十五日、二十三日、二十九日、三十日。佛教認爲此六日是"惡日"，應持齋修福。　月在張心日：古代天文學者將周天黄道（太陽與月亮所經區域）分爲二十八個星座，稱二十八宿。張宿在南，心宿在東，"月在張心日"，月亮運行至張宿、心宿所在時日。

[11]廷尉寺：官署名。南朝梁初曰大理，天監元年復改爲廷尉寺，長官爲卿，掌司法。

[12]尚書三公郎：官名。尚書省吏部尚書所領諸曹郎之一，主法制，並奏讀春夏秋冬四時令。南朝梁第十一班。按，《通典》卷一六四《刑法二·刑制中》、《文獻通考》卷一六五《刑考四》無"尚書"二字。　部都令史：官名。晋始置，有八人，秩二百石，

與左右丞總知都臺事。梁設五人，謂之五都令史，職掌與晋同。舊用人常輕，梁武帝天監九年以視奉朝請。本書《百官志上》及《通典》卷二二《職官·歷代都事主事令史》載五都分別是：殿中都、吏部都、金部都、左民都、中兵都。南朝梁第二班。　三公録冤局令：宋殘本、汲古閣本、殿本同，中華本"令"後有"史"，其標點爲"三公録冤局，令史"，殿本作"三公録冤屈令"，改"局"爲"屈"，又《通典》卷一六四《刑法二·刑制中》《文獻通考》卷一六五《刑考四》亦作"三公録冤屈"，但無"令"字。按，前引本書《百官志上》及《通典》卷二二《職官·歷代都事主事令史》載梁武帝天監九年詔云："尚書五都，職參政要，非但總領衆局，亦乃方軌二丞。"《通鑑》卷一四七《梁紀》天監九年三月條同，知部都令史下屬機構當爲"局"，"録冤局"或爲部都令史下屬機構。又"局"長官多爲"令"，如太史局，可以推知"三公録冤局令"應爲一個職官，此其一。其二，若爲"三公録冤屈"，"令"字斷後，作"令御史中丞……"，則"三公"無從解釋。南朝梁時三公可指太尉、司徒、司空，亦可指尚書省三公曹。此置"三公"於"部都令史"下，共同"録冤屈"，均解釋不通。且此言"録冤屈"與後文"理察囚徒冤枉"實爲同意，有重復之嫌。故《通典》《文獻通考》將"局"改爲"屈"，删"令"，乃曲解文意，不妥。其三，以"吏部尚書、尚書三公郎、部都令史、三公録冤局令"，爲尚書省系列官員，與後文御史臺官員共録刑獄，亦符合當時録囚之制。　侍御史：官名。梁御史臺置九人，居曹，掌居其事，糾察不法。南朝梁第一班。　蘭臺令史：官名。南朝梁御史臺屬官，掌文書簿籍。品秩不詳。

[13]冶署：掌冶煉之官署，南朝梁罪徒多發往冶署充鎖士或冶士服役。

文帝性明察，[1]留心刑政，親覽獄訟，督責群下，政號嚴明。是時承寬政之後，功臣貴戚有非法，帝咸以法繩之，頗號峻刻。及宣帝即位，[2]優借文武之士，崇簡易之政，上下便之。其後政令即寬，刑法不立，又以連年北伐，疲人聚爲劫盜矣。後主即位，[3]信任讒邪，群下縱恣，鬻獄成市，賞罰之命，不出于外。後主性猜忍疾忌，威令不行，左右有忤意者，動至夷戮。百姓怨叛，以至於滅。

[1]文帝：南朝陳文帝陳蒨。紀見《陳書》卷三、《南史》卷九。

[2]宣帝：南朝陳宣帝陳頊。紀見《陳書》卷五、《南史》卷一〇。

[3]後主：指南朝陳後主陳叔寶。紀見《陳書》卷六、《南史》卷一〇。

齊神武、文襄，[1]並由魏相，[2]尚用舊法。及文宣天保元年，[3]始命群官刊定魏朝《麟趾格》。[4]是時軍國多事，政刑不一，決獄定罪，罕依律文，相承謂之變法從事。清河房超爲黎陽郡守，[5]有趙道德者，[6]使以書屬超。超不發書，棒殺其使。文宣於是令守宰各設棒，以誅屬請之使。後都官郎中宋軌奏曰：[7]“昔曹操懸棒，[8]威於亂時，今施之太平，未見其可。若受使請賕，猶致大戮，身爲枉法，何以加罪？”於是罷之。即而司徒功曹張老上書，[9]稱大齊受命已來，律令未改，非所以創制垂法，革人視聽。於是始命群官，議造《齊律》，積年不成。其決獄猶依魏舊。是時刑政尚新，吏皆奉法。

自六年之後，帝遂以功業自矜，恣行酷暴，昏狂酗
酖，[10]任情喜怒。爲大鑊、長鋸、剉、碓之屬，[11]並陳
於庭，意有不快，則手自屠裂，或命左右臠啖，以逞其
意。時僕射楊遵彦，[12]乃令憲司先定死罪囚，置于仗衛
之中，[13]帝欲殺人，則執以應命，謂之供御囚。經三月
不殺者，則免其死。帝嘗幸金鳳臺，[14]受佛戒，多召死
囚，編篷籧爲翅，命之飛下，謂之放生。墜皆致死，帝
視以爲歡笑。時有司折獄，又皆酷法。訊囚則用車輻掏
杖，[15]夾指壓踝，又立之燒犁耳上，或使以臂貫燒車
釭。既不勝其苦，皆致誣伏。七年，豫州檢使白摽，[16]
爲左丞盧斐所劾，[17]乃於獄中誣告斐受金。文宣知其姦
罔，詔令按之，果無其事。乃敕八座議立案劾格，[18]負
罪不得告人事。於是挾姦者畏糾，乃先加誣訟，以擬當
格，吏不能斷。又妄相引，大獄動至十人，[19]多移歲
月。然帝猶委政輔臣楊遵彦，彌縫其闕，故時議者竊
云，主昏於上，政清於下。

[1]神武：北齊神武帝高歡。紀見《北齊書》卷一、二及《北
史》卷六。　文襄：指北齊文襄皇帝高澄，高歡長子。紀見《北齊
書》卷三、《北史》卷六。

[2]魏相：高歡及高澄均曾任東魏大丞相、相國。

[3]文宣：北齊文宣帝高洋。紀見《北齊書》卷四、《北史》
卷七。　天保：北齊文宣帝高洋年號（550—559）。

[4]《麟趾格》：東魏以格代科，興和三年（541），高澄與封
述等編製新朝制度於麟趾殿，稱《麟趾格》。

[5]清河：郡名。治所在今河北清河縣西北。　房超：人名。

東魏孝静帝武定末年任司徒録事參軍、濟州大中正。事見《魏書》卷七二《房亮傳》。　黎陽：郡名。北齊治所在今河南浚縣西南。

[6]趙道德：人名。北齊有直長趙道德，不知是否即爲此人。

[7]都官郎中：官名。屬尚書省都官曹，掌司法事務。北齊正六品。　宋軌：人名。即宋世軌，避唐諱省“世”字，北齊任廷尉卿。《北齊書》卷四六、《北史》卷二六有附傳。

[8]懸棒：《册府元龜》卷六一一《刑法部·定律令第三》無“懸”字。

[9]司徒功曹：官名。司徒府功曹參軍事，掌文書簿籍等事。北齊正六品。《通鑑》卷一六三《梁紀》大寶元年八月條作“司都功曹”。　張老：人名。事迹不詳。

[10]醬（yòng）：酺酒。

[11]剉、碓：中華本中間未頓開。按，此指剉、碓兩種刑具，先將人以剉殺死，再將其放入碓中舂爛，故中間應加頓號。

[12]楊遵彦：人名。即楊愔，字遵彦，北齊天保初遷尚書右僕射。傳見《北齊書》卷三四，《北史》卷四一有附傳。

[13]仗衛：執杖宿衛的衛隊。

[14]金鳳臺：地名。原名金虎臺，東漢建安十八年（213）曹魏建。故址在今河北臨漳縣城西南三臺村。

[15]杖：用以夾人的棍棒。按，《文獻通考》卷一六五《刑考四》作“挈杖”，《通典》卷一七〇《刑法八·峻酷》作“拱杖”。

[16]豫州：北齊治所在今河南汝南縣。　檢使：官名。檢校御史，掌監察地方州郡。北齊從八品上。　白摽：人名。事迹不詳。

[17]盧斐：人名。傳見《北齊書》卷四七，《北史》卷三〇有附傳。

[18]八座：此沿用漢、晋制度，以尚書令、左右僕射及五曹尚書爲“八座”，共同議政。

[19]十：宋殘本、宋刻遞修本、汲古閣本、殿本、庫本同。中華本及《文獻通考》卷一六五《刑考四》作“千”。按，依常理，

十人太少，當作“千”。

孝昭在藩，[1]已知其失，即位之後，將加懲革，未幾而崩。武成即位，[2]思存輕典，大寧元年，[3]乃下詔曰：“王者所用，唯在賞罰，賞貴適理，罰在得情。然理容進退，事涉疑似，盟府司勳，[4]或有開塞之路，三尺律令，[5]未窮畫一之道。想文王之官人，[6]念宣尼之止訟，刑賞之宜，思獲其所。自今諸應賞罰，皆賞疑從重，罰疑從輕。”又以律令不成，頻加催督。河清三年，[7]尚書令、趙郡王叡等，[8]奏上《齊律》十二篇：一曰名例，二曰禁衛，三曰婚戶，四曰擅興，五曰違制，六曰詐偽，七曰鬭訟，八曰賊盜，[9]九曰捕斷，十曰毀損，十一曰廄牧，十二曰雜。其定罪九百四十九條。又上《新令》四十卷，[10]大抵採魏、晉故事。

[1]孝昭：指北齊孝昭帝高演。紀見《北齊書》卷六、《北史》卷七。

[2]武成：指北齊武成帝高湛。紀見《北齊書》卷七、《北史》卷八。

[3]大寧：北齊武成帝高湛年號（561—562）。

[4]盟府：古代保管受勳記錄的機構。見《左傳》僖公五年。司勳：古代主管功賞之事職官。見《周禮·夏官·司勳》。

[5]三尺律令：指三尺法，紙張尚未發明以前，法律大都刻在三尺長的竹片上。詳見《史記》卷一二二《杜周傳》。

[6]想：《册府元龜》卷一九一《閏位部·政令》作“思”。

[7]河清：北齊武成帝高湛年號（562—565）。

[8]趙郡王叡：即高叡，北齊神武帝高歡之侄。傳見《北齊

書》卷一三、《北史》卷五一。

[9]賊盜：《通典》卷一六四《刑法二·刑制中》、《文獻通考》卷一六五《刑考四》同，《册府元龜》卷六一一《刑法部·定律令第三》、《唐六典》卷六《刑部尚書》"郎中"條注作"盜賊"。《唐律疏議》卷一七《賊盜一》篇題疏議云："自秦、漢逮至後魏皆名《賊律》《盜律》，北齊合爲《賊盜律》。"

[10]四十卷：《册府元龜》卷六一一《刑法部·定律令第三》同，《通典》卷一六四《刑法二·刑制中》、《文獻通考》卷一六五《刑考四》作"三十卷"，《唐六典》卷六《刑部尚書》"郎中"條注云"趙郡王叡等撰令五十卷"。又本書《經籍志二》亦載："《北齊令》五十卷。"

其制，刑名五：一曰死，重者轘之。其次梟首。並陳屍三日，無市者，列於鄉亭顯處。其次斬刑，殊身首。其次絞刑，死而不殊。凡四等。二曰流刑，謂論犯可死，原情可降，鞭笞各一百，髡之，投于邊裔，以爲兵卒。未有道里之差。其不合遠配者，男子長徒，女子配舂，[1]並六年。三曰刑罪，即耐罪也。有五歲、四歲、三歲、二歲、一歲之差。凡五等。各加鞭一百。其五歲者，又加笞八十，四歲者六十，三歲者四十，[2]二歲者二十，一歲者無笞。並鎖輸左校而不髡。[3]無保者鉗之。婦人配舂及掖庭織。[4]四曰鞭，有一百、八十、六十、五十、四十之差，凡五等。五曰杖，有三十、二十、十之差，凡三等。大凡爲十五等。[5]當加者上就次，當減者下就次。贖罪舊以金，皆代以中絹。死一百匹，流九十二匹，刑五歲七十八匹，四歲六十四匹，三歲五十匹，二歲三十六匹。各通鞭笞論。[6]一歲無笞，則通鞭二十四匹。鞭杖每十，贖絹一匹。至鞭百，則絹十匹。無絹之鄉，皆准絹收錢。自贖笞十已上至死，又爲十五等之差。當加減次，如正決法。

[1]配舂：爲女犯所服舂米的力役。

[2]四十：《通典》卷一六四《刑法二·刑制中》、《文獻通考》卷一六五《刑考四》、《册府元龜》卷六一一《刑法部·定律令第三》同，《唐六典》卷六《刑部尚書》"郎中"條注作"三十"。

[3]並鎖輸左校而不髡：《通典》卷一六四《刑法二·刑制中》、《文獻通考》卷一六五《刑考四》"輸"後有一"作"字。《唐六典》卷六《刑部尚書》"郎中"條注作"並鎖輸左校"，無"不髡"二字。左校，北齊官署名。左校署，隸太府寺，掌營構、木作、采材等事，長官爲令。從九品上。

[4]掖庭：官署名。掖庭署，隸長秋寺，掌宮人名籍，公桑養蠶及女工等事，長官爲令。北齊從八品上。

[5]大凡爲十五等：《通典》卷一六四《刑法二·刑制中》、《文獻通考》卷一六五《刑考四》、《唐六典》卷六《刑部尚書》"郎中"無此句，《册府元龜》卷六一一《刑法部·定律令第三》作"大凡爲十等"。按，據上文五種刑名相加，死刑四、流行一、耐罪五、鞭五、杖三，當爲十八等。若以死罪通爲一等，則爲十五等，後文贖罪計算方法如此。若以鞭、杖爲附加刑，則爲十等。

[6]各通鞭笞論：意指以上贖罪應納絹匹數額包括徒刑及附加鞭笞在內。

合贖者，謂流內官及爵秩比視、老小閹癡并過失之屬。[1]犯罰絹一匹及杖十已上，皆名爲罪人。盜及殺人而亡者，即懸名注籍，[2]甄其一房配驛戶。[3]宗室則不注盜，及不入奚官，不加宮刑。[4]自犯流罪已下合贖者，及婦人犯刑已下，侏儒、篤疾、癈殘非犯死罪，皆頌繫之。罪刑年者鎖，[5]無鎖以枷。流罪已上加杻械。死罪者桁之。[6]決流刑鞭笞者，鞭其背。五十，一易執鞭人。鞭鞘皆用熟皮，削去廉棱。鞭瘡長一尺。笞者笞臀，而不中易人。杖長三尺五寸，大頭徑二分半，小頭徑一分半。決三十已下杖者，長四尺，大頭徑三分，小頭徑二分。在官犯罪，鞭杖十爲一負。[7]閑局六負爲一殿，平局八負爲一殿，繁局十負爲一殿。[8]加於殿者，復計爲負焉。赦日，則武庫令設金雞及鼓於閭闔門外之右。[9]勒集囚徒於闕前，撾鼓千聲，釋枷鎖焉。又列重罪十條：一曰反逆，二曰大逆，三曰叛，四曰降，五曰惡逆，六曰不道，七曰不敬，八曰不孝，九曰不義，十曰內亂。其犯此十者，不在八議論贖之限。[10]是後法令明審，科條簡要，又敕仕門之子弟，常講習之。齊人多曉法律，蓋由此也。

[1]流內官：北齊沿用九品官人法，凡一品至九品叫流內官，九品以外爲流外官。　爵秩比視：指爵禄比視官階。　癈：底本原作"凝"。中華本作"癈"，《通典》卷一六四《刑法二‧刑制中》、《文獻通考》卷一六五《刑考四》、《册府元龜》卷六一一《刑法部‧定律令第三》同。按，此"癈"與"闇"並列，指身體有障礙者。今從改。

[2]懸名注籍：張榜公布名姓，並登記入册。

[3]驛户：在驛站終身服役的户口。

[4]宮：底本、宋刻遞修本、宋殘本、汲古閣本、殿本、庫本原作"害"，中華本作"宮"，其校勘記云："據《册府元龜》六一一改。"又《通典》卷一六四《刑法二‧刑制中》、《文獻通考》卷

一六五《刑考四》亦作“宫”。

[5]罪刑年者：所犯罪以年計算的人，如耐罪。

[6]桁（héng）：鎖住犯人兩頸的大械。

[7]鞭杖十爲一負：每鞭杖十下記過失一次。負，罪責、過失。

[8]“閑局六負”至“十負爲一殿”：閑散機構犯六次過失爲一殿，平常者八次，繁劇者十次。

[9]武庫令：官名。爲衛尉寺下轄武庫署長官，掌甲兵及吉凶儀仗。北齊從八品上。　閶闔門：宮門名。爲北齊宫城城門之一。

[10]八議：指八種可以減輕刑罰的情形。據《唐律疏議·名例》云：“八議：一曰議親，謂皇帝袒免以上親，及太皇太后、皇太后緦麻以上親，皇后小功以上親；二曰議故，謂故舊；三曰議賢，謂有大德行；四曰議能，謂有大才藝；五曰議功，謂有大功勳；六曰議貴，謂職事官三品以上，散官二品以上，及爵一品者；七曰議勤，謂有大勤勞；八曰議賓，謂承先代之後爲國賓者。”

其不可爲定法者，別制《權令》二卷，與之並行。後平秦王高歸彥謀反，[1]須有約罪，律無正條，於是遂有《別條權格》，[2]與律並行。大理明法，上下比附，欲出則附依輕議，欲入則附從重法，姦吏因之，舞文出沒。至于後主，[3]權幸用事，有不附之者，陰中以法。綱紀紊亂，卒至於亡。

[1]高歸彥：人名。北齊宗室，河清元年（562）於冀州起兵謀反，不久被平定。傳見《北齊書》卷一四、《北史》卷五一。

[2]《別條權格》：《文獻通考》卷一六五《刑考四》同，《太平御覽》卷六三八《刑法部四·律令》作《別條權令》，《通典》卷一七〇《刑法八·舞紊》原作《別條權令》，中華本將其校改爲《別條權格》。

　　[3]後主：北齊後主高緯。紀見《北齊書》卷八、《北史》卷八。

　　周文帝之有關中也，[1]霸業初基，典章多闕。大統元年，[2]命有司斟酌今古通變，可以益時者，爲二十四條之制，奏之。七年，又下十二條制。十年，魏帝命尚書蘇綽，[3]總三十六條，更損益爲五卷，班於天下。其後以河南趙肅爲廷尉卿，[4]撰定法律。肅積思累年，遂感心疾而死。乃命司憲大夫託拔迪掌之。[5]至保定三年三月庚子乃就，[6]謂之《大律》，凡二十五篇：一曰刑名，二曰法例，三曰祀享，[7]四曰朝會，五曰婚姻，六曰户禁，[8]七曰水火，八曰興繕，九曰衛宮，十曰市廛，十一曰鬭競，十二曰劫盜，十三曰賊叛，十四曰毀亡，十五曰違制，十六曰關津，[9]十七曰諸侯，十八曰厩牧，十九曰雜犯，二十曰詐僞，二十一曰請求，二十二曰告言，[10]二十三曰逃亡，[11]二十四曰繫訊，二十五曰斷獄。大凡定罪一千五百三十七條。其制罪，一曰杖刑五，自十至五十。二曰鞭刑五，自六十至于百。三曰徒刑五，徒一年者，鞭六十，笞十；徒二年者，鞭七十，笞二十；徒三年者，鞭八十，笞三十；徒四年者，鞭九十，笞四十；徒五年者，鞭一百，笞五十。四曰流刑五，流衛服，去皇畿二千五百里者，鞭一百，笞六十。流要服，去皇畿三千里者，鞭一百，笞七十。流荒服，去皇畿三千五百里者，鞭一百，笞八十。流鎮服，去皇畿四千里者，鞭一百，笞九十。流蕃服，去皇畿四千五百里者，鞭一百，笞一百。五曰死刑五，一曰磬，二曰絞，三曰斬，四曰梟，五曰裂。五刑之屬各有五，合二十五等。不立十惡之目，而重惡逆、不道、大不敬、不孝、不義、內亂之罪。凡惡逆，肆之三日。[12]盜賊群攻鄉邑及入人家者，殺之無罪。若報仇者，告於法而自殺之，不坐。經爲盜者，注其籍。唯皇宗則否。凡死罪桎而拲，[13]流罪桎而梏，徒罪桎，鞭罪桎，杖罪散以待斷。皇族及有爵者，死罪已下鎖之，徒已下散之。獄成將殺者，書其姓名及其罪於拲，而殺之市。唯皇族與有爵者隱獄。[14]

[1]周文帝：北周皇帝宇文泰。紀見《周書》卷一、二及《北史》卷九。　關中：地區名。與“關內”意同。秦至唐時稱函谷或潼關以西、隴坂以東、終南山以北爲關中。

[2]大統：西魏文帝元寶炬年號（535—551）。

[3]蘇綽：人名。西魏大統十年授大行臺度支尚書。傳見《周書》卷二三、《北史》卷六三。

[4]河南：郡名。治所在今河南洛陽市。　趙肅：人名。西魏大統十六年除廷尉卿。傳見《周書》卷三七、《北史》卷七〇。

[5]司憲大夫：官名。北周秋官府有司憲中大夫二人，辨國之五禁，掌承司寇之法，以左右刑罰。正五命。（參見王仲犖《北周六典》卷六《秋官府第十一》，中華書局1979年版，第406頁）託拔迪：人名。北周任司憲大夫，其他事迹不詳。按，“託”宋殘本、汲古閣本、中華本同，殿本、庫本、《册府元龜》卷六一一《刑法部·定律令第三》、《通典》卷一六四《刑法二·刑制中》、《文獻通考》卷一六五《刑考四》作“拓”。

[6]保定：北周武帝宇文邕年號（561—565）。　三月庚子：據《周書》卷五《武帝紀上》、《北史》卷一〇《周本紀下》作

"二月庚子"。檢陳垣《二十史朔閏表》保定三年二月"乙未"朔，故三月無"庚子"日。此"三月"當爲"二月"之誤。

[7]祀享：《册府元龜》《通典》《文獻通考》同，《唐六典》卷六《刑部尚書》"郎中"注文作"祠享"。

[8]户禁：《册府元龜》《通典》《文獻通考》《唐六典》均同，《唐律疏議》卷一二《户婚上》篇題疏議云："迄至後周，皆名户律。"

[9]關津：《册府元龜》《通典》《文獻通考》同，《唐六典》卷六作"關市"。

[10]告言：《册府元龜》《通典》《文獻通考》同，《唐六典》卷六作"告劾"。

[11]逃亡：《册府元龜》《通典》《文獻通考》《唐六典》均同，《唐律疏議》卷二八《捕亡》篇題疏議云："至後魏名捕亡律，北齊名捕斷律，後周名逃捕律，隋復名捕亡律。"

[12]肆：處死刑後陳屍示衆。

[13]奉：宋刻遞修本、汲古閣本、殿本、庫本、中華本同，宋殘本作"拳"。按，奉，爲刑具，作"拳"誤。

[14]隱獄：在監獄內執行死刑。

其贖杖刑五，金一兩至五兩。贖鞭刑五，金六兩至十兩。贖徒刑五，一年金十二兩，二年十五兩，三年一斤二兩，四年一斤五兩，五年一斤八兩。贖流刑，一斤十二兩，俱役六年，不以遠近爲差等。贖死罪，金二斤。鞭者以一百爲限。加笞者，合二百止。應加鞭、笞者，皆先笞後鞭。婦人當笞者，聽以贖論。徒輸作者，皆任其所能而役使之。杖十已上，當加者上就次，數滿乃坐。當減者，死罪流蕃服，蕃服已下俱至徒五年。五年以下，各以一等爲差。盜賊及謀反、大逆、降叛、惡逆罪當流者，皆甄一房配爲雜户。[1]其爲盜賊事發逃亡者，[2]懸名注配。若再犯徒、三犯鞭者，一身永配下役。應贖金者，鞭杖十，收中絹一匹。流徒者，依限歲收絹十二匹。死罪者一百匹。其贖刑，死罪五旬，流刑四旬，徒刑三旬，鞭刑二旬，杖刑一旬。限外不輸者，歸於法。貧者請而免之。大凡定法一千五百三十七條，班之天下。其大略滋章，條流苛密，比於齊法，煩而不要。

[1]雜户：人身關係隸屬於官府，爲官府供應力役，介於普通民衆與奴隸之間的一種户口。

[2]盜賊：宋刻遞修本、宋殘本、汲古閣本、中華本同，殿本、庫本作“賊盜”。按，據前句此作“盜賊”是。

又初除復仇之法，犯者以殺論。時晉公護將有異志，[1]欲寬政以取人心，然暗於知人，所委多不稱職。既用法寬弛，不足制姦，子弟僚屬，皆竊弄其權，百姓愁怨，控告無所。武帝性甚明察，[2]自誅護後，躬覽萬機，雖骨肉無所縱捨，用法嚴正，中外蕭然。自魏、晉相承，死罪其重者，妻子皆以補兵。魏虜西涼之人，[3]没入名爲隸户。[4]魏武入關，隸户皆在東魏，[5]後齊因之，仍供廝役。建德六年，[6]齊平後，帝欲施輕典於新國，乃詔凡諸雜户，悉放爲百姓。自是無復雜户。其後又以齊之舊俗，未改昏政，賊盜姦宄，頗乖憲章。其年，又爲《刑書要制》以督之。其大抵持仗群盜一匹以上，不持仗群盜五匹以上，監臨主掌自盜二十匹以上，盜及詐請官物三十匹以上，[7]正長隱五户及丁以上、及地頃以上皆死。[8]自餘依《大律》。由是澆詐頗息焉。

[1]晋公護：即宇文護，西魏權臣宇文泰之侄，北周建立，宇文護專政。傳見《周書》卷一一，《北史》卷五七有附傳。

[2]武帝：北周武帝宇文邕。紀見《周書》卷五、六及《北史》卷一〇。

[3]西凉：十六國之一（400—421），都敦煌（今甘肅敦煌市）。

[4]隸户：同"雜户"。

[5]東魏：北朝時東魏（534—550），都於鄴（今河北臨漳縣西南）。

[6]建德：北周武帝宇文邕年號（572—578）。

[7]盜及詐請官物三十匹以上：《通典》卷一六四《刑法二·刑制中》、《文獻通考》卷一六五《刑考四》同。《周書》卷六《武帝紀下》、《北史》卷一〇《周本紀下》作"小盜及詐僞請官物三十匹以上"。又宋人葉適所撰《習學記言》卷三五《北史·後周書》所引亦同《周書·武帝紀》。

[8]正長隱五户及丁以上、及地頃以上：宋殘本、汲古閣本、殿本、庫本同。中華本"丁"上有"十"、"頃"上有"三"兩字，其校勘記云："'丁'上原脱'十'字，'頃'上原脱'三'字，據《周書·武帝紀下》補。《通鑑》一七三，'三頃'作'頃'。"按，此句《通典》卷一六四《刑法二·刑制中》作"正長隱五户及丁五以上、及地頃以上"，《文獻通考》卷一六五《刑考四》唯"正"訛作"主"。《册府元龜》卷六一一《刑法部·定律令第三》、前引《周書》及《北史·武帝紀》、《習學記言》卷三五《北史·後周書》均載爲："正長隱五户及十丁以上、及地三頃以上。"《通鑑》

卷一七三《陳紀》太建九年十一月條載："……及正、長隱五丁、若地頃以上。"正長，鄉官名。本書《百官志下》載：隋因周制，在京畿基層中制五家爲一保，保有長；保五爲閭，閭四爲族，皆有正。畿外置里正，比閭正；黨長，比族正。此正、長，即指此類鄉官。

宣帝性殘忍暴戾，[1]自在儲貳，惡其叔父齊王憲及王軌、宇文孝伯等。[2]及即位，並先誅戮，由是内外不安，俱懷危懼。帝又恐失衆望，乃行寬法，以取衆心。宣政元年八月，[3]詔制九條，[4]宣下州郡。大象元年，[5]又下詔曰："高祖所立《刑書要制》，用法深重，其一切除之。"然帝荒淫日甚，惡聞其過，誅殺無度，疏斥大臣。又數行肆赦，爲姦者皆輕犯刑法，政令不一，下無適從。於是又廣《刑書要制》，而更峻其法，謂之《刑經聖制》。宿衛之官，一日不直，罪至削除。逃亡者皆死，而家口籍没。上書字誤者，科其罪。鞭杖皆百二十爲度，名曰天杖。其後又加至二百四十。又作辟礔車，[6]以威婦人。其決人罪，云與杖者，即一百二十，多打者，即二百四十。帝既酣飲過度，嘗中飲，有下士楊文祐白宮伯長孫覽，[7]求歌曰："朝亦醉，暮亦醉。日日恒常醉，政事日無次。"鄭譯奏之，[8]帝怒，命賜杖二百四十而致死。後更令中士皇甫猛歌，[9]猛歌又諷諫。鄭譯又以奏之，又賜猛杖一百二十。是時下自公卿，内及妃后，咸加棰楚，上下愁怨。及帝不豫，而内外離心，各求苟免。隋高祖爲相，又行寬大之典，删略舊律，作《刑書要制》。既成奏之，静帝下詔頒行。[10]諸有犯罪未科決者，並依制處斷。

[1]宣帝：北周宣帝宇文贇。紀見《周書》卷七、《北史》卷十。

[2]齊王憲：北周宇文泰第五子宇文憲，封齊王。傳見《周書》卷一二、《北史》卷五八。　王軌：人名。北周名將，官至上大將軍，封郯國公。周宣帝即位不久被殺。傳見《周書》卷四〇、《北史》卷六二。　宇文孝伯：人名。北周大臣，深受周武帝宇文邕器重，周宣帝即位，賜死於家。傳見《周書》卷四〇，《北史》卷五七有附傳。

[3]宣政：北周武帝宇文邕年號（578）。

[4]九條：內容較多，詳見《周書·宣帝紀》。

[5]大象：北周宣帝和靜帝年號（579—580）。

[6]礔礰：宋刻遞修本、宋殘本、中華本同，汲古閣本、殿本、庫本作“霹靂”。

[7]下士：官名。此具體所指不詳。　楊文祐：人名。正史無傳。　宮伯：官名。北周天官府有左右宮伯，掌侍衛之禁，各更直於內。正五命。（參見王仲犖《北周六典》卷二《天官府第七》，第47頁）按，《周書》卷六《武帝紀下》載：“（天和六年）右宮伯長孫覽爲薛國公。”　長孫覽：人名。傳見本書卷五一，《北史》卷二二有附傳。

[8]鄭譯：人名。傳見本書卷三八，《北史》卷三五有附傳。

[9]中士：官名。此具體所指不詳。　皇甫猛歌：人名。事迹不詳。《文獻通考》卷一六五《刑考四》作“皇甫猛”。

[10]靜帝：北周皇帝宇文闡的諡號。紀見《周書》卷八、《北史》卷一〇。

高祖既受周禪，開皇元年，[1]乃詔尚書左僕射、勃海公高熲，[2]上柱國、沛公鄭譯，[3]上柱國、清河郡公楊素，[4]大理前少卿、平源縣公常明，[5]刑部侍郎、保城縣公韓濬，[6]比部侍郎李諤，[7]兼考功侍郎柳雄亮等，[8]更定新律，奏上之。其刑名有五：一曰死刑二，有絞，有斬。二曰流刑三，有一千里、千五百里、二千里。應配者，一千里居作二年，一千五百里居作二年半，二千里居作三年。應住居作者，[9]三流俱役三年。近流加杖一百，一等加三十。三曰徒刑五，有一年、一年半、二年、二年半、三年。四曰杖刑五，自五十至于百。[10]五曰笞刑五，自十至于五十。而蠲除前代鞭刑及梟首、轘、裂之法。其流徒之罪，[11]皆減縱輕。唯大逆、謀反叛者，父子兄弟皆斬，家口没官。又置十惡之條，多採後齊之制，而頗有損益。一曰謀反，二曰謀大逆，三曰謀叛，四曰惡逆，五曰不道，六曰大不敬，七曰不孝，八曰不睦，九曰不義，十曰內亂。犯十惡及故殺人獄成者，[12]雖會赦，猶除名。

[1]開皇：隋文帝楊堅年號（581—600）。

[2]尚書左僕射：官名。隋尚書省置左右僕射各一人，地位僅次於尚書令。由於隋尚書令不常置，僕射成爲尚書省實際長官，是宰相之職。從二品。　勃海公：爵名。全稱爲渤海郡公。隋九等爵的第四等。從一品。　高熲：人名。傳見本書卷四一、《北史》卷七二。

[3]上柱國：官名。隋文帝因改後周之制形成十一等散實官，以酬勤勞。上柱國是第一等，開府置府佐。從一品。

[4]楊素：人名。傳見本書卷四八，《北史》卷四一有附傳。

[5]大理前少卿：官名。大理少卿，隋大理寺副長官，協助大理卿掌刑獄之事。正四品。前，指前任官。　平源縣公：爵名。隋九等爵的第五等。從一品。　常明：人名。事迹不詳。

[6]刑部侍郎：官名。尚書省都官尚書刑部長官，掌刑罰之事。正六品上。　韓濬：人名。事迹不詳。

[7]比部侍郎：官名。尚書省都官尚書比部的長官，掌中央財務審計。正六品上。　李諤：人名。傳見本書卷六六、《北史》卷七七。

[8]考功侍郎：官名。尚書省吏部考功曹長官，掌全國文武官員的考課和生平事迹。正六品上。　柳雄亮：人名。本書卷四七、《北史》卷六四有附傳。

[9]住居作者：指因贖等原因不發配遠方的流犯，在當地服勞役。

[10]五十：《通典》卷一六四《刑法二·刑制中》、《文獻通考》卷一六五《刑考四》、《册府元龜》卷六一一《刑法部·定律令第三》均作“六十”。按，自六十至百，以十爲等差，正爲五等，作“六十”是。

[11]流：底本原作“法”，中華本校改爲“流”，其校勘記云：“據《册府元龜》六一一改。”今據改。又《通典》卷一六四《刑法二·刑制中》《文獻通考》卷一六五《刑考四》亦作“流”。

[12]犯：此字《册府元龜》卷六一一《刑法部·定律令第三》有，《通典》卷一六四《刑法二·刑制中》、《文獻通考》卷一六五《刑考四》無。

其在八議之科，及官品第七已上犯罪，皆例減一等。其品第九已上犯者，聽贖。應贖者，皆以銅代絹。贖銅一斤爲一負，[1]負十爲殿。笞十者銅一斤，加至杖百則十斤。徒一年，贖銅二十斤，每等則加銅十斤，三年則六十斤矣。流一千里，贖銅八十斤，每等則加銅十斤，二千里則百斤矣。二死皆贖銅百二十斤。犯私罪以官當徒者，五品已上，一官當徒二年；九品已上，一官當徒一年；當流者，三流同比徒三年。[2]若犯公罪者，徒各加一年，當流者各加一等。其累徒過九年者，流二千里。

[1]贖銅一斤爲一負：此與《北齊律》“在官犯罪，鞭杖十爲一負”意同，即在官者，每交納贖銅一斤則記過錯一次。贖，《冊府元龜》卷六一一《刑法部·定律令第三》有，《通典》卷一六四《刑法二·刑制中》、《文獻通考》卷一六五《刑考四》無。按，據文意此特指贖罪之銅，當有“贖”字。

[2]同：底本原作“周”，中華本作“同”，其校勘記云：“‘同’原作‘周’，據《通典》一六四、《冊府元龜》六一一、《唐律疏議·名例》改。”今從改。

定訖，詔頒之曰：“帝王作法，沿革不同，取適於時，故有損益。夫絞以致斃，斬則殊形，[1]除惡之體，於斯已極。梟首轘身，義無所取，不益懲肅之理，徒表安忍之懷。鞭之爲用，殘剝膚體，徹骨侵肌，酷均爨切。雖云遠古之式，事乖仁者之刑，梟轘及鞭，並令去也。貴礪帶之書，[2]不當徒罰，[3]廣軒冕之廕，[4]旁及諸親。流役六年，改爲五載，[5]刑徒五歲，變從三祀。其餘以輕代重，化死爲生，條目甚多，備於簡策。宜班諸海內，爲時軌範，雜格嚴科，並宜除削。先施法令，欲人無犯之心，國有常刑，誅而不怒之義。措而不用，庶或非遠，萬方百辟，知吾此懷。"自前代相承，有司訊考，皆以法外。或有用大棒束杖，車輻鞋底，壓踝杖桄之屬，[6]楚毒備至，多所誣伏。雖文致於法，而每有枉濫，莫能自理。至是盡除苛慘之法，訊囚不得過二百，枷杖大小，咸爲之程品，[7]行杖者不得易人。帝又以律令初行，人未知禁，故犯法者衆。又下吏承苛政之後，[8]務鍛煉以致人罪。乃詔申敕四方，敦理辭訟。有枉屈縣不理者，令以次經郡及州，至省仍不理，[9]乃詣闕申訴。有所未愜，聽撾登聞鼓，[10]有司錄狀奏之。

[1]形：汲古閣本、殿本、庫本同，宋殘本、宋刻遞修本及《册府元龜》卷六一一《刑法部·定律令第三》作"刑"。

[2]礪帶："礪帶河山"簡稱，喻指封爵與國共存。此指受過封爵之人。典出《漢書》卷一六《高惠高后文功臣表》。

[3]罰：《册府元龜》卷六一一《刑法部·定律令第三》作"法"。

[4]軒冕：古時大夫以上官員的車乘及冕服，是其身份的象徵。此指做過大官的人。

[5]五載：《册府元龜》卷六一一《刑法部·定律令第三》、《通典》卷一六四《刑法二·刑制中》、《文獻通考》卷一六五《刑考四》及《通鑑》卷一七五《陳紀》開皇元年十月條記載均同。按，前文流刑所載"……二千里居作三年。應住居作者，三流俱役三年"。最多不過三年，與此不符。（本高其邁《隋唐刑法志注釋》，法律出版社1987年版，第55頁）

[6]杖：《册府元龜》卷六一一《刑法部·定律令第三》作"拔"。

[7]程品：法式、規範。

［8］又：《册府元龜》卷六一一《刑法部・定律令第三》無。

［9］至：底本及他本原無此字，中華本有，其校勘記云："原脱'至'字，據《通典》一六四、《册府元龜》六一一補。"又中華書局新修訂本删"至"，標點作"令以次經郡及州省，仍不理，乃詣闕申訴"，似更合理。

［10］登聞鼓：古代帝王爲表示聽取臣民諫議或冤情，在朝堂外懸鼓，許臣民擊鼓上聞，謂之"登聞鼓"。

　帝又每季親録囚徒。常以秋分之前，[1]省閲諸州申奏罪狀。三年，因覽刑部奏，[2]斷獄數猶至萬條。以爲律尚嚴密，故人多陷罪。又敕蘇威、牛弘等，[3]更定新律。除死罪八十一條，流罪一百五十四條，徒、杖等千餘條，定留唯五百條。凡十二卷。一曰名例，二曰衛禁，三曰職制，四曰户婚，五曰厩庫，六曰擅興，七曰賊盜，[4]八曰鬭訟，九曰詐僞，十曰雜律，十一曰捕亡，十二曰斷獄。自是刑網簡要，疏而不失。於是置律博士弟子員。[5]斷決大獄，皆先牒明法，[6]定其罪名，然後依斷。五年，侍官慕容天遠糾都督田元冒請義倉，[7]事實而始平縣律生輔恩，[8]舞文陷天遠，遂更反坐。[9]帝聞之，乃下詔曰："人命之重，懸在律文，刊定科條，俾令易曉。分官命職，恒選循吏，小大之獄，理無疑舛。而因襲往代，别置律官，報判之人，推其爲首。殺生之柄，常委小人，刑罰所以未清，威福所以妄作，爲政之失，莫大於斯。其大理律博士、尚書刑部曹明法、州縣律生，並可停廢。"自是諸曹決事，皆令具寫律文斷之。六年，敕諸州長史已下，[10]行參軍已上，[11]並令習律，集京之日，試其通不。又詔免尉迥、王謙、司馬消難三道逆人家口之配没者，[12]悉官酬贖，使爲編户。[13]因除孥戮相坐之法，[14]又命諸州囚有處死，不得馳驛行决。

[1]秋分之前：古以秋氣肅殺理論，執行死刑多在秋後。《禮記·月令》：“孟秋之月……決獄訟。”

[2]刑部：官署名。隋初沿置都官，開皇三年改爲刑部，是尚書省下轄六部之一。職掌刑法、徒隷、勾覆及關禁之政，領刑部、都官、比部、司門四司。

[3]又：底本原無，宋殘本、汲古閣本、殿本、庫本、中華本有。今據補。　蘇威：人名。傳見本書卷四一，《北史》卷六三有附傳。　牛弘：人名。傳見本書卷四九、《北史》卷七二。

[4]賊盜：《通典》卷一六四《刑法二·刑制中》、《文獻通考》卷一六五《刑考四》、《通鑑》卷一七五《陳紀》開皇三年十二月條同，《册府元龜》卷六一一《刑法部·定律令第三》作“盜賊”，誤。考証參前文注。

[5]律博士弟子：指隨律博士官學習法律之弟子。律博士，官名。大理寺設律博士八人，掌教授律令。正九品上。

[6]明法：官名。隋大理寺有明法二十人，尚書刑部曹及左右領軍府亦設數人，掌律令輕重，解釋法律等事。品秩不詳。

[7]侍官：此指宮廷中輪番宿衛的軍士。　慕容天遠：人名。事迹不詳。　都督：官名。據後文全稱爲領左右都督。隋左右領左右府，將軍之下置正副都督，煬帝改爲左右備身府。正七品。　田元：人名。事迹不詳。　義倉：隋始設立於各地備荒性質的糧倉。

[8]始平：縣名。治所在今陝西興平市東南南佐村。　律生：官名。州縣設立判處案件的官吏。　輔恩：人名。事迹不詳。

[9]反坐：對誣告罪的懲罰，將被誣告人所應得的刑罰加到誣告人身上。

［10］長史：官名。此爲州府上佐之一，佐理一州事務，開皇三年改別駕爲長史。上州正五品，中州從五品，下州正六品。

［11］行參軍：官名。此爲州府屬官，隋代州府設户、兵等曹參軍事，法、士曹等行參軍，及行參軍等佐官。上州諸曹行參軍事正八品，中州諸曹行參軍從八品，下州諸曹行參軍事及上州行參軍正九品，下州行參軍從九品。

［12］尉迥：人名。即尉遲迥，北周太祖宇文泰之甥，周宣帝時任大前疑、相州總管。傳見《周書》卷二一、《北史》卷六二。王謙：人名。北周柱國大將軍，因反對楊堅輔政，兵敗被殺。傳見《周書》卷二一，《北史》卷六〇有附傳。　司馬消難：人名。初仕北齊，官至北豫州刺史，後被猜忌迫害舉州降周，歷遷大後丞，出爲鄖州總管。傳見《周書》卷二一，《北史》卷五四有附傳。道逆人：有地位而參與叛逆的人。《册府元龜》卷一五〇《帝王部·寬刑》無“道”字。

［13］編户：編入國家正式户口的普通民户。

［14］孥戮相坐：誅及子孫的連坐之法。

高祖性猜忌，素不悦學，既任智而獲大位，因以文法自矜，明察臨下。恒令左右覘視内外，[1]有小過失，則加以重罪。又患令史贓污，[2]因私使人以錢帛遺之，得犯立斬。每於殿廷打人，一日之中，或至數四。嘗怒問事揮楚不甚，[3]即命斬之。十年，尚書左僕射高熲、治書侍御史柳彧等諫，[4]以爲朝堂非殺人之所，殿庭非決罰之地。帝不納。熲等乃盡詣朝堂請罪，曰：“陛下子育群生，務在去弊，而百姓無知，犯者不息，致陛下決罰過嚴。皆臣等不能有所裨益，請自退屏，以避賢路。”帝於是顧謂領左右都督田元曰：“吾杖重乎？”元曰：“重。”帝問其狀，元舉手曰：“陛下杖大如指，棰楚人三十者，比常杖數百，故多致死。”帝不懌，乃令殿内去杖，欲有決罰，各付所由。[5]後楚州行參軍李君才，[6]上言帝寵高熲過甚，上大怒，命杖之，而殿内無杖，遂以馬鞭笞殺之。自是殿内復置杖。未幾怒甚，又於殿庭殺人，兵部侍郎馮基固諫，[7]帝不從，竟於殿庭行決。帝亦尋悔，宣慰馮基，而怒群僚之不諫者。

[1]覘：《太平御覽》卷六五〇《刑法部十六·杖》、《文獻通考》卷一六五《刑考四》同，《通典》卷一七〇《刑法八·峻酷》原作“觀”。

[2]令史：吏職名。隋尚書省六部諸司、諸臺省，東宮詹事府、左右春坊及其下各局署皆置令史。九寺、諸監、衛所置的則稱府史。這些吏職掌文書案牘，亦常差充他職。

[3]問事：吏職名。行杖之人。參《通鑑》卷一七七《隋紀》開皇十年四月條胡三省注。　揮楚不甚：打得不够用力。楚，荆條，用以捶人。

[4]治書侍御史：官名。佐御史大夫掌彈劾百官。從五品下。　柳彧：人名。傳見本書卷六二、《北史》卷七七。

[5]所由：指有關官吏，因事必經其手，故稱。

[6]楚州：隋開皇十二年置，治所在今江蘇淮安市。　李君才：人名。具體事迹不詳。

[7]兵部侍郎：官名。隋文帝時於兵部四曹之一兵部曹置兵部侍郎一員，爲該曹長官，正六品。煬帝大業三年諸曹侍郎並改稱“郎”，又始置“侍郎”，爲尚書省下轄六部之副長官。此後，兵部侍郎才成爲兵部副長官，協助長官兵部尚書掌全國軍衛武官選授之政令等。正四品。　馮基：人名。即馮世基。傳見本書卷四六。

十二年，帝以用律者多致踳駮，罪同論異。詔諸州死罪不得便決，悉移大理案覆，事盡，然後上省奏裁。[1]十三年，改徒及流並爲配防。[2]十五年，[3]制死罪者三奏而後決。十六年，[4]有司奏合川倉粟少七千石，[5]命斛律孝卿鞫問其事，[6]以爲主典所竊。[7]復令孝卿馳驛斬之，没其家爲奴婢，鬻粟以填之。是後盜邊糧者，一升已上皆死，[8]家口没官。上又以典吏久居其職，肆情爲姦。諸州縣佐史，三年一代，經任者不得重居之。[9]十七年，詔又以所在官人，不相敬憚，多自寬縱，事難克舉。諸有殿失，雖備科條，或據律乃輕，論情則重，不即決罪，無以懲肅。其諸司屬官，[10]若有愆犯，聽於律外斟酌決杖。於是上下相驅，迭行棰楚，以殘暴爲幹能，以守法爲懦弱。

[1]上省奏裁：《通鑑》卷一七七《隋紀》開皇十二年九月條同，《通典》卷一七○《刑法八·峻酷》、《文獻通考》卷一六五《刑考四》作“上奏取裁”。中華本《通典》校改爲“上取奏裁”。

[2]配防：發配罪人戍邊。

[3]十五年：“制死罪者三奏而後決”事，據本書卷二《高祖紀下》、《北史》卷一一《隋文帝紀》、《通鑑》卷一七八《隋紀》均將此事繫於“開皇十六年八月”。故此“十五年”當爲“十六年”（參見顧吉辰《〈隋書·刑法志〉考異》，第237頁）。

[4]十六年：隋文帝詔“盜邊糧者一升已上皆死”事，據本書《高祖紀下》、《北史·隋文帝紀》、《通鑑》卷一七八《隋紀》、《册府元龜》卷六一一《刑法部·定律令第三》均將此事繫於“開皇十五年十二月”，《通典》卷一七○《刑法八·峻酷》亦作“十五年”。故此“十六年”爲“十五年”之誤（參見顧吉辰《〈隋

書・刑法志〉考異》，第 237 頁）。又，《文獻通考》卷一六五《刑考四》作“十六年”，亦誤。

　　[5]合川倉：置於合川縣，在今四川若爾蓋縣北。

　　[6]斛律孝卿：人名。隋開皇年間曾任太府卿、卒於民部尚書。《北齊書》卷二〇、《北史》卷五三有附傳。

　　[7]主典：掌管者。

　　[8]升：《通典》卷一七〇《刑法八・峻酷》《文獻通考》卷一六五《刑考四》作“斗”。

　　[9]諸州縣佐史，三年一代，經任者不得重居之：此制據本書《高祖紀下》、《北史・隋文帝紀》、《册府元龜》卷六二九《銓選部・條制》載在“開皇十四年十一月”，唯“佐史”作“佐吏”。故將此事繫於開皇十六年，誤。又《文獻通考》卷一六五《刑考四》作“開皇十五年”，亦誤。佐史，吏職名。此指古代地方官員的僚屬，州、縣均設一定員數，供驅使，並掌管文書簿籍等事。

　　[10]其諸司屬官：本書《高祖紀下》“開皇十七年”詔：“其諸司論屬官”，《通鑑》卷一七八《隋紀》開皇十七年三月條載：“諸司論屬官罪。”

　　是時帝意每尚慘急，[1]而姦回不止，京市白日，公行掣盜，人間強盜，亦往往而有。帝患之，問群臣斷禁之法，楊素等未及言，帝曰：“朕知之矣。”詔有能糾告者，沒賊家產業，以賞糾人。時月之間，內外寧息。其後無賴之徒，候富人子弟出路者，而故遺物於其前，偶拾取則擒以送官，而取其賞。大抵被陷者甚衆。帝知之，乃命盜一錢已上皆棄市。[2]行旅皆晏起早宿，[3]天下懍懍焉。此後又定制，行署取一錢已上，聞見不告言者，坐至死。自此四人共盜一榱桷，[4]三人同竊一瓜，事發即時行決。有數人劫執事而謂之曰：[5]“吾豈求財者邪？但爲枉人來耳。而爲我奏至尊，自古以來，體國立法，未有盜一錢而死也。而不爲我以聞，吾更來，而屬無類矣。”帝聞之，爲停盜取一錢棄市之法。

　　[1]慘急：指嚴厲而殘酷的法律。
　　[2]棄市：《隋律》死罪有絞及斬，無棄市之法，此當爲隋文帝於律外用刑。
　　[3]早：底本原作“晚”，中華本校改爲“早”，其校勘記云：“據《御覽》六四六改。”按，又《通鑑》卷一七八《隋紀》開皇十七年三月條考異曰：“《刑法志》作‘晚宿’，必‘早’字誤耳。”據文意當爲“早”，今從改。
　　[4]榱桷：屋椽。《太平御覽》卷九七八《菜茹部三·瓜》作“欀桶”，《文獻通考》卷一六五《刑考四》作“榱桶”。
　　[5]執事：主管官員。

　　帝嘗發怒，六月棒殺人。大理少卿趙綽固爭曰：[1]“季夏之月，天地成長庶類。不可以此時誅殺。”帝報曰：“六月雖曰生長，此時必有雷霆。天道既於炎陽之時震其威怒，我則天而行，[2]有何不可！”遂殺之。大理掌固來曠上封事，[3]言大理官司恩寬。帝以曠爲忠直，遣每旦於五品行中參見。曠又告少卿趙綽濫免徒囚，帝使信臣推驗，初無阿曲。帝又怒曠，命斬之。綽因固爭，以爲曠不合死。帝乃拂衣入閣，綽又矯言：“臣更不理曠，自有他事未及奏聞。”帝命引入閣，綽再拜請曰：“臣有死罪三。臣爲大理少卿，不能制馭掌固，使曠觸掛天刑，死罪一也。囚不合死，而臣不能死爭，死罪二也。臣本無他事，而妄言求入，死罪三也。"帝解顏。會獻皇后在坐，[4]帝賜綽二金杯酒，飲訖，并以杯賜之。曠因免死，配徒廣州。[5]

[1]趙綽：人名。傳見本書卷六二、《北史》卷七七。

[2]我則天而行：《通典》卷一七〇《刑法八・峻酷》、《文獻通考》卷一六五《刑考四》無"我"字。

[3]大理掌固：官名。蓋即漢之掌故，掌管律令制度之故實。隋設置不詳，《唐六典》卷一八載唐代大理寺設掌故十八人。　來曠：人名。事亦見《通鑑》卷一七八《隋紀》開皇十七年三月條。

[4]獻皇后：隋文帝文獻皇后，名獨孤伽羅。傳見本書卷三六、《北史》卷一四。

[5]廣州：治所在今廣東廣州市。

帝以年齡晚暮，尤崇尚佛道，又素信鬼神。二十年，詔沙門道士壞佛像天尊，百姓壞岳瀆神像，皆以惡逆論。帝猜忌，二朝臣僚，用法尤峻。御史監師，[1]於元正日不劾武官衣劍之不齊者，[2]或以白帝，帝謂之曰："爾爲御史，何縱捨自由。"命殺之。諫議大夫毛思祖諫，[3]又殺之。左領軍府長史考校不平，[4]將作寺丞以諫麥麹遲晚，[5]武庫令以署庭荒蕪，[6]獨孤師以受蕃客鸚鵡，[7]帝察知，並親臨斬決。

[1]御史：官名。御史臺長官御史大夫下有治書侍御史、侍御史、殿内侍御史、監察御史等。職掌國家刑憲典章之政令，司彈劾糾察百官等。此具體所指不明。　監師：人名。隋任御史，事迹不詳。

［2］元正日：正月初一。

［3］諫議大夫：官名。隋初門下省置七人，掌顧問應對，從四品。煬帝廢。　毛思祖：人名。事亦見《通鑑》卷一七八《隋紀》開皇十七年三月條。

［4］左領軍府長史：隋文帝置左右領軍府，各掌十二軍籍帳、差科、詞訟之事。長史爲其僚佐之首，掌管府事。從六品上。

［5］將作寺丞：官名。將作寺屬官，專管營繕宮室、宗廟、城門、東宮、王府、中央官署及京都其他土木工程。正七品下。　諫麥麴："諫"乃是"課"之訛。《通典》卷一七〇《刑法八·峻酷》、《文獻通考》卷一六五《刑考四》俱作"課"。按，麥麴即麥，建築所需，故將作寺徵之。（參中華本《通典》卷一七〇校勘記"一四四"；顧吉辰《〈隋書·刑法志〉考異》，第237頁）

［6］武庫令：官名。爲衛尉寺下轄武庫署長官。掌兵器及吉凶儀仗。正八品下。大業三年升爲正六品。

［7］獨孤師：人名。事迹不詳。

仁壽中，[1]用法益峻，帝既喜怒不恒，[2]不復依準科律。[3]時楊素正被委任，[4]素又稟性高下，公卿股慄，不敢措言。[5]素於鴻臚少卿陳延不平，[6]經蕃客館，[7]庭中有馬屎，又庶僕氈上樗蒲。[8]旋以白帝，帝大怒曰："主客令不灑掃庭內，[9]掌固以私戲污敗官氈，[10]罪狀何以加此！"皆於西市棒殺，[11]而榜棰陳延，殆至於斃。大理寺丞楊遠、劉子通等，[12]性愛深文，每隨牙奏獄，能承順帝旨。帝大悅，並遣於殿庭三品行中供奉，每有詔獄，專使主之。候帝所不快，則案以重抵，無殊罪而死者，不可勝原。遠又能附楊素，每於塗中接候，而以囚名白之，皆隨素所爲輕重。其臨終赴市者，莫不塗中呼枉，仰天而哭。越公素侮弄朝權，帝亦不之能悉。[13]

[1]仁壽：隋文帝楊堅年號（601—604）。

[2]恒：《册府元龜》卷一八〇《帝王部・失政》、《通典》卷一七〇《刑法八・峻酷》、《文獻通考》卷一六五《刑考四》均作“常”，或避宋真宗趙恒諱改。

[3]科律：《册府元龜》卷一八〇《帝王部・失政》同，《通典》卷一七〇《刑法八・峻酷》、《文獻通考》卷一六五《刑考四》作“科條”。

[4]時楊素正被委任：《册府元龜》卷一八〇《帝王部・失政》作“時越國公楊素素被委任”。

[5]措：《册府元龜》卷一八〇《帝王部・失政》作“參”。

[6]鴻臚少卿：官名。鴻臚寺副長官，佐鴻臚卿掌册封諸藩、接待外使及凶儀等事。開皇三年曾廢鴻臚寺，將其職能歸入太常寺；開皇十二年又恢復。卿置一員，隋初正四品上，煬帝降爲從四品。　陳延：人名。事迹不詳。

[7]蕃客館：招待外國商旅客客館。

[8]庶僕：供役之人。　樗蒲：一種賭博游戲。

[9]主客令：《册府元龜》卷一八〇《帝王部・失政》同。按，據本書《百官志下》載：“鴻臚寺統典客、司儀、崇玄三署。各置令。”又《通典》卷二六《職官・典客署》亦載：“後魏初曰典客監，太和中置主客令。北齊有典客署。後周置東南西北四掌客上士下士。隋初又曰典客署，置令、丞，煬帝改爲典藩署。”《唐六典》卷一八《鴻臚寺》載略同。知隋文帝當爲典客令，作“主客令”，誤，此或沿用古稱。典客令，官名。鴻臚寺典客署主官，掌諸蕃朝貢、接待給事等事。正八品下。

[10]掌固：官名。具體不詳。按，本書《百官志下》載：“鴻臚寺……典客署有掌客，十人。”未載“掌固”。然《唐六典》卷

一八《鴻臚寺》目録祇載：典客署有掌固二人，亦未知其詳。

[11]西市：隋長安城西部商業貿易區，常爲死刑犯人行刑之所。

[12]大理寺丞：官名。大理寺屬官，置二員，隋初僅掌寺務，煬帝增至六員，始判獄事。正七品下。　楊遠：人名。事略見本書卷七九《獨孤陁傳》，其他事迹不詳。　劉子通：人名。事迹不詳。

[13]悉：汲古閣本、殿本、庫本、中華本同，宋刻遞修本、宋殘本作“委”。

煬帝即位，[1]以高祖禁網深刻，又敕修律令，除十惡之條。時斗稱皆小舊二倍，[2]其贖銅亦加二倍爲差。[3]杖百則三十斤矣。徒一年者六十斤，每等加三十斤爲差，三年則一百八十斤矣。流無異等，贖二百四十斤。二死同贖三百六十斤。其實不異。開皇舊制，釁門子弟，不得居宿衛近侍之官。先是蕭巖以叛誅，[4]崔君綽坐連庶人勇事，[5]家口籍没。巖以中宮故，[6]君綽緣女入宮愛幸，帝乃下詔革前制曰：“罪不及嗣，既弘至孝之道，[7]恩由義斷，以勸事君之節。故羊鮒從戮，彌見叔向之誠。[8]季布立勳，無預丁公之禍。[9]用能樹聲往代，貽範將來。朕虛己爲政，思遵舊典，推心待物，每從寬政。六位成象，[10]美厥含弘，一眚掩德，甚非謂也。諸犯罪被戮之門，期已下親，[11]仍令合仕，聽預宿衛近侍之官。”[12]

[1]煬帝：隋煬帝楊廣的謚號。紀見本書卷三、四及《北史》卷一二。

[2]斗：底本原作“升”，中華本校勘記云：“‘斗’原作

'升'，據《册府元龜》六一一改。"按，《通典》卷一六四《刑法二·刑制中》亦作"斗"。今據改。

[3]二倍：《册府元龜》卷六一一《刑法部·定律令第三》同，《通典》卷一六四《刑法二·刑制中》作"三倍"。按，上文云："杖百則十斤。徒一年，贖銅二十斤。"此處後云："杖百則三十斤矣。徒一年者六十斤。"是爲三倍之差，故此"二倍"當爲"三倍"之誤（參《通典》卷一六四校勘記；顧吉辰《〈隋書·刑法志〉考異》，第238頁）。

[4]蕭巖：人名。南朝後梁皇帝蕭琮的叔父。《周書》卷四八、《北史》卷九三有附傳。

[5]崔君綽：人名。隋封東郡公，具體事迹不詳。　庶人勇：指隋文帝長子楊勇。傳見本書卷四五、《北史》卷七一。

[6]中宫：指皇后。隋煬帝蕭皇后是蕭巖侄女。

[7]孝：《册府元龜》卷六一一《刑法部·定律令第三》作"公"。

[8]羊鮒從戮，彌見叔向之誠：此句意思是，春秋時晋國羊鮒（即羊舌鮒）貪贓枉法爲仇家所殺，其異母胞兄叔向（即羊舌肸）時做大夫，以爲羊鮒之罪當戮屍棄市，以明國法。典出《左傳》昭公十四年。

[9]季布立勳，無預丁公之禍：此句意思是，季布與丁公同母異父，丁公後爲漢高祖所殺，而用季布。典出《史記》卷一〇〇《季布傳》。

[10]六位：《易》卦之六爻。

[11]期：《册府元龜》卷六一一《刑法部·定律令第三》同，《通典》卷一六四《刑法二·刑制中》、《文獻通考》卷一六五《刑考四》作"周"。

[12]預：《册府元龜》卷六一一《刑法部·定律令第三》《文獻通考》卷一六五《刑考四》同，《通典》卷一六四《刑法二·刑制中》作"參"，其校勘記云："《通典》避代宗諱改。"

　　三年，新律成。凡五百條，爲十八篇。詔施行之，謂之《大業律》。一曰名例，二曰衛宮，[1]三曰違制，四曰請求，五曰户，六曰婚，七曰擅興，八曰告劾，九曰賊，十曰盜，十一曰鬭，十二曰捕亡，十三曰倉庫，十四曰廐牧，十五曰關市，十六曰雜，十七曰詐僞，十八曰斷獄。其五刑之内，降從輕典者，二百餘條。其枷杖決罰訊囚之制，並輕於舊。是時百姓久厭嚴刻，喜於刑寬。後帝乃外征四夷，内窮嗜欲，兵革歲動，賦斂滋繁。有司皆臨時迫脅，苟求濟事，憲章遐棄，賄賂公行，窮人無告，聚爲盜賊。帝乃更立嚴刑，敕天下竊盜已上，罪無輕重，不待聞奏，皆斬。百姓轉相群聚，攻剽城邑，誅罰不能禁。帝以盜賊不息，乃益肆淫刑。九年，又詔爲盜者籍没其家。自是群賊大起，郡縣官人，又各專威福，生殺任情矣。及楊玄感反，[2]帝誅之，罪及九族。其尤重者，行轘、裂、梟首之刑。或磔而射之。命公卿已下，臠啖其肉。百姓怨嗟，天下大潰，及恭帝即位，[3]獄訟有歸焉。

　　[1]衛宮：《通典》卷一六四《刑法二·刑制中》、《文獻通考》卷一六五《刑考四》同，《册府元龜》卷六一一《刑法部·定律令第三》作"衛官"。

　　[2]楊玄感：人名。傳見本書卷七〇，《北史》卷四一有附傳。

　　[3]恭帝：隋恭帝楊侑。紀見本書卷五、《北史》卷一二。

隋書　卷二六

志第二十一

百官上

《易》曰："天尊地卑，乾坤定矣，卑高既陳，貴賤位矣。"是以聖人法乾坤以作則，因卑高以垂教，設官分職，錫珪胙土。[1]由近以制遠，自中以統外，内則公卿大夫士，[2]外則公侯伯子男。[3]咸所以協和萬邦，平章百姓，[4]允釐庶績，[5]式叙彝倫。[6]其由來尚矣。然古今異制，文質殊途，或以龍表官，[7]或以雲紀職，[8]放勛即分命四子，[9]重華乃爰置九官，[10]夏倍於虞，殷倍於夏，周監二代，沿革不同。其道既文，置官彌廣。逮于戰國，戎馬交馳，雖時有變革，然猶承周制。秦始皇廢先王之典，焚百家之言，創立朝儀，事不師古，始罷封侯之制，立郡縣之官。太尉主五兵，[11]丞相總百揆，[12]又置御史大夫，[13]以貳於相。自餘衆職，各有司存。漢高祖除暴寧亂，輕刑約法，而職官之制，因於嬴氏。[14]其間同異，抑亦可知。光武中興，聿遵前緒，唯廢丞相與御史大夫，而以三司綜理衆務。[15]泊于叔世，[16]事歸臺閣，論道之官，備員而已。魏、晉繼及，[17]大抵略同，爰及宋、齊，[18]亦無改作。梁武受終，多循齊舊。然而定諸卿之位，各配四時，置戎秩之官，百有餘號。[19]陳氏繼梁，[20]不失舊物。高齊創業，[21]亦遵後魏，[22]臺省位號，與江左稍殊，所有節文，備詳於志。有周創據關右，[23]日不暇給，泊乎克清江、漢，爰議憲章。酌酆鎬之遺文，[24]置六官以綜務，[25]詳其典制，有可稱焉。高祖踐極，百度伊始，復廢周官，還依漢、魏。唯以中書爲內史，[26]侍中爲納言，[27]自餘庶僚，頗有損益。煬帝嗣位，意存稽古，建官分職，率由舊章。大業三年，[28]始行新令。于時三川定鼎，萬國朝宗，衣冠文物，足爲壯觀。既而以人從欲，待下若讎，號令日改，官名月易。尋而南征不復，朝廷播遷，圖籍注記，多從散逸。今之存錄者，不能詳備焉。

[1]錫：賜予。　珪：瑞玉。古代封爵授土時，賜珪以爲信，後因以代指官位。　胙土：賜予、分封土地。

[2]公卿大夫士：周代官僚體系中的五種等列。主要擔任行政方面的職責，沒有世襲權力。

[3]公侯伯子男：周代爵位的五等，可按父系系統世襲。

[4]平章：使平和章明。

[5]允釐：治理得當。　庶績：各種職業。

[6]式叙：按次第，順序。　彝倫：倫常，倫理道德。

[7]龍：古代傳說中的官名。

[8]雲：古代傳說中的官名。據說黄帝受命時有雲瑞，因此以雲紀官。

[9]放勛：帝堯的名字。 四子：指羲仲、羲叔、和仲、和叔。傳說羲和氏族世代掌管天文曆算，到了堯舜時分化爲四支，即爲羲仲、羲叔、和仲、和叔。

[10]重華：對虞舜的美稱。典出《尚書·舜典》："曰若稽古帝舜，曰重華，協于帝。" 九官：傳說中舜統治時期的九個大臣，即：禹、棄、契、咎繇、垂、益、伯夷、夔、龍。

[11]太尉：官名。秦始置，爲最高武官，與丞相、御史大夫並爲三公。漢初或置或省。元狩四年（前119），置大司馬，實爲太尉改名。東漢改大司馬置，列三公之首，與司徒、司空共同行使宰相職權。魏晉以後多爲大臣加官，無實際職掌。南朝宋一品，梁十八班。陳、北魏、北齊皆一品。 五兵：泛指軍隊。

[12]百揆：原爲堯時所置官，其職爲統領百官。西周改稱冢宰。後多以總百揆指總領各種政務。

[13]御史大夫：官名。先秦時期已有設置，秦時御史大夫是國家最高監察官，官位僅次於左右丞相。

[14]嬴氏：代指秦朝，因秦國君主以嬴爲姓。

[15]三司：指太尉（光武初時稱大司馬）、司徒、司空。東漢時期，廢除了丞相和御史大夫，而以三司作爲負責軍政的最高長官。

[16]叔世：指末世，衰落的時代。

[17]魏：即曹魏（220—265），都洛陽（今河南洛陽市東）。晉：即西晉（265—316）和東晉（317—420）。西晉都洛陽（今河南洛陽市東），東晉都建康（今江蘇南京市）。

[18]宋：即南朝宋（420—479），都建康（今江蘇南京市）。齊：即南朝齊（479—502），都建康（今江蘇南京市）。

[19]"然而定諸卿之位"至"百有餘號"：此處指梁武帝天監七年（508）對官制進行的改革。模仿古制，設春、夏、秋、冬之卿。以太常爲太常卿，加置宗正卿，以大司農爲司農卿，這三卿稱爲春卿。又加設太尉卿，以少府爲少府卿，加置太僕卿，這三卿稱

爲夏卿。以衛尉爲衛府卿，廷尉爲廷尉卿，將作大匠爲大匠卿，這三卿稱爲秋卿。以光禄勳爲光禄卿，大鴻臚爲鴻臚卿，都水使者爲太舟卿，這三卿稱爲冬卿。這十二卿均置丞及功曹、主簿。此外武官系列設置了一百二十五個將軍號，分爲二十四班。

[20]陳：即南朝陳（557—589），都建康（今江蘇南京市）。梁：即南朝梁（502—557），都建康（今江蘇南京市）。

[21]高齊：即北齊（550—577），都鄴（今河北臨漳縣西南）。

[22]後魏：即北魏（386—557），亦單稱魏。初都平城（今山西大同市東北），公元494年遷都洛陽（今河南洛陽市東北白馬寺東）。公元534年分裂爲東魏和西魏兩個政權。東魏（534—550）都於鄴（今河北臨漳縣西南鄴鎮東），西魏（535—557）都於長安（今陝西西安市西北郊）。

[23]周：即北周（557—581），都長安（今陝西西安市西北）。關右：地區名。主要指故函谷關（今河南靈寶市東北）或潼關以西地區。

[24]酆：古地名。周文王滅崇侯虎後曾都於此，後爲周武王之弟的封國。故地在今陝西户縣北。 鎬：古地名。西周的國都，故地在今陝西西安市西南。此處用以代指西周。

[25]六官：周朝六卿之官。根據《周禮》的記載，周朝以天官冢宰、地官司徒、春官宗伯、夏官司馬、秋官司寇、冬官司空分掌邦國之政，總稱六官或六卿。

[26]中書：官名。指中書監、令。始置於西漢武帝時期，最早以宦官擔任，稱中書謁者令，掌傳宣詔命等。西漢後期改爲中謁者令。三國魏文帝初年分秘書置中書省，以秘書左、右丞劉放、孫資分任中書監、令，並掌收納章奏、草擬及發布皇帝詔令等機要政務，皆位三品，不分高下，唯入朝時監班次略高於令，職權甚重。西晉沿置，傳宣皇帝旨意，貴重尤甚，雖資位遜於尚書令，實權則過之。入選者皆文學之士，常以宰相、諸公兼領。東晉納奏、擬詔、出令之職移歸散騎省、西省，中書省遣侍郎一員分任草詔，中

書監、令遂爲閑職，兩官不常並置，多授予宗室親王、大臣以示禮遇，或由宰相、諸公兼領。南朝中書省復掌納奏、擬詔、出令，然權歸中書舍人，監、令名義上爲長官，品秩升高，多用作重臣加官，時人視爲閑地。梁、陳或委任庶姓，且不令宰相兼之。梁明令中書令品秩低於中書監。梁中書監位十五班，令位十三班。

[27]侍中：官名。秦始置。即原丞相史，往來殿中奏事，故名。西漢爲加官，凡列侯、將軍、卿大夫、將、都尉、尚書以至郎中，加此即可入侍宮禁。多授外戚、親信、文學侍從、材武之士、武臣子弟等。侍從皇帝左右，侍奉生活起居，無定員，以功高者一人爲僕射。武帝以後常授重臣儒者，與聞朝政，顧問應對，評議尚書奏事，爲中朝要職。東漢爲正式職官，居首者稱祭酒，不常授。職掌殿內門下衆事，侍從左右，顧問應對，諫諍糾察，向公卿傳諭御旨，皇帝出行則參乘騎從，名義上隸少府。多授碩儒，以備咨詢。或用外戚。章帝時復居宮外，東漢後期與給事黃門侍郎組成侍中寺，管理宮門內外衆務。獻帝時與給事黃門侍郎出入禁中，入侍帷幄，省尚書事。三國魏、西晉置爲門下之侍中省長官，常侍衛皇帝左右，管理門下衆事，侍奉生活起居，出行則護駕；與門下其他官員同掌顧問應對，拾遺補缺，諫諍糾察，儐相威儀，平議尚書奏事，有異議得駁奏。或加予宰相、尚書等高級官員，令其出入殿省，入宮議政。魏省祭酒，而加官不在數。三品。東晉、南朝梁、陳爲門下省長官。於侍從本職外，兼掌出納、璽封詔奏，有封駁權，參預機密政務，上親皇帝，下接百官，官顯職重，時號“門下”，或以宰相目之。多選美姿容、有文才、與皇帝親近者任之。齊以高功者一人爲祭酒，陳亦用作親王之起家官。南朝宋三品，梁十二班。　　納言：官名。始見於《尚書·堯典》，負責宣達帝命。

[28]大業：隋煬帝楊廣年號（605—618）。

梁武受命之初，官班多同宋、齊之舊，有丞相、太宰、太傅、太保、大將軍、大司馬、太尉、司徒、司空、開府儀同三司等官。[1]諸公及位從公開府者，置官屬。有長史，司馬，諮議參軍，掾、屬，從事中郎，記室，主簿，列曹參軍、行參軍，舍人等官。[2]其司徒則有左、右二長史，[3]又增置左西掾一人，自餘僚佐，同於二府。有公則置，無則省。而司徒無公，唯省舍人，餘官常置。開府儀同三司，位次三公，諸將軍、左右光禄大夫，[4]優者則加之，同三公，置官屬。

[1]太宰：官名。相傳殷置太宰。周稱冢宰，爲天官之長，掌建邦之六典，以佐王治邦國。春秋列國亦多置太宰之官，職權不盡相同。秦、漢、魏皆不置。晋以避司馬師諱，置太宰以代太師。南朝齊、梁沿用。　太傅：官名。始置於周代，三公之一。春秋、戰國時置，執掌軍政，輔佐君王。西漢平帝時與太師、太保、少傅合稱四輔，位上公，無實際職司。新莽沿置。東漢以授元老重臣，居百官之首。明帝以後，諸帝即位時皆置，兼錄尚書事，行使宰相職權，有缺不補。魏、晋、南朝沿置。一品。北魏、北齊與太師、太保並號三師，位雖尊榮，多安置元老勳舊，無職司。一品。　太保：官名。春秋時置，輔佐君主，職掌軍政。戰國後廢。西漢復置，與太師、太傅、少傅並稱四輔，位上公，但無實際職掌，旋罷。三國魏末復置，安置元老重臣，位高而無實權。晋初沿之，爲八公之一，與太宰、太傅同爲上公，執掌朝政，開府置僚佐，無其人則缺。南北朝沿置，爲三公之一。南朝多用以安置元老勳舊或作爲贈官。　大將軍：官名。爲將軍最高稱號。魏晋時均置，掌統兵征伐，其位或在三公之上，或在三公之下，置長史、司馬、主簿、諸曹官署。不開府者，秩二品，其禄與特進同。南朝宋、梁亦置，梁位十八班。　大司馬：官名。《周禮》爲夏官之長，掌管武事。

楚漢戰爭時，項羽曾置爲武將名號。西漢武帝時置爲加官號，以冠大將軍、驃騎將軍、車騎將軍等。初授此官者多功勳卓著，以後則常授予顯貴外戚，成爲執掌國政中樞的中朝領袖官號。綏和元年（前8），出居外朝，單置爲官，當太尉之職，不冠諸將軍，賜金印紫綬，置官屬，位列三公之首，與丞相（大司徒）、御史大夫（大司空）並爲宰相，共同主持政務。新莽、東漢沿置。新莽末曾分置前、後、左、右、中五人，分掌軍政。東漢建武二十七年（51），改名太尉。東漢末與太尉並置，位在三公之上。三國因之，號上公，皆爲高級將帥，不預政務。兩晉十六國多爲大臣加官，八公之一，居三公之上、三師之下，開府置僚屬，然無具體職掌。南朝不常授，多用作贈官。梁十八班。　司徒：官名。東漢時改大司徒爲司徒，掌民事，與太尉、司空合稱三公。建安十三年（208），罷三公官，置丞相、御史大夫。三國魏黃初元年（220），復置司徒，蜀、吳司徒與丞相並置。晉初爲八公之一。後或與丞相、相國並置，或輪置，或廢置。南朝宋時掌民事與郊祀，齊時掌州郡名數、戶口名簿籍。司徒於魏晉南北朝時多係榮銜，但也主持九品中正制。梁位十八班。　司空：官名。三公之一。東漢改大司空爲司空，與太尉、司徒並爲三公，分掌宰相職能。掌水土工程，名義上分管宗正、少府、大司農三卿，並參議大政，實際上權歸尚書，三公上下行文，受成而已。歷代沿置，名列三公之末。魏晉南北朝爲名譽宰相，多爲大臣加官，無實際職掌。梁位十八班。　開府儀同三司：官名。三司即三公，儀同三司謂“開府之儀制援引三公成例”。東漢始有“同三司”“儀同三司”之名，三國魏始置開府儀同三司。兩晉、南北朝大多沿襲其制，光祿大夫以上並得儀同三司。南朝齊開府儀同三司如公。梁則位次三公，諸將軍、左右光祿大夫優者則加之，同三公均置官屬。十七班。

[2]“有長史”至“舍人等官”：此句中華本標點作“長史、司馬、諮議參軍，掾屬從事中郎、記室、主簿、列曹參軍、行參軍、舍人等官”。據《唐六典》卷二九《親王府》，可知“掾”

"屬"是兩類官員，按體例中間應加頓號。後同者皆如此，不再加注説明。又"從事中郎"等官非爲掾、屬，"掾、屬"與"從事中郎"間應以逗號斷開。"舍人"爲公府屬官，而非列曹官，不應與列曹參軍、行參軍並列，改此句斷句。　長史，官名。戰國時秦國置，掌顧問參謀。秦沿置，西漢丞相、太尉、御史大夫府及大將軍、車騎將軍等主要將軍幕府皆置，爲所在府署諸掾屬之長，秩皆千石。掌府中諸務，並佐府主參預國政，其中丞相長史職權尤重。東漢三公府、諸主要將軍府皆沿置，秩千石。魏晋南北朝時公府及諸大將軍位從公者多置，掌府事，爲文職上佐，職任類似於總管。多以世族子弟爲之。州郡官代將開府者亦置。魏晋公府長史六品，南朝梁庶姓公府長史九班。　司馬，官名。兩漢至南北朝諸公府、軍府皆置，位僅次於長史，掌參贊軍務，管理本府武職。其品秩隨府主地位而定。　諮議參軍，官名。又稱諮議參軍事。府屬僚佐之一。兩晋公府皆置諮議參軍，掌諮詢謀議軍事，其位在諸參軍之上。南朝齊、梁、陳皆有。掾、屬，魏晋南北朝時自三公至郡、縣府皆置。主要負責府中諸曹的事務。正職爲掾，副職爲屬。掾、屬皆由府主自行辟舉。魏晋以後改由吏部任免，三國魏及南朝宋、陳，公府掾屬官七品，梁皇子皇弟公府掾屬爲八班，嗣王庶姓公府掾屬六班。　從事中郎，官名。東漢司隸校尉、大將軍府設置從事中郎，主要的職責是參與謀議。東漢末年，州牧也設置從事中郎。三國魏司馬昭爲相國時，設從事中郎四人。晋初諸公及開府位從公加兵者，均置從事中郎二人，職主吏事，官六品，秩比千石。司馬睿爲鎮東大將軍及丞相時亦置，分掌諸曹，有録事、度支、左兵等中郎。南朝宋公府沿置，官六品。齊置二人。梁皇弟、皇子府置，位爲九班。　記室，官名。東漢諸王、三公及大將軍屬官有記室令史，爲書記官，掌表疏、箋記、書檄。建安十年，曹操使陳琳、阮瑀主管記室。三國魏、蜀丞相府均置記室。晋咸寧初，改太尉府爲大司馬府，增記室一人。南朝宋、齊凡公督府均置記室一人。梁、陳大體相同。　主簿，官名。兩漢中央官署均置，典領文書簿籍，經辦事務。丞相或三公府稱黃閣主簿，録省衆事，職權甚重。三國魏末丞相府置。西晋初，三公及位從公者加兵，始置。東晋則諸公皆置，與祭酒、舍人主閣内事。南北朝沿之，其品秩隨府主地位高下而異。此處指公府主簿。公府主簿主要負責公府内事務。三國魏司馬昭爲相國，置主簿四人。晋初，凡位從公以上加兵者，置主簿一人。東晋後，諸公均置主簿二人。南朝梁司徒府主簿位六班，嗣王庶姓公府主簿位四班。　　參軍，官名。即參軍事。東漢末車騎將軍幕府置爲僚屬，掌參謀軍務。曹操爲丞相時，總攬軍政，僚屬常有參丞相軍事，職任頗重。西晋公以上領兵持節都督者，置參軍，協助治理府事。東晋公府等所設僚屬諸曹置，爲諸曹長官，人數依曹而異，不開府將軍出征時亦置。南北朝王、公、將軍府、都水臺以及諸州多置爲僚屬，由朝廷除授。　　舍人，官名。兩晋、南北朝公府之屬官。三國魏司馬昭爲相國，府置舍人十九人。晋初，凡位從公加兵者，置舍人四人。東晋以來，諸公置舍人二人。職主閣内事。

[3]左、右二長史：官名。即司徒長史。東漢始置，爲司徒府僚屬之長。佐司徒總管府内諸曹，亦參預政務。三國魏以後分置左、右長史。左長史位在右長史上。兩晋、南朝沿置，南朝或不設司徒，其府則常置，管理州郡農桑户籍、官吏考課，皆由左、右長史主持。魏、晋、南朝宋，司徒左長史六品，梁十二班，司徒右長史六品、十班。

[4]將軍：名譽職銜。魏、晋、南朝將軍名號繁多，品秩不等，多用作諸王、大臣、地方長官的加官榮銜，又有虎賁、積射、强弩等將軍，充任侍衛，分司丹禁。　　左右光禄大夫：官名。三國魏始置。作爲在朝顯職的加官，以示優崇，或授予年老有病者爲致仕之官，亦常用爲卒後贈官。無職掌。西晋時假金章紫綬、禄賜、班位、冠幘、車服、佩玉、置吏卒及諸所給與特進同。其爲加官者，唯章綬、禄賜、班位而已，不别給車服、吏卒。卒贈此位者，如本已有卿官，不復重給吏卒，其餘皆給。光禄大夫在漢代屬光禄勳，

魏晉時地位提高，不復屬之，南朝時仍屬光禄勳。梁十六班，位在金紫光禄大夫上，加開府儀同三司者，升爲十七班。

特進，[1]舊位從公。武帝以鄧禹列侯就第，[2]特進奉朝請，是特引見之稱，無官定體。於是革之。

[1]特進：官名。西漢末期始置。初爲賜列侯中有特殊地位者，亦或賜諸侯王。三國、兩晉、南北朝成爲正式加官名號，用作安置閑退大臣。梁十五班。

[2]鄧禹：人名。東漢時人。傳見《後漢書》卷一六。

尚書省，[1]置令，[2]左、右僕射各一人。[3]又置吏部、祠部、度支、左户、都官、五兵等六尚書。[4]左右丞各一人。[5]吏部、删定、三公、比部、祠部、儀曹、虞曹、主客、度支、殿中、金部、倉部、左户、駕部、起部、屯田、都官、水部、庫部、功論、中兵、外兵、騎兵等郎二十三人。[6]令史百二十人，書令史百三十人。[7]

[1]尚書省：官署名。東漢時稱尚書臺，亦稱中臺，下設三公、吏部、民、客、二千石、中都官六曹，六曹尚書合令、僕二人爲“八座”，得參與機要，權勢很大。時“雖置三公，事歸臺閣”。三國沿置，魏始稱尚書省，然常臺、省互稱。下分吏、左民、客、五兵、度支五曹，以尚書郎（郎中、侍郎）爲長官，分曹處理具體政務。魏晉以後，擬詔出令納奏封駁之權轉歸中書、門下（散騎、集書）等省，尚書之職稍以疏遠，變爲政務執行機構，權勢已遜於中書。尚書省雖仍設於宮禁中，實已成爲綜理全國政務的外朝最高行政機構，組織機構逐漸完備，分爲都省（都堂）、尚書曹、郎曹三

級。都省即總辦公廳，置令、左右僕射（或置一僕射）爲正副長官，總領省務，參議國政，並參與議政，與令、僕射合稱八座。魏置吏部、左民、客曹、五兵、度支五曹，郎曹以尚書郎爲長官，分隸列曹尚書，處理具體政務。兩晋南北朝大體相沿，都省增置都令史，協助左、右丞監督諸曹。東晋帝室衰微，政出權臣，然尚書省職權仍承西晋，故權臣多任"録尚書事"，以總攬朝政。南朝尚書省亦爲行政機關，名望甚高，令、僕射被稱爲宰相，但尚書省長官多不問事，職事成於令史。梁、陳以中書省總機要，置諸局對口監管尚書省諸曹，尚書聽受成命而已。

[2]令：官名。秦、西漢爲尚書署長官，掌收發文書，隸少府。漢武帝以後職權稍重，爲宮廷機要官員，掌傳達記録詔命章奏，並有權審閱宣讀裁決章奏。東漢爲尚書臺長官，兼具宮官、朝官職能。掌決策出令，綜理政務，權任極重。名義上仍隸少府。秩千石。其上常置録尚書事，以太傅、太尉、大將軍等重臣兼領。三國沿置，而不隸少府。主掌文節、奏事、選舉、典綱紀，然權力漸爲中書官分減。所居爲尚書臺。三品。兩晋至南朝宋爲尚書省長官，出居外朝，綜理全國政務，成爲高級政務官。皆三品。齊録尚書事定爲官號，成尚書省長官，尚書令爲副。梁罷録尚書事，復以令爲尚書省長官，此職正式成爲最高政務長官，居宰相之位。十六班。

[3]左、右僕射：官名。秦、西漢爲尚書令副貳，東漢爲尚書臺次官，職權益重。掌拆閱封緘章奏文書，參議政事，諫諍駁議，監察百官。令不在，則代理其職。建安四年分置左、右。秩六百石。魏、晋置爲尚書省次官，或單置，或並置左、右，或單置左或右僕射。以左爲上。職在輔助尚書令執行政務，參議大政，諫諍得失，監察糾彈百官，可封還詔旨，常受命主管官吏選舉。皆三品。南朝尚書令爲宰相之任，位尊權重，不親庶務，尚書省日常政務由僕射主持，諸曹奏事由左、右僕射審議聯署。左僕射兼掌糾彈百官，又領殿中、主客二郎曹，右僕射與祠部尚書通職，不並置，置則領祠部、儀曹二郎曹。梁、陳常缺尚書令，僕射實爲尚書省主

官，列位宰相。南朝宋三品，梁十五班。

[4]吏部：官名。即吏部尚書，又稱大尚書。東漢置，稱吏曹尚書或吏部曹尚書，後改名選部尚書。三國魏改選部尚書置，爲尚書省（臺）吏部曹長官。兩晉、南北朝沿置，位居列曹尚書之上。掌官吏銓選考課獎勵，職權甚重。然重要任免須與諸執政大臣合議，皇帝、宰相裁定，亦常令尚書僕射領吏部事或任命大臣參掌選事，以分其權任。南朝宋吏部尚書領吏部、刪定、三公、比部四曹。宋文帝時曾置二吏部尚書以輕其任，廢五兵尚書，尋復舊。自魏至宋三品，梁十四班。　祠部：官名。即祠部尚書。三國魏尚書有祠部曹。東晉設祠部尚書，職掌禮儀、郊廟、社稷之事，常與右僕射通職，不常置，多以右僕射攝之。若右僕射缺，則以祠部尚書代行其事。　度支：官名。即度支尚書。三國魏始置度支尚書寺，專掌軍國支計，下設度支郎。三國吳有户部尚書。晉置度支尚書，掌軍國財政的收支會計及事役漕運物價屯田之政令。常參與制定克敵、安邊之謀略，領度支、金部、倉部、起部四曹及郎官。三品。或説魏領度支、庫部、倉部、金部諸郎曹，西晉增領運部、起部，東晉又省這兩部。南朝領度支、金部、倉部、起部曹。南朝宋、齊、陳三品，梁十三班。　左户：官名。即左户尚書。原爲左民尚書。三國魏置，主繕修工役之事。西晉初省，太康年間復置。南朝梁改稱左户尚書。　都官：官名。即都官尚書。三國魏時置都官郎，職掌軍事刑獄，晉沿置。南朝梁始置都官尚書。　五兵：官名。即五兵尚書。三國魏始置。掌軍事樞務，主管全國軍事行政，領中兵、外兵、騎兵、別兵、都兵。西晉初不置，武帝太康間復置，分中兵、外兵爲左右，共領七郎曹，仍稱五兵。東晉、南朝沿置。但宋、齊僅領中兵、外兵二曹，梁、陳僅領中兵、外兵、騎兵三曹。南朝宋、齊、陳三品，梁十三班。

[5]左右丞：官名。即尚書左右丞。西漢始置，初爲尚書丞，輔助尚書行事。東漢光武帝時改置左、右丞各一人。爲尚書臺佐貳官，左丞居右丞上。左丞總領尚書臺庶務，主管吏民掌奏及臺內小

吏。右丞掌授廩假錢穀，假署印綬，管理尚書臺專用文具及諸財用庫藏，並與左丞通掌臺內庶務，保管文書章奏。秩四百石。魏、晉、南朝爲尚書省佐官，位次尚書。共掌尚書都省庶務，率諸都令史監督稽核諸尚書曹、郎曹政務，督錄近道州郡文書奏事，監察糾彈尚書令、僕射、尚書等文武百官，號稱"監司"。左丞分管宗廟祠祀、朝儀禮制、選授官吏等文書奏事，職權甚重。右丞掌本省庫藏盧舍、督錄遠道州郡文書掌奏，凡兵士百工名籍、內外庫藏穀帛、刑獄訴訟、軍械、田地、戶籍、行政區劃，州郡縣長免贈收捕等文書奏事皆屬之。自魏至南朝宋、齊皆六品，梁左丞九班，右丞八班。

[6]吏部：官名。即吏部郎。三國魏始置。吏部尚書統吏部曹，置二郎中主事，謂之吏部郎，例高於諸曹郎一品。職掌選舉、考課等。梁十一班。 删定：官名。即删定曹郎。南朝宋始置，主删定律令。齊、梁沿置。梁五班。 三公：官名。即三公郎。三國魏始置。爲三公曹郎官，主法制，並奏讀春、夏、秋、冬四時令。兩晉南北朝沿置。梁五班。 比部：官名。即比部郎。三國魏始置。職掌法制、詔書、律令、考校等事，其長官大都由吏部尚書兼任。兩晉南北朝沿置。梁五班。 祠部：官名。即祠部郎。三國魏始置。職掌禮制、祠祀、祭享等事。兩晉南北朝沿置。梁五班。 儀曹：即儀曹郎。官名。三國魏始置。掌吉凶禮制。兩晉南北朝沿置。梁五班。 虞曹：官名。即虞曹郎。亦稱虞曹郎中。三國魏始置，職掌山澤、苑囿、田獵、林牧漁等事。西晉沿置，東晉康帝、穆帝後省。南朝梁復置，五班。 主客：官名。即主客郎。三國魏始置。職掌諸蕃雜客等事，兩晉南北朝沿置。梁五班。 度支：官名。即度支郎。魏晉南北朝時與"度支郎中"互稱。三國魏始置。職掌全國財賦統計和支調，兩晉南北朝沿置。梁五班。 殿中：官名。即殿中郎。三國魏始置。職掌表疏，亦負責宮廷禮樂之事，由尚書左僕射或祠部尚書兼任。兩晉南北朝沿置。梁五班。 金部：官名。即金部郎。三國魏始置。職掌財帛運輸。兩晉南北朝沿置。梁五

班。　倉部：官名。即倉部郎。晋、南朝亦稱倉部郎中。三國魏始置。職掌諸倉帳出入等事。兩晋南北朝沿置。梁五班。　左戶：官名。即左戶曹郎。三國魏始置。原爲左民曹郎，職掌户口、籍帳、賦役等事。南朝沿置，改左户曹郎。梁五班。　駕部：官名。即駕部郎。三國魏始置。職掌帝王車乘及全國驛站、畜牧等。也稱駕部尚書郎、駕部郎中、駕部侍郎等。梁五班。　起部：官名。即起部郎。西晋始置。職掌營造、工匠事。東晋、南朝沿置。梁五班。屯田：官名。即屯田郎。西晋始置。職掌屯田事。梁五班。　都官：官名。即都官郎。三國魏始置。職掌軍事、刑獄等事。梁五班。　水部：官名。即水部郎。三國魏始置。職掌舟船、津梁及公私水事。梁五班。　庫部：官名。即庫部郎。三國魏始置。職掌兵仗器械及鹵簿、儀仗等事。梁五班。　功論：官名。即功論郎。南朝宋始置。職掌官吏考功等事。梁五班。　中兵：官名。即中兵郎。三國魏始置。職掌都城之軍隊。梁五班。　外兵：官名。即外兵郎。三國魏始置，職掌京城外軍隊。梁五班。　騎兵：官名。即騎兵郎。三國魏始置。職掌騎兵等事。梁五班。按，關於郎的員數，底本作“二十二人”，中華本作“二十三人”，根據上文所列有二十三曹，則此處應爲二十三人，從中華本。

[7]令史：官名。戰國秦始置，縣府屬吏，一般低級官吏皆稱令史。漢代蘭臺、尚書臺、三公府及大將軍等府皆置，位在諸曹掾下。有記室令史、門令史、閣下令史等多種名稱。三國、晋皆沿置。除尚書臺、蘭臺置令史外，諸公及開府位從公者，府屬諸曹亦置。所主除文書，又有主圖、主譜令史等。實已成爲各機構皆設的一種低級辦事員吏。然尚書諸曹之令史頗有實權。南朝梁沿置。書令史：官名。三國魏始置，爲朝中各府署掌文書簿記的低級官吏，位令史下，各署員額不等，皆九品。兩晋南北朝時期在省、臺、府、寺等中央官署中多置此官，位次令史，主要負責佐理文書案牘，三國魏、兩晋、南朝宋時爲流内九品官，南朝梁爲流外吏職。

尚書掌出納王命，敷奏萬機。令總統之。僕射副令，又與尚書分領諸曹。令闕，則左僕射爲主。其祠部尚書多不置，以右僕射主之。若左、右僕射並闕，則置尚書僕射，以掌左事，置祠部尚書，以掌右事。然則尚書僕射、祠部尚書不恒置矣。又有起部尚書，營宗廟宮室則權置之。事畢則省，以其事分屬都官、左户二尚書。左、右丞各一人，佐令、僕射知省事。左掌臺內分職、儀、禁令、報人章，督録近道文書章表奏事，[1]糾諸不法。右掌臺內藏及廬舍，凡諸器用之物，督録遠道文書章表奏事。凡諸尚書文書，詣中書省者，密事皆以絜囊盛之，[2]封以左丞印。自晉以後，八座及郎中，多不奏事。天監元年詔曰：[3]“自禮闈陵替，歷兹永久，郎署備員，無取職事。糠粃文案，[4]貴尚虛閑，空有趨墀之名，[5]了無握蘭之實。[6]曹郎可依昔奏事。”自是始奏事矣。三年，置侍郎，視通直郎。[7]其郎中在職勤能，滿二歲者，轉之。又有五都令史，[8]與左、右丞共知所司。舊用人常輕，九年詔曰：“尚書五都，職參政要，非但總領衆局，亦乃方軌二丞。頃雖求才，未臻妙簡，可革用士流，每盡時彦，庶同持領，秉此群目。”於是以都令史視奉朝請。其年，以太學博士劉納兼殿中都，[9]司空法曹參軍劉顯兼吏部都，[10]太學博士孔虔孫兼金部都，[11]司空法曹參軍蕭軌兼左户都，[12]宣毅墨曹參軍王顒兼中兵都。[13]五人並以才地兼美，首膺兹選矣。駕部又別領車府署，[14]庫部領南、北武庫二署令丞。[15]

[1]分職：分掌職務，分治其事。 儀：禮儀。 禁令：禁律和號令。 人章：應爲“民章”，避唐太宗李世民諱。 文書：公文，案牘。 章表：奏表。 奏事：向皇帝奏請的事務。

[2]挈囊：古代尚書攜帶的紫色袷囊稱挈囊，因而也稱掌文書之官爲挈囊。

[3]天監：南朝梁武帝蕭衍年號（502—519）。

[4]糠粃：比喻粗劣而無價值的事情。這裏指將尚書省中的文案事務視爲粗劣而無價值的事情。

[5]趨墀：此處代指尚書郎屬的官員地位高。墀，臺階。典出應劭《漢官儀》：“尚書郎奏事明光殿，省中皆胡粉塗壁，其邊以丹漆地，故曰丹墀。尚書郎含雞舌香，伏其下奏事。黃門侍郎對揖跪受。”

[6]握蘭：典與上同出應劭《漢官儀》，後多以代指皇帝左右處理政務的近臣。蘭，香草。

[7]通直郎：官名。即通直散騎侍郎。西晉置員外散騎侍郎，東晉使之與散騎侍郎通直，故名。職同散騎侍郎，參平尚書奏事，兼掌侍從、諷諫，地位較高。屬門下省，員二人，後增至四人，屬散騎省。南朝宋沿置，隸集書省，地位漸低，常授衰老之士，多爲加官，不爲人所重。齊爲東省官，梁屬散騎省，位六班。

[8]五都令史：官名。西漢始置尚書令史，輔助尚書郎處理文案事。東漢時尚書置令史二十一人，分隸各曹，與尚書郎分職受事。三國魏時員數愈增，遂置都令史以總之，爲令、僕、左右丞之屬吏。晉有尚書都令史，爲令、僕、左右丞之屬吏。與左、右丞總知都臺事，八人。十六國南燕及南朝宋、齊均置，權任雖重，而用人常輕。八人。梁天監元年改制，減爲五人，稱五都令史，始改用士人，位視奉朝請。二班。

[9]太學博士：官名。三國時魏始置。凡博士任職太學即爲太學博士，爲太常屬官，一般分掌各經，定員不等。歷代沿置。　劉納：人名。爲南朝梁南康王、湘州刺史蕭會理行軍。事見《南史》卷五三《蕭會理傳》。

[10]司空法曹參軍：官名。法曹參軍爲法曹長官，負責郵驛科程事。西晉末丞相府置。東晉、南朝宋公府、將軍府沿置。亦爲法曹行參軍、法曹參軍事省稱。南朝齊公府、將軍府置。梁、陳沿置，梁三班至位不登二品者五班，又爲尚書令、僕射子起家官之一。司空法曹參軍即爲司空府的法曹參軍。　劉顯：人名。傳見《梁書》卷四〇，《南史》卷五〇有附傳。

[11]孔虔孫：人名。南朝陳會稽山陰（今浙江紹興市）人，孔奐叔父。事見《陳書》卷二一《孔奐傳》。

[12]蕭軌：人名。南朝梁宗室，封番禺侯。事見《梁書》卷八《昭明太子傳》。

[13]宣毅墨曹參軍：爲宣毅將軍府的墨曹參軍。墨曹參軍，官名。西晉始置。南朝齊公府、將軍府置，爲墨曹長官。掌文翰。梁、陳公府、將軍府沿置，梁自三班至位不登二品者四班，陳自八品至九品。　王顒（yóng）：人名。南朝梁昭明太子舍人。事見《梁書》卷二七《明山賓傳》。

[14]駕部：官署名。魏、晉、南朝爲尚書省諸曹之一，設郎（郎中）爲長官。西晉一度設尚書主之。掌車輿畜牧之政。當時戰爭頻繁，故馬政尤重。或説魏隸左民尚書，西晉初有駕部尚書，當隸之。南朝隸左民尚書，兼轄車府署。　車府署：官署名。掌王公以下車輅及馴馭之法，置令、丞。

[15]庫部：官署名。魏、晉、南朝尚書省諸曹之一。多設郎（郎中）爲長官。掌軍械製造、保管之政事。或説魏、晉隸度支尚書。南朝隸都官尚書，兼領武庫署。　南、北武庫二署令丞：武庫署，官署名。掌收藏兵械、金鼓等。梁置南、北署，各設有令、丞爲其長官。武庫令、丞，西漢初爲中尉屬官，武帝太初元年（前

104）改中尉爲執金吾，仍隸之，有三丞，掌京師武庫兵器，洛陽、大將軍等處亦置。東漢、三國魏沿置。西晋隸衛尉，出征時主武庫，領兵器。東晋省，南朝宋復置，隸尚書省庫部曹，齊沿置，梁隸衛尉卿及尚書省庫部，又分南、北武庫二署令、丞，位一班。

　　門下省置侍中、給事黃門侍郎各四人，[1]掌侍從左右，擯相威儀，盡規獻納，糾正違闕。監合嘗御藥，[2]封璽書。侍中高功者，[3]在職一年，詔加侍中祭酒，[4]與侍郎高功者一人，對掌禁令。公車、太官、太醫等令，[5]驊騮廐丞。[6]

　　[1]門下省：官署名。東漢有侍中寺，侍中、給事黃門侍郎等顧問侍從官員居之。三國魏、西晋門下設侍中省，置侍中、給事黃門侍郎，與散騎省共平尚書奏事，有異議可以駁奏。東晋時增設西省，以供禁軍直宿，遂有門下三省之稱。當時移中書省納奏、擬詔、出令之職歸門下之散騎省。南北朝時皆沿置，權力漸重。南朝宋改散騎省爲集書省，主掌圖書文翰之事。南朝齊、梁、陳門下省成爲侍中省專稱，除領内侍諸署、侍奉皇帝生活起居、顧問應對、諫諍糾察等侍從本職外，兼出納、璽封詔奏，地位漸與中書、尚書比肩。其官上親皇帝，下接百官，官顯職重，多選親近及美姿容者爲之。時號侍中爲門下，侍郎爲小門下，或以宰相目之。　給事黃門侍郎：官名。東漢合併黃門侍郎與給事黃門而置。亦簡稱黃門、黃門郎、黃門侍郎。掌侍從左右、關通内外，與侍中平省尚書奏事。曾一度改名侍中侍郎，後旋復故。魏、晋、南朝置爲侍中省或門下省次官，與侍中俱掌門下衆事，職掌略同，地位隨皇帝旨意或侍中地位而上下。南朝齊時知詔令，被稱爲小門下。梁位爲十班。

　　[2]合：底本、庫本皆作“令”，中華本作“合”。查《通典》卷二一《職官》門下省條作“合”，又《文獻通考》卷五〇《職官

考四》門下省條及《册府元龜》卷四五七《臺省部・總序》亦作"合"。今從改。

[3]侍中高功者：中華本校勘記認爲"下文已有'侍郎高功者'，此處'郎'字當是衍文"。《册府元龜》卷四五七《臺省部・總序》作"侍中"，無"郎"字。今從改。

[4]祭酒：官名。古代貴族大夫饗宴，以長者酹酒祭神，稱祭酒，後漸演變爲官名。漢以後多用以稱主管長官，如侍中祭酒等。三國魏以後加散騎常侍高功者，爲祭酒散騎常侍。

[5]公車：官名。即公車令。西漢置公車司馬令，爲公車長官，隸衛尉。掌皇宮司馬門警衛，夜則徼巡宮中。東漢時掌宮南門闕門，下設丞、尉各一人，秩六百石。漢制，凡吏民上書，四方貢獻，以及徵詣公車者，均由公車司馬令呈達。三國魏沿置，六品。西晋改公車令，爲衛尉屬官，東晋罷衛尉後，改隸門下省。南朝宋沿置，掌受章表。齊隸尚書省。梁復隸門下省，三班。另又設公車司馬令於衛尉下，掌宮門禁衛。　太官：官名。即太官令。掌宮廷飲食。時設太官、湯官令、丞。太官令、丞主膳食，湯官令、丞主餅餌。太官令，秩一千石。東漢桓帝時使太官令得補二千石，下設左丞、甘丞、湯官丞、果丞。三國魏沿置，七品。吳亦置。兩晋改隸光禄勳，西晋屬光禄勳，東晋一度因省光禄勳而隸司徒。南朝宋屬門下省侍中，齊改隸尚書省，梁復屬門下省，一班，下有市買丞、正厨丞。　太醫：官名。即太醫令。戰國時秦置太醫令，爲侍醫之長。秦漢沿置，下設太醫丞爲其副貳，隸少府，掌宮廷醫藥諸事。無員，多至數十人。領諸員醫，如太醫監、侍醫、醫工長、醫侍詔、乳醫、本草待詔等。秦奉常、漢太常亦置爲屬官，或説主治百官之病。東漢僅於少府置，掌諸醫，六百石。下設藥丞、方丞、員醫、員吏。三國魏沿置，七品，下有丞、藥丞。吳亦置。西晋改屬宗正。東晋省宗正而屬門下省。南朝宋隸門下省侍中，齊隸尚書省。梁復隸門下省，一班。丞三品薀位。中華本校勘記認爲依文例，"公車"前應有"統"字。

[6]驊騮廄丞：官名。三國魏始置，因古有良馬名驊騮而置。掌乘輿及御馬，屬太僕卿。西晉因之，東晉省太僕，改隸門下省。南朝宋隸侍中，齊屬尚書起部，亦屬領軍。梁復隸門下省。

集書省置散騎常侍、通直散騎常侍各四人。[1]員外散騎常侍無員，[2]散騎侍郎、通直郎各四人。[3]又有員外散騎侍郎、給事中、奉朝請。[4]常侍、侍郎，[5]掌侍從左右，獻納得失，省諸奏聞文書。意異者，隨事爲駁。集錄比詔比璽，[6]爲諸優文策文，平處諸文章詩頌。常侍高功者一人爲祭酒，與侍郎高功者一人，對掌禁令，糾諸違遝。

[1]集書省：官署名。原稱散騎省，三國魏時始置，掌規諫得失。西晉太始中，始稱散騎省。至東晉又分中書省職入散騎省，爲皇帝之侍從顧問機構，掌規諫，亦掌表詔，但不典事。南朝宋改稱集書省。齊亦稱東省。梁稱集書省或散騎省，皆可。其屬官有散騎常侍、散騎侍郎、通直散騎常侍、通直散騎侍郎、員外散騎常侍、員外散騎侍郎等，號稱六散騎。又有給事中、奉朝請等，員額各有差。　散騎常侍：官名。秦置散騎，傍乘輿，備皇帝顧問。又置中常侍，出入禁中，侍從皇帝左右。漢沿置，並用士人，無常員，皆加官。東漢省散騎，中常侍以宦官爲之。三國魏時合散騎與中常侍爲之，置四員。掌規諫，典章表詔命手筆之事，及平尚書奏事，出入侍從，承答顧問。後不典事，爲加官。東晉將中書省的一部分併入散騎省，此職選任甚重，與侍中相當，同黃門侍郎合稱黃散。南朝宋隸集書省，掌圖書文翰之事，爲閑散職，資望漸輕。南朝齊爲東省官。　通直散騎常侍：官名。三國魏末散騎常侍有在員外者，西晉使員外二人與散騎常侍通員當值，故名通直散騎常侍。東晉屬散騎省，職同散騎常侍，爲皇帝之顧問，侍從左右，掌規諫，不典

事。南朝屬集書省，多以衰老之士擔任，地位漸低。梁常爲加官，十一班。

[2]員外散騎常侍：官名。三國魏置員外散騎常侍，初爲正員之外添差之散騎常侍，無員數，後爲定員官。初多授公族、宗室，雖是閑職，仍爲顯官。南朝宋以後常用以安置閑退官員、衰退之士，地位漸低。梁復重其選，但終不爲人所重。位十班。

[3]散騎侍郎：官名。三國魏始置散騎侍郎，與散騎常侍、侍中、黃門侍郎等侍從皇帝左右，顧問應對，諫諍拾遺，共平章尚書奏事。西晉沿置，與散騎常侍、侍中、黃門侍郎等侍從皇帝左右，顧問應對，諫諍拾遺，共平尚書事。東晉罷，南朝宋復置，爲集書省官，掌文學侍從，諫諍糾劾，收納章奏，地位漸輕。五品。梁選高功者一人，與散騎常侍祭酒同掌糾劾禁令。位八班。

[4]員外散騎侍郎：官名。西晉始置，初爲正員之外添差之散騎侍郎，無員數，後成定員官。多以公族、功臣子充任，爲閑散之職，常用以安置閑退官員，衰老人士。梁位三班。　給事中：官名。秦始置，西漢因之，爲加官。加此號者得每日上朝參謁，平尚書奏事，分爲左、右。多名儒、國親爲之，掌左右顧問。東漢省。三國魏或爲加官，或爲正官。五品。晉不爲加官，亦無常員，隸散騎省，位次散騎常侍。五品。宋、齊隸集書省，位次諸散騎下、奉朝請上。梁、陳與諸散騎常侍侍從左右，獻納得失，省諸奏聞。地位漸低，選輕用卑。宋五品，梁四班。　奉朝請：官名。本爲兩漢朝廷給予退休大臣、列侯、宗室、外戚等的一種政治優待。西漢授此者特許參加朝會，班次亦可提高。武帝時，以皇帝外戚爲三都尉而奉朝請。東漢所施甚廣，地位漸輕。西晉成爲加官名號。東晉獨立爲官，亦作加官。唯留駙馬都尉奉朝請。南朝宋朝請選雜，不爲加官。齊隸集書省，安置閑散，所施益濫。武帝永明中至六百餘人。梁二班。

[5]常侍、侍郎：官名。兩者均爲官署屬官。按中華本此處標點作"奉朝請、常侍侍郎"，查南朝梁並無常侍侍郎職銜。熊清元

認爲此應爲散騎常侍、散騎侍郎之簡稱，接前敍散騎常侍、散騎侍郎之職掌，不當與"員外散騎侍郎、給事中、奉朝請"等官職並列，因之"奉朝請"後應改爲句號，"常侍"與"侍郎"間斷開。從改。（參見熊清元《〈隋書·百官志上〉點校匡補》，《黄岡師範學院學報》2000 年第 2 期）

[6]比：比照，核對。

駙馬、奉車、騎三都尉，[1]並無員。駙馬以加尚公主者，無班秩。

[1]駙馬：官名。全稱駙馬都尉。西漢武帝始置，皇帝出行時掌副車，秩比二千石。爲侍從近臣，常用作加官。東漢名義上隸屬光禄勳。魏、西晉沿之，以宗室、外戚爲奉車、駙馬、騎三都尉。東晉唯留駙馬都尉，餘皆罷。南朝宋尚公主者多加此號，梁、陳漸成定制，專加尚公主者。梁無班秩。　奉車：官名。全稱爲奉車都尉。西漢始置，掌皇帝車輿，入侍從左右，多由皇帝親信充任。秩比二千石。東漢名義上隸光禄勳，三國因之，地位漸低。魏、晉用作加官，與駙馬都尉、騎都尉並號"三都尉"，名義上隸散騎省，多任宗室、外戚、並奉朝請。六品。西晉末司馬叡爲晉王時，其府參軍悉加此官，後罷其奉朝請。南朝隸集書省，無員額，梁無班秩。　騎：官名。即騎都尉。秦末漢初爲統領騎兵之武職，無員，無固定職掌，不統兵時爲侍衛武官。西漢宣帝時以一人監羽林騎，又以一人領西域都護，秩比二千石。後又有領三輔胡越騎、監河堤事者。因親近皇帝，多以侍中兼任。東漢名義上隸光禄勳，秩比二千石。三國沿置，吴或以其統羽林兵，宿衛左右。魏、晉與奉車都尉、駙馬都尉並號"三都尉"，皆爲親近侍從武官，多用作皇族、外戚的加官，奉朝請。六品。西晉末，司馬睿爲晉王，其府行參軍、舍人悉委此職。後罷，南朝復置，宋六品，梁無班秩。十六國

多置。按，諸本作“車騎都尉”。熊清元考三都尉爲“奉車、駙馬、騎”，以“車”爲衍字（參見熊清元《〈隋書·百官志上〉點校匡補》）。今從改。

散騎常侍、通直散騎常侍、員外散騎常侍，舊並爲顯職，與侍中通官。宋代以來，或輕或雜，其官漸替。天監六年革選，詔曰：“在昔晋初，仰惟盛化，常侍、侍中，並奏帷幄，員外常侍，特爲清顯。陸始名公之胤，[1]位居納言，曲蒙優禮，方有斯授。可分門下二局，委散騎常侍尚書案奏，[2]分曹入集書。通直常侍，本爲顯爵，員外之選，宜參舊准人數，依正員格。自是散騎視侍中，通直視中丞，[3]員外視黃門郎。

[1]陸始：人名。東晋大臣陸玩之子，曾任東晋侍中尚書。事見《晋書》卷七七《陸玩傳》。

[2]委散騎常侍尚書案奏：《通典》卷二一《職官》此句作“委散騎常侍、侍中並參侍帷幄，尚書案奏”。或疑本志有訛脫（參見熊清元《〈隋書·百官志上〉點校匡補》）。

[3]中丞：官名。即御史中丞。西漢始置。爲御史大夫副貳，簡稱中丞、中執法。職掌爲監察、執法，掌管蘭臺所藏圖籍秘書、文書檔案；外督諸監郡御史（武帝以後爲諸州刺史），監察考核郡國行政；內領侍御史，監督殿庭、典禮威儀，受公卿奏事，關通中外朝；考核四方文書計簿，劾按公卿章奏，監察糾劾百官，參治刑獄，收捕罪犯等。元壽二年（前1），改名御史長史。東漢復稱中丞，獨立爲御史臺長官，名義上隸少府，專掌監察、執法，常受命領兵，出督軍旅。號爲憲臺。與尚書令、司隸校尉合稱“三獨坐”，同居尊位。三國魏文帝曾改爲宮正，不久又復爲中丞。南朝亦稱南

司，其職雖重，世族名士多不樂爲之。兩晋、南朝並爲御史臺臺主，四品，梁十一班。

中書省置監、令各一人，[1]掌出內帝命。侍郎四人，[2]功高者一人，主省內事。又有通事舍人、主事、令史等員，[3]及置令史，以承其事。通事舍人，舊入直閤內。梁用人殊重，簡以才能，不限資地，多以他官兼領。其後除通事，直曰中書舍人。

[1]中書省：官署名。三國魏文帝初分秘書始置，爲掌機要、出納政令章奏的宮廷政治機構。以中書監、令爲長貳，下設侍郎、通事郎、黃門郎、通事舍人。明帝增置著作郎，掌國史。西晋沿置。初兼領秘書、著作，惠帝後秘書獨立爲監，著作亦歸之，中書專掌納奏、擬詔、出令。東晋納奏、擬詔、出令諸職移歸門下之散騎省、西省，監、令皆成閑職，而以中書侍郎一員值西省，分掌詔命。南朝復掌納奏、擬詔、出令之職。宋、齊、梁、陳引寒人爲中書通事舍人（中書舍人），入值禁中，於呈奏案章之本職外，漸奪中書侍郎擬詔之權，後尚書省奏事亦歸其處置，組成舍人省，名義上隸屬中書省，實則直接聽命於皇帝，權位極重，成爲實際的政務中樞。

[2]侍郎：官名。即中書侍郎。三國魏文帝黃初初年設中書省，在中書監、令下設通事郎，後增設中書郎，亦稱中書侍郎。五品。西晋沿置，五品。魏、西晋時中書監、令承受、宣布皇帝旨意，由侍郎草擬成詔令，呈送皇帝批准後頒下。職任機要，地位不高，但頗清貴，多用文學之士，亦爲宗室起家之階梯。東晋中書納奏、擬詔、出令之權轉歸他省，以此職一員值班西省，分任詔令起草。一度改爲中書通事郎，尋復舊。十六國多有設立，其中北涼、前秦權任頗重，掌管機密。南朝宋、齊擬詔出令之職仍歸中書省，但事權

歸中書舍人，侍郎職閑官清，成爲諸王起家官。如缺監、令，或亦主持中書省務。宋五品。梁九班，功高者一人主省内事。

[3]通事舍人：官名。即中書通事舍人。三國魏始置。初稱中書通事，爲中書省屬官，掌呈奏案章。正始時改爲通事舍人，西晋分爲通事、舍人二職，東晋合併，後省，以中書侍郎兼其職。南朝宋初復置中書通事舍人四員，入值閤内，出宣詔命。齊沿之，或簡稱中書舍人，時稱"四户"。梁掌詔誥兼呈奏之事，四班。

秘書省置監、丞各一人，[1]郎四人，[2]掌國之典籍圖書。著作郎一人，[3]佐郎八人，[4]掌國史，集注起居。著作郎謂之大著作，梁初周捨、裴子野，[5]皆以他官領之。又有撰史學士，[6]亦知史書。佐郎爲起家之選。

[1]秘書省：官署名。東漢末置秘書監，掌圖書秘記，屬太常，後省。獻帝建安十八年曹操爲魏公後，置秘書令、丞，典尚書奏事。三國魏黃初年間置中書令，典尚書奏事，秘書令改爲秘書監，下設秘書丞，掌藝文圖籍，稱秘書署。西晋武帝時將秘書併入中書省，稱秘書局。惠帝永平元年（291），復置秘書監，統著作局，掌國史並管理中外三閣圖書，稱秘書寺，亦稱秘書省，亦有一説至南朝梁改稱秘書省。與尚書、中書、門下、集書並稱五省。　監、丞：即秘書監、丞。東漢時始置秘書監，掌圖書秘籍。建安中，曹操爲魏王，置秘書令、丞，兼典尚書奏事。三國魏時，改令爲監，別掌文籍，列三品，設左、右丞。初隸少府，後不復屬。蜀有秘書令，吴有秘書郎。西晋以秘書併入中書省，省其監。惠帝時復別置秘書監一人，統著作局，三閣圖書。南朝沿之。梁秘書監位十一班，秘書丞位八班。

[2]郎：官名。即秘書郎。又稱秘書郎中。三國魏黃初年間始置，兩晋沿置，爲秘書監、丞之屬官。主管三閣圖書典籍，分掌

經、史、子、集四部之書。南朝沿置。江左多任貴游子弟，梁尤盛，二班。

[3]著作郎：官名。三國魏明帝太和中始置著作郎一員，爲著作局長官，隸中書省，掌修國史及起居注。六品。西晋惠帝時改隸秘書寺。後別自置著作省，仍以爲長官。六品。亦稱大著作郎、大著作、著作、正郎等。隸秘書省。職掌修國史及起居注，有時亦兼管秘書省所藏典籍。兩晋南北朝時爲清要之官，爲士族起家之選。南朝宋、齊爲六品，梁六班。

[4]佐郎：官名。即著作佐郎。三國魏始置，稱佐著作郎，協助著作郎修撰國史及起居注。東晋或南朝宋改爲著作佐郎。六品。主要負責搜集史料，供著作郎撰史。南朝江左多以貴游子弟爲之。梁二班。

[5]周捨：人名。南朝梁時人。傳見《梁書》卷二五，《南史》卷三四有附傳。　裴子野：人名。南朝梁時人。傳見《梁書》卷三〇，《南史》卷三三有附傳。

[6]撰史學士：官名。南朝梁始置，職責爲輔佐著作郎撰史。

御史臺，[1]梁國初建，置大夫，天監元年，復曰中丞。置一人，掌督司百僚，皇太子已下，其在宮門行馬内違法者，[2]皆糾彈之。雖在行馬外，而監司不糾，亦得奏之。專道而行，逢尚書丞郎，亦得停駐。其尚書令、僕、御史中丞，各給威儀十人。[3]其八人武冠絳韝，[4]執青儀囊在前。囊題云：“宜官吉”，以受辭訴。一人絳衣，執鞭杖，依列行，七人唱呼入殿，引喤至階。一人執儀囊，不喤。屬官治書侍御史二人，[5]掌舉劾官品第六已下，分統侍御史。[6]侍御史九人，居曹，掌知其事，糾察不法。殿中御史四人，[7]掌殿中禁衛内。

又有符節令史員。[8]

[1]御史臺：官署名。秦漢以御史掌糾察之任。其所居之所，西漢稱御史府，亦稱御史大夫寺或憲臺。東漢始稱御史臺。設於禁中蘭臺，別稱蘭臺、憲臺，與尚書、謁者臺並稱"三臺"，名義上隸屬少府。職掌保管宮廷所藏圖籍秘書、文書律令檔案，監察、彈劾百官，復查疑獄等。長官爲御史中丞，屬官有治書侍御史，掌覆核疑獄；侍御史，分掌令、印、供、尉馬、乘五曹，監察舉劾百官；蘭臺令史，掌管章奏文書、印工。三國沿置。魏初曾改御史中丞名宮正，旋復。西晉沿置，以符節臺併入，侍御史分領吏、課第、直事、印、中都督、外都督等十三曹。東晉省課第曹，置庫曹，又置檢校御史，監察地方行政。南朝其職雖重，但其官爲世族所輕。宋、齊沿革，侍御史分領十一曹；梁設符節令史。

[2]行馬：設於宮府門前以攔阻人馬通行的障礙物。魏晉時期的制度規定，三公及位從公者門前可以設置行馬。其形狀爲一木橫中，兩木互穿，以成叉狀，施之於門前。

[3]威儀：兩晉及南朝官員特賜之隨從，因手持儀仗，稱爲威儀。

[4]韝：古代射箭時所戴皮製袖套。

[5]治書侍御史：官名。亦稱治書御史，簡稱御史、侍御。秦始置，或説西漢宣帝時令侍御史二人治書（管理圖籍文書），遂有其名。東漢爲御史臺屬官，依據法律審理疑獄，與符節郎共平廷尉事，選御史考試高第、明習法律者充任。魏、晉、南朝爲御史中丞佐貳，分領侍御史諸曹，監察、彈劾較高級官員，亦奉命出使，收捕犯官等。梁六班。

[6]侍御史：官名。亦簡稱御史、侍御。西周有柱下史，掌法制。秦改爲侍御史。西漢沿置，爲御史臺屬官。掌受公卿奏事，舉劾按章，監察文武官員，分令、印、供、尉馬、乘五曹，監領律

令、刻印、齋祀、厩馬、護駕等事宜，或供臨時差遣，出監郡國，持節典護大臣喪事，收捕、審訊有罪官吏等。武帝時，侍御史中有繡衣直指，出討奸滑，治大獄。後不常置。新莽時改侍御史名執法，東漢復舊，皆公府掾屬高第者爲之，所掌有五曹：令曹、印曹、供曹、尉馬曹、乘曹。常奉命出使州郡，巡行風俗，督察軍旅，職權頗重。三國魏所掌八部，有持書曹、課第曹等。六品。西晋所掌十三曹：吏曹、課第曹、直事曹、印曹、中都督曹、外都督曹、媒曹、符節曹、水曹、中壘曹、營軍曹、法曹、算曹。六品。東晋初，省課第曹，置庫曹，後又分庫曹爲外左庫曹、内左庫曹。南朝宋元嘉中，省二庫曹，稱左庫。大明中復置二曹，後復省之。昇明初，省營軍曹，併入水曹，省算曹，併入法曹，罷吏曹。南朝其職雖重，其官爲世族所輕。宋六品，梁一班。

　　[7]殿中御史：官名。亦稱殿中侍御史。三國魏始置。居宮殿中糾察非法，隸御史臺。西晋南朝沿置。梁爲位不登二品者七班。

　　[8]符節令史：官名。東漢爲符節臺屬官，掌文書，南朝梁轉爲御史臺屬官，掌符節事。

　　謁者臺，[1]僕射一人，[2]掌朝覲賓饗之事。屬官謁者十人，掌奉詔出使拜假，朝會擯贊。高功者一人爲假史，掌差次謁者。

　　[1]謁者臺：官署名。東漢始置。掌朝會典禮，遣使傳宣詔命，巡視監察。天子出常奉引。三國魏沿置，掌授官時禮儀及百官班次。東晋復置，後又省。南朝宋復置，職與魏同。齊因之。梁掌朝覲賓饗吉凶典禮之司儀，安排朝會班次，傳宣詔命，職權漸輕。

　　[2]僕射：官名。即謁者僕射。秦、西漢隸郎中令（光祿勳），統領諸謁者，職掌朝會司儀，傳達策書，皇帝出行時在前奉引。東漢爲謁者臺長官，名義上隸光祿勳，侍從皇帝左右，關通内外，職

權頗重。三國沿置，西晋武帝時省，東晋省置無常。南朝復置爲謁者臺長官，職權較漢爲輕。梁六班。

　　諸卿，梁初猶依宋、齊，皆無卿名。天監七年，以太常爲太常卿，[1]加置宗正卿，[2]以大司農爲司農卿，[3]三卿是爲春卿。加置太府卿，[4]以少府爲少府卿，[5]加置太僕卿，[6]三卿是爲夏卿。以衛尉爲衛尉卿，[7]廷尉爲廷尉卿，[8]將作大匠爲大匠卿，[9]三卿是爲秋卿。以光禄勳爲光禄卿，[10]大鴻臚爲鴻臚卿，[11]都水使者爲太舟卿，[12]三卿是爲冬卿。凡十二卿，皆置丞及功曹、主簿。[13]而太常視金紫光禄大夫，[14]統明堂、二廟、太史、太祝、廩犧、太樂、鼓吹、乘黄、北館、典客館等令丞，[15]及陵監、國學等。[16]又置協律校尉，[17]總章校尉、監，[18]掌故，[19]樂正之屬，[20]以掌樂事。太樂又有清商署丞，[21]太史別有靈臺丞。[22]詔以爲陵監之名，不出前誥，且宗廟憲章，既備典禮，園寢職司，理不容異，諸正陵先立監者改爲令。於是陵置令矣。

　　[1]太常卿：官名。秦時設奉常，西漢景帝時將奉常改名太常，一説西漢初已有太常，惠帝時改爲奉常，景帝時復舊。以列侯忠孝敬慎者居之，秩中二千石，位列九卿之首，官居清要，掌宗廟禮儀、祭祀，負責朝會和喪葬禮儀，管理皇帝陵墓、寢廟所在縣邑，每月巡視諸陵，兼掌教育，主持博士及博士弟子的考核、薦舉、補吏等。西漢中期以後職權逐漸分化削弱，考試之權轉歸尚書，陵邑劃屬三輔。王莽改稱秩宗。東漢復名太常，但不必以列侯任職。典宗廟禮儀、祭祀；行事，掌贊天子；並選試博士，奏其能否。三國魏、晋因之。南北朝時因禮儀及郊廟制度等皆由尚書裁定，此職位

尊而職閑。梁太常卿定爲官名，掌宗廟、祭祀、禮樂、賓客、車輿、天文、學校、陵園等事。十四班。

[2]宗正卿：官名。西周至戰國已置宗正，掌君主宗室親族事務。秦置宗正，掌親屬，位列九卿。西漢沿置，秩中二千石，由宗室擔任，掌皇族外戚名籍，分別嫡庶親疏，編纂世系譜牒，參與審理諸侯王犯法事件。平帝朝改名宗伯。王莽併宗伯於秩宗。東漢復舊名宗正，職如西漢。三國沿置。西晉兼用庶姓，又增領太醫令史等。東晉和南朝宋、齊不置，職屬太常。梁天監七年復置宗正卿，並定爲正式官稱，皆以皇族爲之，主皇室外戚之籍。十三班。

[3]司農卿：官名。秦置治粟內史，掌穀貨。西漢景帝時更名大農令，武帝時更名大司農，掌管全國賦稅收入和國家財政開支，凡百官俸祿、軍費、各級政府機構經費等皆由其支付，兼理各地倉儲、水利、官府農業、手工業、商業的經營，調運貨物，管制物價等。秩中二千石。新莽時先後改名羲和、納言。東漢復稱大司農。三國魏因之，三品。東晉哀帝時省併入都水，孝武帝時復置。所掌唯倉儲園苑及供膳等庶務。南朝宋、齊因之。梁正式稱司農卿，十一班。

[4]太府卿：官名。南朝梁武帝置，掌國家財帛庫藏出納、關市稅收，轄左右藏、上庫、太倉、南北市及各地關津等。十三班。

[5]少府卿：官名。秦始置，原稱少府。掌皇帝財政，供宮廷日常開支，管理宮廷侍從及宮廷手工業。新莽時改稱共工。東漢復置，魏晉以後主要掌管宮廷手工業。南朝梁改名少府卿，位爲十一班。

[6]太僕卿：官名。秦始置太僕，掌輿馬。西漢因之，下設兩丞，屬官有大廄、未央廄、家馬三令，車府、路軨、騎馬、駿馬四令、丞，龍馬、閑駒、橐泉、駼駼、承華五監長、丞，邊郡六牧師苑令，又有中太僕，掌皇太后輿馬，不常置。東漢統車府、未央廄、長樂廄令、丞。三國魏因之。晉四品，下有丞、部丞，統典農、典虞都尉、典虞丞，牧官都尉，左、右中典牧都尉、典牧令，

諸羊牧丞，乘黃、驊騮、龍馬三厩令。東晋初省，後復置。其後有事則權置，無事則省。南朝宋、齊亦因東晋，梁正式定爲官名，十班。

[7]衛尉卿：官名。秦有衛尉，掌宮門衛屯兵。漢因之，屬官有公車司馬、衛士、旅賁三令、丞，及轄諸屯衛候司馬二十二官等。新莽改名大衛。東漢復舊名，增領南宮、北宮令、丞。西晋衛尉三品；東晋省，亦爲贈官。南朝宋復置，專掌宮禁及京城防衛。齊因之。東漢、魏晋衛尉卿常作爲"衛尉"的尊稱，梁正式定爲官名，掌宮門宿衛屯兵，巡行宮外，糾察不法，管理武器庫藏，領武庫、公車司馬令。十二班。

[8]廷尉卿：官名。戰國秦始置，原稱廷尉。秦、西漢沿置，景帝時改名大理，後復故，爲最高司法審判機構主官，遵照皇帝旨意修改法律，匯總全國斷獄數，負責詔獄。哀帝時改稱大理，新莽時改稱士，東漢復稱廷尉。魏、晋、南朝沿置，政令仰承尚書省，職權漸輕。梁改稱廷尉卿，十一班。

[9]大匠卿：官名。西漢時改將作少府置將作大匠，亦簡稱將作、大匠。掌領徒隸修建宮室、宗室、陵寢及其他土木工程。植樹於道旁。秩二千石，或以功勞增秩中二千石。設兩丞，左、右中候，屬官有石庫、東園主章（木工）、左右前後中五校令、丞，主章長、丞。陽朔三年（前22）罷左、右中候，又省左、右、前、後、中五校丞，但置令。新莽改名都匠，東漢復舊，然初不置專官，常以謁者兼領其事，至章帝始真授設丞，屬官減省，唯置左、右校令。三國、魏沿置。魏三品，有丞。兩晋、南朝有事則臨時設置，事訖即罷，常以他官兼領。南朝梁改名大匠卿，遂常置，掌管土木工程事務，屬官有丞、功曹、主簿等。領左、右校諸署。十班。

[10]光禄卿：官名。西漢時改郎中令置光禄勳。掌宮殿門户宿衛，兼侍從皇帝左右。宮中宿衛、侍從、傳達諸官皆隸屬之。新莽改名司中，東漢復舊。三國、魏、西晋沿置，掌宮殿門户名籍。東

晉一度省其官。南朝職任愈輕，梁改稱光禄卿，十一班。

[11]鴻臚卿：官名。秦時稱典客，西漢景帝時稱大行令，武帝時改稱大鴻臚。掌少數民族君長、諸侯王、列侯之迎送接待，安排朝會、封授等事，以及百官朝會，京師郡國邸舍及郡國上計吏接待。河平元年（前28）省典屬國併入，遂又兼管少數民族朝貢使節、侍子。有丞一員，屬官有行人（大行）、譯官、別火令丞，郡邸長丞。新莽改爲典樂。東漢復故。屬官僅置大行令、丞，餘皆省。三國因之，魏三品。其屬官大行令改爲客館令。西晉沿置，屬官有大行、典客、園池、華林園、鉤盾等令。原屬少府的青宮列丞、鄴玄武苑丞等亦劃歸之。東晉、南朝宋、齊有事權置兼官，事畢即省。掌贊導拜授諸王。南朝梁改稱鴻臚卿，九班。

[12]太舟卿：官名。西漢始置，稱都水使者。管理河渠陂池灌溉，不常置。東漢省。三國魏又置。西晉置都水使者爲都水臺長官。南朝宋一度廢，改置水衡令，尋復。南朝梁改稱太舟卿，九班。

[13]丞：官名。輔佐官統稱。戰國時縣丞稱丞，爲縣令副職。漢沿用，爲各官署長官副職。中央官署置令（長）、丞，郡、縣有郡守、郡丞、縣令、縣丞。魏晉南朝諸卿、諸署令、太子詹事府、公主家令、郡縣等官署亦置。　功曹：官名。亦稱功曹史、主吏。漢代郡縣官府所屬功曹之長。主選署功勞、職掌吏員賞罰任免事宜。由守、相委任，職統諸曹，在諸曹掾中地位最高，甚至權逾郡丞、長史。三國時郡及晉代不開府將軍、太子二傅、特進、郡縣置。南朝宋沿之。梁皇弟皇子府、嗣王府皆置，自六班至二班不等。

[14]金紫光禄大夫：官名。晉初有光禄大夫，授銀章青綬。如加賜金章紫綬，則爲金紫光禄大夫，禄賜、班位、冠幘、車服、佩玉，置吏卒羽林及卒，諸所賜給皆與特進同。其以爲加官者，唯假章綬、禄賜班位，不別給車服吏卒。南朝宋、齊皆有。南朝梁有左右金紫光禄大夫，位十四班。

[15]明堂：官名。即明堂令、丞。東漢始設明堂令，掌明堂事。屬太常屬官太史令下。南朝宋置明堂令，設丞爲其副，直屬太常。南朝齊、梁沿置，梁明堂令位爲二班。　　二廟：官名。即二廟令、丞。二廟令，南朝梁始置，管理太廟、小廟日常事務。二廟丞爲其屬官。梁二廟令位爲二班。　　太史：官名。即太史令、丞。相傳夏置，掌文書。秦置爲奉常屬官。西漢沿置，景帝時隸屬太常，掌天文、曆法及修撰史書。東漢不再撰史。專掌天時、星曆。歲終奏新年曆，國祭、喪、娶奏良日及時節禁忌，有瑞應、災異則記之。秩六百石。三國沿置，魏、蜀亦不撰史。東漢以降，其屬官有丞、靈臺丞、中郎、待詔、監候郎、候部史等，設置不一。西晉沿置，別有靈臺丞。南朝皆置，宋掌三辰時日祥瑞妖災，歲終奏新曆。齊沿置，梁隸太常卿，一班。太史丞爲其屬官，三品蘊位。
太祝：官名。即太祝令、丞。太祝令，秦置太祝令，掌祭祀祝禱等，屬奉常。西漢沿置，景帝時改令稱祠祀。武帝時又更名廟祀。東漢置太祝令，掌大祭祀時宣讀祝文和迎神、送神等。三國魏沿置，七品。西晉、南朝沿置。南朝宋設一員，齊沿置。梁一班。太祝丞爲其屬官。　　廩犧：官名。即廩犧令。秦漢設廩犧令、丞、尉，爲内史、左馮翊屬官，掌藏穀養牲以供祭祀，後屬大司農。東漢爲河南尹屬官。東晉初未置，後復置。南朝亦置，隸太常。梁位三品勳位。　　太樂：官名。即太樂令。秦代置，爲奉常屬官。西漢時隸太常，掌大祭祀及大饗時之樂舞。哀帝時罷樂府，其所領一部分器樂、歌舞演員亦歸太樂。東漢沿置，秩六百石。永平三年改爲大予樂令。三國魏復置，七品。下設丞、歌舞師等。西晉沿置，東晉初省併鼓吹令，成帝咸和中復置。南朝宋掌宮廷諸樂事，齊沿置。梁一班。　　鼓吹：官名。即鼓吹令。西漢有鼓角橫吹者，由張騫使西域得西域曲而設。東漢少府屬官有承華令，典黃門鼓吹一百三十五人，百戲師二十七人。西晉設鼓吹令、丞，屬太常。東晉初省太樂並入鼓吹，成帝咸和中復分置。南朝宋、齊或設鼓吹監。梁復置。　　乘黃：官名。即乘黃令、丞。乘黃令，東漢末曹操始置，

亦稱乘黃廏令。魏、晉因置，隸太僕。職掌皇帝乘輿及御廏諸馬。東晉或省。南朝復置，隸太常，掌按皇帝出行的不同規模、用途，保管供給各類車輛。乘黃丞爲其屬官。梁乘黃丞爲三品勳位。　北館：官名。即北館令、丞。南朝梁置，具體職掌不詳。北館令位不登二品者三班。　典客館：官名。即典客館令、丞。典客令，西晉改客館令置典客令，爲典客署長官，隸大鴻臚。南朝復改名客館令。南朝梁稱典客館令，典客館丞爲其屬官。梁典客館令爲三品勳位。

[16]陵監：官名。南朝梁初置，掌守衛皇帝陵園。隸太常卿，後改名陵令。梁二班。　國學：官名。此處應指國子典學。南朝齊置，管理國學庶務。梁國學亦置，位爲三品蘊位。

[17]協律校尉：官名。東漢末曹操於荊州得杜夔，因其能識舊樂章，以之爲協律都尉，非常設。西晉改名爲協律校尉，屬太常，掌舉麾節樂，調和樂律，監試樂人典課。南朝沿置。

[18]總章校尉：官名。南朝梁、陳置，掌宮廷舞蹈。　監：官名。即總章監。三國魏始置，兩晉南朝沿置，掌宮廷舞蹈。

[19]掌故：官名。亦稱掌固。西漢始置，屬太常，亦稱太常掌故。秩百石。又有文學掌故、太史掌故、治禮掌故等。熟習禮樂制度等典章制度，備咨詢。武帝時，丞相公孫弘請置博士弟子，一歲皆試，能通一藝以上，補文學掌故。擇太常掌故補中二千石曹史，文學掌故補郡屬曹史。後遂成爲定制，歲課甲、乙、丙三科，其丙科即補文學掌故，射策得乙科可爲太常掌故、太史掌故。南朝梁、陳太常卿屬官亦置，爲樂官。

[20]樂正：官名。樂官之長，相傳堯時已置。春秋戰國沿之，分大、小樂正。後世樂正地位較低。南朝梁時樂正爲太常卿屬官，掌樂事。

[21]清商署丞：官名。南朝梁、陳置。掌清商音樂及樂隊、歌舞演員，隸太常卿所屬太樂令。梁位爲三品蘊位。

[22]靈臺丞：官名。西漢始置。掌候日月星氣，觀測天象。

魏、晋、南朝沿置。

國學，有祭酒一人，[1]博士二人，[2]助教十人，[3]太學博士八人。[4]又有限外博士員。天監四年，置五經博士各一人。[5]舊國子學生，限以貴賤，帝欲招來後進，五館生皆引寒門儁才，[6]不限人數。大同七年，[7]國子祭酒到溉等，[8]又表立正言博士一人，位視國子博士。置助教二人。

[1]祭酒：官名。即國子祭酒。東漢以博士聰明有威重者一人爲祭酒，居博士之長。三國魏因之，吳稱都講祭酒，西晉咸寧中立國子學，置國子祭酒爲長官，掌教授生徒儒學，主管國子學，參議禮制，隸太常。南朝宋國子學雖省置不常，祭酒則常置。南朝齊亦有，位比諸曹尚書。梁總領國子學、太學，隸太常卿，十三班。

[2]博士：官名。即國子博士。西晉武帝咸寧中立國子學，始置國子博士，掌教授生徒儒學，取履行清淳、通明典義者爲之，隸國子祭酒。後沿置。南朝宋不置學，亦常置二員。南齊建元四年（482）置國學，設二員，位比中書郎。梁國學沿置，九班。

[3]助教：官名。即國子助教。西晉咸寧中於國子學初置十五員，東晉太元十年（385）減爲十員。協助博士教授國子學生徒儒學，南朝宋沿置，分掌《周易》《尚書》《毛詩》《禮記》《周禮》《儀禮》《春秋左氏傳》《公羊傳》《穀梁傳》及《論語》《孝經》十一經，或不置學，則唯置一員。齊建元四年置學，復設助教，位比侍御史。梁沿置，位二班。

[4]太學博士：官名。漢、魏設五經博士，分經教授生員。東晉不復分經，統稱太學博士，掌教授太學生，亦備咨詢，參議禮儀，隸太常。南朝宋、齊或置或省。梁沿置，二班。

[5]五經博士：官名。西漢始置。掌議政、制禮、藏書、顧問

應對，策試官吏等事，並於太學中教授儒家經典等。有時亦奉命出使，到各地巡行，受命視察灾情或賑濟灾民。秩卑而任重，常可直達九卿、守相、刺史等官。以後歷朝雖置其官，但已專司教授經學。三國魏沿置，但另設太常博士掌導引、制禮，位在其上。五經博士不再議禮。南朝梁復置，六班。

[6]五館生：五館招收的生員。五館，南朝梁武帝設立的修制五禮的機構。

[7]大同：南朝梁武帝蕭衍年號（535—546）。

[8]到溉：人名。南朝梁時人。傳見《梁書》卷四〇，《南史》卷二五有附傳。

宗正卿，位視列曹尚書，主皇室外戚之籍。以宗室爲之。

司農卿，位視散騎常侍，主農功倉廩。統太倉、導官、籍田、上林令，[1]又管樂游、北苑丞，[2]左右中部三倉丞，萊庫、荻庫、箬庫丞，湖西諸屯主。[3]天監九年，又置勸農謁者，視殿中御史。

[1]太倉：官名。即太倉令。秦始置，屬治粟内史。西漢初隸大農令，太初元年以後隸大司農。東漢主受郡國漕穀，掌國家糧倉。三國魏、晋、南朝沿置。　導官：官名。即導官令。西漢始置，屬少府，主擇米以供祭祀及御饌。東漢改隸大司農，令六百石，丞三百石。三國魏、兩晋、南朝皆置。梁位爲三品蘊位。　籍田：官名。即籍田令。亦作藉田令。西漢始置，管理籍田事宜，隸大司農。東漢省。西晋武帝泰始十年（274）復置，東晋省，南朝復置，仍隸大司農（司農卿），梁位爲三品勳位。　上林令：官名。西漢始置。初隸少府，武帝時改歸水衡都尉，掌上林苑中禽獸宮館之事。東漢改置上林苑令，或亦省稱上林令。南朝梁復置，管理苑

囿園池。

[2]樂游：官名。即樂游丞。約始置於南朝宋，掌樂游苑，最初稱樂游苑丞，後改。　北苑丞：官名。南朝梁置，管理北苑。陳沿置，隋省。

[3]左右中部三倉丞：官名。南朝梁置，陳沿置。　莢庫：官名。即莢庫丞。據本卷後文及《通典》卷三七《職官》，“莢”似應作“荚”。　荻庫：官名。即荻庫丞。　箬庫丞：官名。《歷代職官表》記：“謹案梁代置莢庫、荻庫、箬庫諸丞隸於司農者，蓋其物皆倉廩貯穀所需，故特設官以掌之。”　湖西諸屯主：官名。據本卷後文有湖西磚屯主，三品蘊位。《通典》卷三七《職官》記南朝梁職官有湖西磚屯主、湖東磚屯主，或疑“湖西諸屯主”與“湖西磚屯主”爲同一官職。南朝梁始置，陳沿置。

太府卿，位視宗正，掌金帛府帑。統左右藏令、上庫丞，掌太倉。[1]南北市令，[2]關津亦皆屬焉。

[1]左右藏令：官名。西晋始置，爲少府屬官。東晋省。南朝梁復置，三品勳位。按，《册府元龜》卷四八三《邦計部》、《太平御覽》卷二三二《職官部三十》“左右藏令”作“右藏令”。　上庫丞：官名。南朝梁置，上庫令副長官，協助上庫令工作。按，據本卷後文記上庫令，三品蘊位。或疑“丞”前漏“令”字。　太倉：官署名。漢代設太倉，爲國家糧食總倉庫。設太倉令、丞主之。魏、晋南朝沿置。

[2]南北市令：官名。春秋時楚國始置，主管市場交易。漢大城市均置市長，唯長安兩市，一市置長，一市置令。長安市令屬京兆尹，南朝梁沿置。

少府卿，位視尚書左丞。置材官將軍、左中右尚方、甄官、平水署、南塘邸稅庫、東西冶、中黃、細作、炭庫、紙官、柴署等令丞。[1]

[1]材官將軍：官名。三國魏置材官校尉，主全國材木事。屬右校令。東晉改材官校尉爲材官將軍，主工匠土木之事。南朝宋、齊材官將軍隸尚書起部及領軍，下有司馬一人。南朝梁改隸少府卿，二班。　左中右尚方：官名。即左中右尚方令、丞。秦始置尚方，有尚方令、丞，隸少府。兩漢沿置，東漢常以宦者爲之。職掌製造兵器及宮内器用。東漢末分置左、中、右三尚方。三國魏、吳、西晉沿置。東晉唯置尚方令，哀帝時改隸丹楊尹。南朝宋武帝時分左、右，仍隸少府。齊因宋制置左、右二尚方令。梁復置左中右三尚方令，一班。左中右尚方丞，三國魏置，爲左中右尚方令之副貳，西晉南朝沿置，梁屬少府卿，三品勳位。　甄官：官名。即甄官令、丞。東漢始置，有前、後、中甄官令、丞，屬將作大匠。晉有甄官署令，掌供磚瓦石器陶瓷等事，隸少府。南朝宋、齊有東西陶官，瓦署督令。南朝梁復置甄官令、丞。令爲長，丞爲其副貳。　平水署：官名。此處指平水令、丞。平水令，西漢始置，原稱平準令，掌平抑物價，隸大司農。東漢沿置，掌知物價，主練染，作采色。和帝時，改中準令。晉復舊稱，隸少府。南朝宋避順帝諱，改染署令。南朝齊復舊，梁改稱平水令，位三品薀位。平水丞，南朝梁置，爲平水署次官，陳沿置。　南塘邸稅庫：官名。即南塘邸稅庫令、丞。南塘在今江蘇南京市西南秦淮河南岸。南塘邸稅庫令、丞，南朝梁置，具體職掌不詳。　東西冶：官名。即東西冶令、丞。西晉置諸冶令，並屬衛尉。東晉、南朝宋、齊唯置東、南冶令，隸少府。掌鼓鑄鍛冶，領工徒。東冶尤重。南朝梁改置東西冶令，位一班。東西冶丞，東西冶令之副貳。　中黃：官名。即中黃令、丞，掌宮中金帛庫藏。　細作：官名。即細作令、丞，南朝宋始置，由原相府細作署劃歸宮廷，設置令、丞掌其事。主要負

責監製供奉御用精巧珍寶器玩，隸門下省，後改名御府、中署。齊復名細作，梁改屬少府卿。細作令，南朝梁三品蘊位。　炭庫：官名。即炭庫令、丞。南朝梁置，陳沿置，具體職掌不詳。　紙官：官名。即紙官令、丞。《六朝事迹編類》卷下引《輿地志》稱南朝宋永初中置紙官署，製銀光紙。紙官令、丞或爲其長官。　柒署：底本、庫本"柒"作"柴"，中華本校勘記稱改"柒"乃"從宋小字本，別本作'柴'。《册府》四八二作'漆'"。今從改。

　　太僕卿，位視黃門侍郎，統南馬牧、左右牧、龍厩、內外厩丞。[1]又有弘訓太僕，[2]亦置屬官。

　　[1]南馬牧：官名。即南馬牧丞。南朝梁置，掌飼宮廷用馬，陳沿置。　左右牧：官名。即左右牧丞。南朝梁始置，掌宮廷用馬，陳沿置。　龍厩：官名。即龍厩丞。掌宮廷用馬。　內外厩丞：官名。南朝梁置，掌太子車馬事，陳沿置。

　　[2]弘訓太僕：官名。西晉置，爲景獻羊皇后弘訓宮三卿之一，泰始九年罷。南朝宋復置，爲後廢帝明恭太后弘訓宮三卿之一，掌太后宮內車馬，職比太僕。梁沿置。

　　衛尉卿，位視侍中，掌宮門屯兵。卿每月、丞每旬行宮徼，[1]糾察不法。統武庫令、公車司馬令。[2]又有弘訓衛尉，[3]亦置屬官。

　　[1]丞：官名。即衛尉丞。秦始置，爲衛尉副貳，協掌宮門禁衛。漢、魏、晉、南朝皆置。南朝梁位四班。

　　[2]武庫令：官名。西漢初爲中尉屬官，太初元年改中尉爲執金吾，仍隸之，有三丞，掌京師武庫兵器，洛陽、大將軍等處亦置。東漢沿置，秩六百石，主兵器，有丞。三國魏置，七品，主藏

兵器。西晉沿置，隸衛尉，出征時主武庫、領兵器。東晉省。南朝宋置，掌軍器，隸尚書省庫部曹。齊沿置，梁隸衛尉卿及尚書省庫部，又分南、北武庫二署令，位一班。　公車司馬令：官名。省稱公車令。西漢始置，公車長官，隸衛尉。東漢下設丞、尉。三國魏沿置，西晉以後稱公車令。南朝梁復稱公車司馬令。

[3]弘訓衛尉：官名。南朝宋置，爲後廢帝明恭太后弘訓宮三卿之一，掌宮門禁衛，職比衛尉。梁沿置。

廷尉卿，梁國初建，曰大理，天監元年，復改爲廷尉。有正、監、平三人。[1]元會，[2]廷尉三官，與建康三官，[3]皆法冠玄衣朝服，以監東、西、中華門。手執方木，長三尺，方一寸，謂之執方。四年，置冑子律博士，位視員外郎。

[1]正：官名。即廷尉正。秦、漢時廷尉的副職，地位相當於列卿丞，爲高級審判官，掌審理判決疑難案件，可代表廷尉參加詔獄會審。漢代地位高於廷尉監、平，但公牘須三官聯署，以相互監督。魏、晉、南朝宋、齊沿置。梁爲廷尉卿屬官，六班。　監：官名。即廷尉監。秦始置，西漢分左、右，隸廷尉，秩祿與廷尉正相當而位稍次之。掌收捕罪犯，亦參議案例，審理疑獄，與正、平通署公牘。東漢唯置左監。魏、晉、南朝去“左”，置一人。南朝梁六班。　平：官名。即廷尉平，簡稱廷平，亦稱廷評、廷尉評。西漢因廷尉史任重祿薄而增置，分左右。東漢唯置廷尉左平，魏、晉、南朝去“左”，置一人。爲廷尉屬官，參議案例律條，覆核平決疑獄，可駁回廷尉所奏罪案。與正、監通署公牘，相互制約。梁六班。

[2]元會：皇帝於元旦朝會群臣稱正會，也稱元會。始於漢，魏、晉因之。

［3］建康三官：建康正、建康監、建康平的合稱。南朝梁武帝天監元年於京畿建康縣置獄司比廷尉，設三官掌其事，職掌與廷尉三官略同。

大匠卿，位視太僕，[1]掌土木之工。統左、右校諸署。[2]

［1］太僕：官名。西周置，亦作大僕、大僕正、太僕正。《周禮》列爲夏官司馬屬官，下大夫，掌供天子輿馬，傳達王命。秦、漢爲九卿之一，掌御用車馬和畜牧業。新莽改稱太御。東漢復原名，除御用車馬外，兼掌兵器製作。三國魏掌皇帝車馬、田獵、兵器製作及畜牧業。西晉沿置，唯不復掌兵器製作。東晉省置無常。南朝宋、齊唯於郊祀典禮時權置此職，事畢即省。南朝梁改稱太僕卿。

［2］左、右校諸署：官署名。南朝梁置左、右校署，掌宮室修築及梓匠之事，有令、丞掌之。

光禄卿，位視太子中庶子，[1]掌宮殿門户。統守宮、黄門、華林園、暴室等令。[2]又有左右光禄、金紫光禄、太中、中散等大夫，[3]並無員，以養老疾。

［1］太子中庶子：官名。秦始置，西漢置庶子，隸太子太傅。王莽改曰中尚翼子。東漢置太子中庶子，隸太子少傅，職如侍中，秩六百石。三國魏沿置。西晉隸太子詹事，高功中庶子與高功中舍人共掌禁令，糾正違闕，侍從規諫，儐相威儀，奏事文書皆典綜之。五品。東晉南朝沿置，南朝梁時以中庶子功高者一人爲祭酒，行則負璽，與高功中舍人一人共掌其坊之禁令。南朝宋五品，梁十一班。

［2］守宫：官名。即守宫令。東漢始置，屬少府，掌管御用文具、尚書臺財物、封泥等。靈帝曾以其監修渠道。原任用士人，桓帝曾以小黄門充任。晋、南朝改隸光禄勳。　黄門：官名。即黄門令。西漢少府屬官，掌宫中乘輿狗馬倡優鼓吹等事。職任親近，由宦者充任。有技藝才能者常在其署待詔。東漢名義上隸少府，主宫中諸宦者。中葉以後多以中常侍兼任，或典禁軍，或持節收捕大臣，權勢尤盛。三國沿置，管理宦者、宫人。魏晋改隸光禄勳，侍從皇帝左右，頗有權勢，或非宦者。南朝宋、齊不詳，梁、陳隸光禄卿。　華林園：官名。即華林署令。三國魏始置，稱華林園令，主華林園，屬光禄勳。西晋沿置，東晋南遷，又以三國吴所建華林園爲御苑，南朝繼續擴建，仍置令主其事。梁於大長秋置華林署，改園令爲署令，掌御苑林木。　暴室：官名。即暴室令。漢掖庭令下有暴室丞。三國魏始置令，管理後宫受罰宫人。兩晋南朝沿置，隸光禄勳，梁、陳於大長秋下又别置暴室署，其長官爲令。

［3］太中：官名。即太中大夫。亦作大中大夫。秦始置。西漢沿置，位居諸大夫之首，武帝太初元年後位在光禄大夫下，無員額。侍從皇帝左右，掌顧問應對，參謀議政，奉詔出使等，多以寵臣貴戚充任。名義上隸屬光禄勳（郎中令）。東漢後期權任漸輕。魏、晋皆七品，品秩雖低，但禄賜或與卿同。南北朝多安置老病退免的九卿等大臣，梁十一班。　中散：官名。即中散大夫。西漢後期置。東漢時隸光禄勳，無員限。與光禄、太中、諫議大夫等皆備顧問應對，無常事，唯詔令所使。魏、晋、南北朝多養老疾，無職事。梁十一班。

鴻臚卿，位視尚書左丞，掌導護贊拜。

大舟卿，梁初爲都水臺，[1]使者一人，[2]參軍事二人，[3]河堤謁者八人。[4]七年，改焉。位視中書郎，列卿之最末者也。主舟航堤渠。

[1]都水臺：官署名。西晋始置，掌舟船水運河渠灌溉事務。長官爲都水使者，屬官有河堤謁者、參軍及令史若干員。東晋改河堤謁者爲都水謁者，惠帝元康中復置水衡都尉，亦隸之。南朝宋孝武帝初罷，改置水衡令。尋復置。南朝梁天監七年改置大舟卿。

[2]使者：官名。即都水使者。西漢於太常、少府、大司農、三輔等處均設都水官，管理河渠陂池灌溉，武帝時以都水官多，置左、右都水使者總領三輔都水官，或稱領護三輔都水，不常置。東漢省，其職併於少府，需要時暫置水衡都尉。三國魏置水衡都尉管理全國河渠灌溉水運事務，或説亦置都水使者。西晋省水衡都尉，置都水使者爲都水臺長官，掌舟船水運河渠灌溉事務。屬官有左、右、前、後、中五水衡都尉及河堤謁者等。四品。東晋省河堤謁者，置謁者。南朝宋初沿置。南朝宋孝武帝一度廢，改置水衡令，尋復。齊有都水臺使者一人。梁初與齊同，天監七年改爲大舟卿，九班，吏員依晋，加當關四人。

[3]參軍事：官名。即都水參軍事，亦稱都水參軍。兩晋、南朝都水臺屬官。天監七年改都水臺爲大舟卿，遂省。

[4]河堤謁者：官名。或稱河堤使者。西漢始置，掌治河，不常置。東漢有時亦置，以三府掾屬爲謁者領之。三國魏爲都水使者屬官，隸都水臺，分部巡視天下河渠。西晋基本沿襲魏制。東晋省，南朝梁復置。初隸都水臺，天監七年改隸大舟卿。

大長秋，[1]主諸宮者，以司宮闈之職。統黃門、中署、奚官、暴室、華林等署。[2]

[1]大長秋：官名。西漢景帝中元六年（前144）改將行置。或用士人，或用宦者，宣達皇后旨意，領受皇帝詔命，與詹事（中少府）、中太僕等並爲皇后宮内高級官員。其職尊顯，多由高級宦

官遷任。三國、兩晉、南朝沿置，領諸宦者，管理宮闈。或任士人。梁九班。

[2]黃門：官署名。即黃門署。漢始置黃門，管理宮中乘輿狗馬倡優鼓吹等事，職任親近。三國沿置，管理宦者、宮人。魏晉南朝主要負責侍從皇帝左右，南朝梁改稱黃門署。　中署：官署名。東漢靈帝置，設於宮中，收取天下珍玩，聚爲私藏，以宦者掌之。三國魏沿置，以中署監爲長官。南朝宋後廢帝元徽初，省御府而置，掌製作御刀、綬、劍等玩好器物，隸少府右尚方令。南朝梁爲大長秋所統諸署之一。　奚官：官署名。即奚官署。南朝齊、梁隸屬大長秋，負責管理宮人疾病、罪罰、喪葬等事，以及從坐沒入宮中爲奴的罪犯家屬。其屬官由宦官擔任。　暴室：官署名。即暴室署。亦作薄室署。在皇宮掖庭內，主織作染練之事，有宮人獄。屬官由宦者充任，宮中婦人有病及皇后、貴人有罪，均就此室。　華林：官署名。即華林署。南朝梁置，掌御苑林木。

領軍，[1]護軍，[2]左、右衛，[3]驍騎，[4]游騎等六將軍，[5]是爲六軍。又有中領、中護，[6]資輕於領、護。又左右前後四軍將軍，[7]左右中郎將，[8]屯騎、步騎、越騎、長水、射聲等五營校尉，[9]武賁、冗從、羽林三將軍，[10]積射、強弩二軍，[11]殿中將軍、武騎之職，[12]皆以分司丹禁，侍衛左右。天監六年，置左右驍騎、左右游擊將軍，[13]位視二率。[14]改舊驍騎曰雲騎，游擊曰游騎，降左右驍、游一階。又置朱衣直閣將軍，[15]以經爲方牧者爲之。其以左右驍、游帶領者，量給儀從。

[1]領軍：官名。即領軍將軍。東漢延康元年（220）曹丕置。職掌與中領軍同，但任職者資望重於中領軍，省稱領軍。三國魏沿

置，爲禁衛軍最高統帥，由親信和宗室擔任，權勢極重。吳亦置。西晋初省，惠帝時復置，仍爲禁衛軍最高統帥。東晋改置北軍中候，尋復。成帝時又改爲北軍中候，尋又復。三國魏、西晋時有營兵，並轄護軍將軍；東晋時無營兵，亦不再領護軍事。南朝宋時掌禁衛軍及京都諸軍，梁十五班。

[2]護軍：官名。即護軍將軍。東漢建安十二年曹操改丞相府護軍爲中護軍，其資重得遷護軍將軍，職掌相同，典武官選舉，與中領軍（領軍將軍）同掌禁軍，出征時督護諸將，隸屬領軍。四品。西晋不典選舉，不隸領軍，自領禁衛營兵。三品。東晋永昌元年（322）省併入領軍，太寧二年（324）復分置。南朝沿置，掌督護京師以外諸軍，屬官有長史、司馬、功曹、主簿、五官等，出征時置參軍。權任頗重，諸將軍皆敬之。南朝宋三品，梁十五班。

[3]左、右衛：官名。即左、右衛將軍。秦、漢始置衛將軍，東漢及三國魏並因之，然增其班秩。魏末司馬昭又置中衛將軍，三國魏咸熙二年（265），司馬炎分中衛將軍爲左、右衛將軍。掌伏飛虎賁及前驅、由基、强弩三部司馬，屬下還有虎賁、羽林、上騎、異力、命中虎賁五部督，負責宮禁宿衛。西晋初，屬中軍將軍，後屬領軍將軍（中領軍），爲禁衛軍主要統帥之一，多由皇帝親信擔任。與領軍、護軍、驍騎、游擊四將軍合稱爲六軍。南朝齊曾詔二衛將軍每晚留一人宿直宫中。南朝後期，亦統兵出征。梁十二班。

[4]驍騎：官名。即驍騎將軍。雜號將軍之一，三國魏置爲内軍將領，兩晋與領軍、護軍、左右衛、游擊諸將軍合稱六軍，擔當宿衛之任。魏、晋皆定爲四品，南朝宋、齊沿置，四品。梁武帝天監六年，置左、右驍騎將軍，隨後即改驍騎爲雲騎將軍，十班。

[5]游騎：官名。即游騎將軍。西漢始置游擊將軍，爲雜號將軍之一。魏晋時爲禁軍將領，與驍騎將軍分領命中虎賁，掌宿衛之任，隸中將軍（領軍將軍）。南朝梁天監六年置左、右游擊將軍，原游擊改游騎將軍，十班。

[6]中領：官名。即中領軍。東漢建安中曹操改領軍置（一說

延康元年始置）。與中護軍皆典禁兵，屬丞相府。三國魏時又置領
軍將軍，職掌同，以資格較深者任之。爲禁衛軍最高統領，有營
兵，主五校、中壘、武衛三營，並管中護軍。三國蜀亦置。西晉省
並北軍中候，惠帝時復置（一説永嘉中始復）。東晉改爲北軍中候，
尋復，成帝時又改爲北軍中候，尋又復。東晉時無營兵，總統二
衛、驍騎、材官諸營禁軍，不再管中護軍。南朝掌京師駐軍及禁
軍，而由中護軍掌外軍。梁十四班。　中護：官名。即中護軍。東
漢置，掌軍中參謀，協調諸部。建安十二年曹操改護軍置。曹魏沿
置，資重者可遷護軍將軍，掌武官選舉，與中領軍同掌禁軍，出征
則督護諸將；隸中領軍（領軍將軍）。蜀亦置。入晉則不隸領軍，
亦不典武選，自領營兵。三品。東晉省併入領軍，後復分置，掌督
護京師以外地方諸軍。南朝沿置，梁十四班。

[7]左右前後四軍將軍：官名。漢置，爲重號將軍之一。左、
前、右、後將軍並位上卿，位次大將軍及驃騎、車騎、衛將軍。有
兵事則典掌禁兵，戍衛京師，或任征伐。設長史、司馬等僚屬。平
時無具體職務，一般兼任他官，常加諸吏、散騎、給事中等號，成
爲中朝官，宿衛皇帝左右，參與朝議。如加領尚書事銜則負責實際
政務。不常置。魏、晉爲常設官職，權位漸低，僅爲武官名號，略
高於一般雜號將軍，不典禁兵，不與朝政。初猶領兵征戰，東晉、
南朝成爲軍府名號，用作加官，常不載官品。左右前後四軍將軍，
諸本作“左右前後四將軍”。熊清元考“四將軍”與“四軍將軍”
屬於南朝職官不同系列。四將軍爲虛號將軍，不應屬於領護至五校
尉之列（參見熊清元《〈隋書・百官志上〉點校匡補》）。今從改。

[8]左右中郎將：官名。西漢始置，隸光禄勳。居宮禁中，與
五官分領中郎，更直宿衛，協助光禄勳考核管理郎官、謁者、從
官。多由外戚及親近之臣充任。東漢領左、右署中郎、侍郎、郎
中，職掌訓練、管理、考核後備官員，出居外朝。三國沿置。魏、
西晉初不設五官、左右三郎署，其官仍置，職任漸輕，居宮禁之
外。西晉泰始九年罷。南朝復置，爲侍從武官，改隸中領軍（領軍

將軍）。梁八班。

[9]屯騎：官名。即屯騎校尉。西漢始置，爲北軍八校尉之一。掌騎士，戍衛京師，兼任征伐。秩二千石。東漢初改爲驍騎，後復舊。掌宿衛兵。屬北軍中候，爲五校尉（五營）之一。東漢五校尉所掌北軍五營爲京師主要禁軍，故地位清要，官顯職閑，而府寺寬敞，輿服光麗，伎巧畢給。故多以外戚近臣任之。地位親要，官顯職閑，秩比二千石。三國魏隸中領軍（領軍將軍），四品。但所掌營兵常缺，或與其餘四校尉之兵合爲一營。晉沿之，四品。但因二衛、四軍之設而職任漸輕，後罷其兵，旋省其官。南朝復置，爲侍衛武官，不領兵，仍隸中領軍，用以安置勳舊武臣。宋四品，梁七班。　步騎：官名。西漢始置。爲北軍八校尉之一，位次列卿。領上林苑屯兵，防戍京師，兼任征伐。東漢爲北軍五校尉之一，秩比二千石，隸北軍中候。掌宿衛禁兵，有司馬一員。當時五校尉所掌北軍五營爲京師主要的常備禁軍，故地位親要，官顯職閑，府寺寬敞，輿服光麗，伎巧畢給，多以宗室外戚近臣充任。三國魏、晉、南朝沿置。魏、西晉隸中領軍（領軍將軍），領宿衛營兵。四品。東晉初猶領營兵，後職任漸輕。其時別置二衛、四軍諸禁軍掌宿衛，五校職任漸輕。後罷其兵，旋省其官。十六國多置。南朝復置，爲皇帝的侍衛武官，不領營兵，仍隸中領軍（領軍將軍），用以安置勳舊武臣，梁改稱步騎校尉。南朝宋四品，梁七班。　越騎：官名。即越騎校尉。西漢始置。爲北軍八校尉之一，領內附越人騎士，戍衛京師，兼任征伐。秩二千石。東漢初罷，後改青巾左校尉置，爲五校尉之一，隸北軍中候，掌宿衛兵。地位親要，官顯職閑，秩比二千石。三國魏時隸中領軍（領軍將軍），四品。晉沿之，亦四品。但因二衛、四軍之設而職任漸輕，後罷其兵，旋省其官。南朝復置，爲侍衛武官，不領兵，仍隸中領軍，用以安置勳舊武臣。宋四品，梁七班。　長水：官名。即長水校尉。西漢始置，爲北軍八校尉之一，領長水宣曲胡騎，屯戍京師，兼任征伐。東漢初省，後復置。爲五校尉之一，隸北軍中候，掌宿衛兵。地位親

要，官顯職閑，秩比二千石。三國魏隸中領軍（領軍將軍），四品。晋沿之，四品。但因二衛、四軍之設而職任漸輕，後罷其兵，旋省其官。南朝復置，爲侍衛武官，不領兵，仍隸中領軍，用以安置勳舊武臣。宋四品，梁七班。　　射聲：官名。即射聲校尉。西漢始置，爲北軍八校尉之一，領待詔射士，掌常備精兵，屯戍京師，亦任征伐。秩二千石。東漢初省，後復置，爲五校尉之一，隸北軍中候，掌宿衛兵。地位親要，官顯職閑，秩比二千石。三國魏隸中領軍（領軍將軍），四品。晋沿之，四品。但因二衛、四軍之設而職任漸輕，後罷其兵，旋省其官。南朝復置，爲侍衛武官，不領兵，仍隸中領軍，用以安置勳舊武臣。宋四品，梁七班。

［10］武賁：官名。即虎賁中郎將，唐人避諱而稱“虎”爲“武”。西漢元始年間更期門爲虎賁郎，置虎賁中郎將統領。隸光禄勳，秩二千石。東漢因之，主虎賁禁軍。光武帝、明帝時常以侍中兼領之，其後多以貴戚充任，或領兵出征。三國魏、蜀、吳沿置，隸光禄勳，統率宿衛兵。西晋時領有營兵，與羽林監、冗從僕射合稱三將。東晋無營兵，興寧二年（364）罷。南朝宋永初元年（420）復置，屬領軍。三國魏、晋、南朝宋爲五品。齊、梁、陳沿置，梁五班。　　羽林：官名。即羽林監。東漢置羽林左、右監，秩六百石，屬光禄勳。三國魏（一説西晋）省其左而置，掌宿衛送從。五品。晋唯置羽林左監，領營兵。南朝宋永初元年復置。齊、梁沿置。西晋領營兵，南朝多以文職領此衛，梁六班。　　冗從：官名。即冗從僕射。三國魏置，爲統營兵，爲皇帝侍衛首領，掌宫禁侍衛，隸光禄勳。五品。西晋沿置，與虎賁中郎將、羽林監合稱三將。五品。東晋以後無營兵，南朝屬領兵將軍（中領軍）。宋泰始以後，多以軍功得之，無復員限，五品。梁五班。

［11］積射：官名。即積射將軍。東漢初置，統兵，爲雜號將軍。西晋太康十年（289）復置（一説三國魏時復置），領積射營。轄三千五百人，擔當宿衛之任。四品。東晋沿之。十六國西秦亦置。南朝宋泰始以後，多以軍功得此，無員限。五品。梁四班。

强弩：官名。即强弩将軍。西漢元朔五年（前124）置，以李沮任之，統兵伐匈奴。兩漢爲雜號將軍，省置無常。三國魏末，司馬昭受封晋王後，置以掌宿衛。四品。西晋太康十年時設立弩營，以爲長官，充任皇帝侍衛。最初設一人，東晋桓玄篡立後，增置員數。四品。南朝宋泰始以後，多以軍功得之，成爲將軍名號。齊、梁沿置，梁四班。

[12]殿中將軍：官名。三國魏置，掌典禁兵督守殿廷。六品。西晋分隸左、右衛將軍，朝會宴饗及乘輿出入，直侍左右，夜開宮城諸門，則執白虎幡監之，多選清望之士充任。六品。東晋太元中改選，多以門閥子弟居之。南朝沿置，爲侍衛武職，不典兵，員額漸多，品秩漸低。宋初員二十人，定員之外又設殿中員外將軍，後無定員，六品。梁一班。　　武騎：官名。即武騎常侍。西漢置爲加官，亦稱常侍武騎，皇帝近侍護衛之一，多以郎官爲之，車駕游獵，常侍左右。秩八百石，一説六百石。東漢省。南朝宋大明中復置，爲侍從武官，用以安置閑散，隸中領軍（領軍將軍），位比奉朝請。南朝齊、梁因之，梁二班。

[13]左右驍騎：官名。即左右驍騎將軍。掌管宿衛事務，多由侍中、散騎常侍等文職清官所兼領，梁十一班。　　左右游擊將軍：官名。充當侍衛之任，有時亦率衆出征，梁十一班。

[14]二率：官名。指太子二率，即太子左、右衛率。秦置太子衛率，掌東宮門衛士，隸太子詹事。西漢沿置，成帝鴻嘉三年（前18）改隸大長秋。東漢隸太子少傅，三國魏沿置。西晋隸太子詹事，掌東宮禁軍。武帝泰始五年分置左、右，惠帝時又增前後，號太子四率。東晋初唯置左、右衛率，孝武帝太元中復置前、後衛率。南朝以後僅置左、右衛率。

[15]朱衣直閣將軍：官名。簡稱朱衣直閣。南朝梁始置，都督南兗等五州諸軍事。輔國將軍、南兗州刺史昌義之首任此職。掌宮內侍衛，屬中領軍（領軍將軍），爲皇帝親信，梁十班。

太子太傅一人，[1]位視尚書令。少傅一人，[2]位視左僕射。天監初，又置東宮常侍，皆散騎常侍爲之。

[1]太子太傅：官名。西漢始置，掌保養、監護、輔翼太子，昭宣以後，兼掌教諭訓導，並與太子少傅同領東宮官屬，管理衆務，秩二千石。新莽改稱太子師。東漢復舊，但唯掌輔導太子，不領東宮官署及管庶務，秩中二千石。魏、晉如未置詹事則領東宮官屬，掌衆務。南朝宋以後不復領東宮官署，宋三品，梁十六班。

[2]少傅：官名。即太子少傅。西漢始置，佐太子太傅輔導太子，並與其同領東宮官屬，管理衆務，秩二千石。東漢時除輔導太子外，總領東宮官屬，管理衆務，秩中二千石。魏、晉如未置詹事則領東宮官屬，掌衆務。南朝宋以後不復領東宮官屬。梁十五班。

詹事，[1]位視中護軍，任總宮朝。二傅及詹事，[2]各置丞、功曹、主簿、五官。[3]家令、率更令、僕各一人。[4]家令，自宋、齊已來，清流者不爲之。天監六年，帝以三卿陵替，乃詔革選。家令視通直常侍，[5]率更、僕視黃門三等，[6]皆置丞。中大通三年，[7]以昭明太子妃居金華宮，[8]又置金華家令。

[1]詹事：官名。全稱爲太子詹事。詹，古碑志亦作“瞻”。戰國時秦置，爲管理太后、王后、太子諸宮庶務的官員。秦、西漢皇太后、皇后、太子宮皆置，秩二千石，亦有秩中二千石者。皇太后宮所置冠以宮名，稱長信詹事，位在九卿之上，掌宮内大小庶務，景帝時改名少府。哀帝時曾置左、右詹事，旋罷。皇后宮所置亦稱中少府，掌宮内供御侍奉事務。太子宮所置職掌略同，兼掌警衛、刑獄、食邑車馬等事，領諸供奉之官。東漢省，其屬官改隸太

子少傅。魏晉以來唯置於太子宮，故亦稱太子詹事。掌東宮內外庶務，明帝後省。西晉復置，領東宮庶務，後或省或置。太安後常置。自後太子諸師雖以輔導爲名，詹事實負輔翊教導太子之責，兼掌東宮一切事務、官屬。兩晉南北朝東宮地位極重，官屬齊備，擬於朝廷，時號宮朝。詹事任總宮朝，當時稱其職比朝廷之尚書令、領軍將軍，位權甚重，或亦參預朝政。晉、南朝宋皆三品，梁十四班。

[2]二傅：指太子太傅和太子少傅。

[3]丞：官名。全稱爲太子詹事丞，初爲詹事副貳官，協掌宮內庶務，戰國秦太后、王后、太子諸宮皆設。秦、西漢沿置，秩從六百石。太后宮所置詹事丞，在景帝以後改名少府丞，冠以太后所居宮名。皇后宮所置詹事丞，成帝時省。太子宮所置，東漢省。魏、晉以來，唯置於太子東宮，管理詹事府內事務，掌文書，亦稱太子詹事丞。魏、晉、南朝宋七品，梁四班。　五官：官名。魏晉時領軍將軍、護軍將軍、太常等列卿，太子太傅與太子少傅二府之屬官。"官"底本、庫本作"宮"，中華本作"官"。但查諸史書，僅有職官"五官"，而無"五宮"，故"宮"應爲"官"之誤。另，此句中華本標點作"主簿。五官、"熊清元以爲五官亦屬於南朝梁太子二傅及詹事之屬官，標點有誤（參見熊清元《〈隋書·百官志上〉點校匡補》）。今從改。

[4]家令：官名。即太子家令。秦始置，隸太子詹事。西漢沿置，管理太子湯沐邑，兼掌東宮刑獄、飲食、倉庫等。秩千石。新莽改稱中更。東漢復置，領太子倉令、食官令等，不掌刑獄。改隸太子少傅，與太子率更令、太子僕合稱東宮三卿。魏、晉、南朝宋皆五品，梁十班。　率更令：即太子率更令。秦始置，西漢沿置，隸太子詹事，掌知漏刻，主東宮值宿事，秩千石。東漢改隸太子少傅，主太子庶子、舍人值宿事。魏晉以後不領庶子、舍人，掌太子宮殿門户及賞罰等事。魏、晉、南朝宋皆五品，梁十班。　僕：官名。即太子僕。秦始置。西漢沿置，主東宮車馬，職如太僕，隸詹

事。秩千石。東漢改隸太子少傅。三國魏時與太子家令、率更令合稱太子三卿，隸詹事。五品。晉、南朝宋皆五品，梁十班。

[5]通直常侍：官名。通直散騎常侍的省稱。

[6]黃門：官名。黃門侍郎的省稱。

[7]中大通：南朝梁武帝蕭衍年號（529—534）。

[8]昭明太子妃：即蔡氏，蔡撙女。蔡撙，南朝梁時人，傳見《梁書》卷二一。　金華宮：宮名。南朝梁大同年間所建，爲昭明太子妃蔡氏所居，在青溪東去臺城（今南京市雞鳴山南乾河沿北一帶）三里。

左、右衛率各一人，位視御史中丞。各有丞。左率領果毅、統遠、立忠、建寧、陵鋒、夷冠、祚德等七營，[1]右率領崇榮、永吉、崇和、細射等四營。二率各置殿中將軍十人，員外將軍十人，[2]正員司馬四人。[3]又有員外司馬督官。[4]其屯騎、步兵、翊軍三校尉各一人，[5]謂之三校。旅賁中郎將、冗從僕射各一人，[6]謂之二將。左、右積弩將軍各一人。[7]門大夫一人，[8]視謁者僕射。

[1]冠：底本、庫本同，中華本作“寇”。

[2]員外將軍：官名。西晉初殿中將軍定員二十人，過員者爲殿中員外將軍，十六國後趙亦置。南朝隸左、右衛，梁位不登二品者七班。

[3]正員司馬：官名。即太子正員司馬，又稱太子司馬督。三國魏始置，爲太子侍從武官，南朝梁隸太子左、右衛率，位不登二品者五班。

[4]員外司馬督官：官名。即太子員外司馬督官。在正員限額

以外添授的司馬。梁位不登二品者五班。

[5]屯騎：官名。即太子屯騎校尉。南朝宋置，東宮侍從武官，掌騎兵，爲太子三校之一。齊、梁沿置，七班。　步兵：官名。即太子步兵校尉，亦稱東宮步兵校尉。南朝宋置，統東宮步兵，爲太子三校之一。齊、梁沿置，七班。　翊軍：官名。即太子翊軍校尉。南朝宋置，爲太子三校之一，齊、梁沿置，七班。

[6]旅賁中郎將：官名。即太子旅賁中郎將。南朝宋置，掌侍從迎送太子，職掌同虎賁中郎將，爲東宮二將之一。齊、梁沿置，梁五班。　冗從僕射：官名。即太子冗從僕射。南朝宋置，爲東宮侍從武官，職掌略同冗從僕射。梁沿置，五班。

[7]左、右積弩將軍：官名。即太子左右積弩將軍。南朝宋置，爲東宮侍從武官。齊、梁沿置，梁四班。

[8]門大夫：官名。即太子門大夫。秦始置，掌東宮門禁。西漢沿置，職比中郎將，隸太子太傅、少傅。東漢隸太子少傅，秩六百石。三國魏沿置，六品。西晋改隸太子詹事，主通遠近箋表，宮門禁防，六品。南朝宋亦爲六品。梁三班。

中庶子四人，功高者一人爲祭酒。行則負璽，前後部護駕。

中舍人四人，[1]功高者一人，與中庶子祭酒共掌其坊之禁令。又有通事守舍人、典事守舍人、典法守舍人員。[2]

[1]中舍人：官名。即太子中舍人。秦、漢有太子舍人，在東宮更直宿衛，西晋咸寧四年（278）置中舍人，選舍人中才學俱佳者爲之，與太子中庶子共掌東宮文翰，侍從規諫太子。糾正違闕，儐相威儀，綜典奏事文書，監督醫藥，檢奏更直名册，職如黄門侍郎。位在太子中庶子下，洗馬上。六品。東晋南北朝沿置，宋六

品，梁八班。

[2]通事守舍人：官名。南朝齊置爲東宮屬官，隸太子中庶子，掌傳達令旨内外啓奏。梁沿置，隸太子中舍人，三品勳位。　典事守舍人：官名。南朝梁置，東宮屬官，具體職掌不詳。　典法守舍人：官名。南朝梁置，東宮屬官，具體職掌不詳。

庶子四人，[1]掌侍從左右，獻納得失。高功者一人，與高功舍人共掌其坊之禁令。

[1]庶子：官名。即太子庶子。秦始置。西漢沿置，隸太子太傅，輪流直宿東宮，太子庶子職如三署郎（一説三署中郎），無員數，秩四百石。東漢改隸太子少傅，魏晋以後成爲太子侍從官員，獻納規諫，職比散騎常侍。魏、晋皆五品。南朝隸太子詹事，宋五品，梁九班。

舍人十六人，[1]掌文記。通事舍人二人，[2]視南臺御史，[3]多以餘官兼職。典經局洗馬八人，[4]位視通直郎。置典經守舍人、典事守舍人員。又有外監殿局，[5]内監殿局，[6]導客局，[7]齋内局，[8]主璽、主衣、扶侍等局，[9]門局，[10]錫庫局、内厩局，[11]中藥藏局，[12]食官局，[13]外厩局，[14]車厩局等，[15]各置有司，以承其事。

[1]舍人：官名。即太子舍人。秦始置，掌行書令、表啓等。兩漢沿置，秩二百石，無員限，輪流宿衛，職如三署郎中。西漢時隸太子太傅、少傅，東漢隸於少傅。三國魏七品，晋掌文章書記，職比散騎、中書侍郎，七品。南朝宋七品，梁三班。

[2]通事舍人：官名。即太子通事舍人，亦稱東宮通事舍人。

南朝梁置，爲東宮官屬，多以他官兼任，一班。

[3]南臺御史：官名。南北朝時俗稱御史臺爲南臺，南臺御史即指御史中丞。

[4]典經局：官署名。屬東宮，掌經籍。　洗馬：官名。即太子洗馬。秦始置，時亦作先馬，掌賓贊受事，太子出行則爲前導，西漢屬太子太傅、少傅，秩比六百石。東漢屬太子少傅。三國魏因之，七品。蜀亦置。晋改屬太子詹事，掌太子圖籍、經書，太子出行則前導威儀。七品。南朝因之，宋七品，梁隸於詹事所轄典經局，六班。

[5]外監殿局：官署名。屬東宮，設中舍人、守舍人等官。具體職掌不詳。

[6]內監殿局：官署名。屬東宮，設中舍人、守舍人等官。具體職掌不詳。

[7]導客局：官署名。南朝梁置，屬東宮，負責選供東宮所用糧米。

[8]齋內局：官署名。南朝梁置，屬東宮，負責東宮湯沐、燈燭、灑掃、鋪設等事。

[9]主璽：官署名。即主璽局。南朝梁置，屬東宮，掌太子符璽之事。　主衣：官署名。即主衣局。屬東宮，掌太子衣服器玩等事。　扶侍：官署名。即扶侍局。南朝梁置，屬東宮。具體職掌不詳。

[10]門局：官署名。南朝梁置，屬東宮。具體職掌不詳。

[11]錫庫局：官署名。南朝梁置，屬東宮。具體職掌不詳。內厩局：官署名。南朝梁置，掌東宮用馬。

[12]中藥藏局：官署名。南朝梁置，爲東宮諸局之一。設丞爲其長官，三品蘊位。

[13]食官局：官署名。南朝梁置，爲東宮諸局之一。

[14]外厩局：官署名。南朝梁置，爲東宮諸局之一，掌東宮用馬，屬太子僕。

[15]車厩局：官署名。南朝梁置，爲東宮諸局之一。

皇弟、皇子府，置師，[1]長史，司馬，從事中郎，
諮議參軍，及掾屬、中録事、中記室、中直兵等參
軍，[2]功曹史，録事、記室、中兵等參軍，[3]文學，[4]主
簿，正參軍、行參軍、長兼行參軍等員。[5]嗣王府則減
皇弟皇子府師、友、文學、長兼行參軍。[6]蕃王府則又
減嗣王從事中郎，諮議參軍，掾屬録事、記室、中兵參
軍等員。自此以下，則並不登二品。

[1]師：官名。亦稱王師，相傳殷代已置，西周、春秋戰國沿
置。其後不設。西晉武帝復置爲王國官，掌輔導諸王。後避諱改爲
傅，南朝宋復舊，六品。齊、梁、陳沿置。梁十一班。

[2]掾屬、中録事：中華本“掾屬中録事”間未斷開。按，南
朝梁時並無掾屬中録事參軍等職，此處應指皇弟、皇子府掾屬，掾
屬後應加頓號。中録事，官名。即中録事參軍。南朝梁置爲皇弟皇
子府、嗣王蕃王府、庶姓公府、庶姓持節府僚屬。自七班至三班不
等。梁武帝時都督府亦增置。

[3]録事：官名。即録事參軍。西晉丞相府始置，爲録事曹長
官，掌總録衆曹文簿，舉彈善惡，位在列曹參軍上。東晉、南朝公
府、將軍府、州刺史開軍府者皆置。南朝梁皇弟皇子府録事參軍六
班。　記室：官名。即記室參軍，又稱記室參軍事。西晉始置，爲
記室曹長官，掌文疏表奏。南朝時，皇弟皇子府、嗣王蕃王府、公
府、持節都督府皆置。梁皇弟皇子府記室參軍六班。　中兵：官
名。即中兵參軍。西晉末司馬叡置，爲丞相府中兵曹長官。掌府中
親兵及江東事務。東晉諸公及主要將軍府皆置爲主要僚屬之一，亦
稱中兵參軍事，掌本府中兵曹事務，兼備咨詢。其品階隨府主地位
高下不等。東晉末至南朝宋諸公府省，由中直兵參軍兼領中兵曹。

齊、梁沿置。梁皇弟皇子府中兵參軍六班。

[4]文學：官名。漢置，爲州、郡及王國屬官，選用明經者充任，掌地方教育。亦作文學掾。三國魏以後，太子及諸王、侯均置，掌輔導王侯讀書作文。晋、南朝沿置。梁皇弟皇子府文學五班。

[5]正參軍：官名。晋制，諸公府置諸曹參軍，又有正參軍、行參軍、兼行參軍及長兼行參軍等員。除拜者爲正參軍。南朝沿置，梁皇弟皇子府正參軍四班。　行參軍：官名。三國始置，晋初制度，中朝除拜者爲參軍，諸府自辟者爲行參軍。晋末以後，行參軍亦可除拜，唯品階例低於參軍。梁皇弟皇子府行參軍三班。　長兼行參軍：官名。晋制爲諸公府、王府掾屬。南朝沿置。

[6]友：官名。三國魏黄初年間始置。諸王、公設一人。異族諸王亦設，掌陪侍、輔助規諷。晋、南朝王或皇弟、皇子皆設。梁八班。

王國置郎中令、將軍、常侍官。[1]又置典祠令、廟長、陵長、典醫丞、典府丞、典書令、學官令、食官長、中尉、侍郎、執事中尉、司馬、謁者、典衛令、舍人、中大夫、大農等官。[2]嗣王國則唯置郎中令、中尉、常侍、大農等員。蕃王則無常侍。自此以下，並不登二品。

[1]郎中令：官名。西漢時爲諸侯王國屬官，侍從左右，戍衛王宮，職權甚重。初秩二千石，武帝時減爲千石，後更爲六百石。魏、晋、南朝時爲王國三卿之一，地位頗重，公、侯等國亦或置，其品秩隨國主地位高低不等。梁皇弟、皇子國郎中令五班。　常侍：官名。魏時始爲王、公國屬官。侍從左右，贊相禮儀，獻替諫諍。兩晋、南朝分置左右，員額依國之大小不等。魏、晋、南朝宋

八品，梁自二班至一班不等。

　　[2]典祠令：官名。三國魏始置，爲諸王、公、侯、伯、子國屬官。兩晋、南朝沿置。梁制，王國置者依國主地位高低，自位不登二品者五班至一班不等，其他則自選補。　　廟長：官名。諸王國置。　　陵長：官名。諸王國置。　　典醫丞：官名。三國魏始置，爲諸王、公、侯、伯、子國屬官。兩晋、南朝沿置。　　典府丞：官名。王國屬官，西晋始置於平原、汝南、琅邪、扶風等大國，初名典府，位於舍人下。後逐漸演變爲典府丞。掌知府内雜事。南朝梁爲流外官。　　典書令：官名。原爲吏部尚書之職。西晋王國置典書令、丞各一人。典書令在常侍下、侍郎上。東晋時，典書令居郎中令等三卿之下。南朝沿置。梁自位不登二品者六班至一班不等。學官令：官名。西晋王國置。東晋、南朝沿置。梁依王國等級不同，自位不登二品者五班至一班不等。　　食官長：官名。諸侯王府屬官。南朝宋、齊、梁王國並有，掌營造、膳食事。　　中尉：官名。西漢時爲諸侯國屬官，主管軍事。初由諸侯國自置，景帝以後由朝廷委派。統領國中軍兵，監察軍吏，維護國内治安，秩二千石。東漢沿置。魏、晋、南朝時期地位稍減，與郎中令、大農並稱爲王國三卿，掌國中軍兵。其品秩隨國主地位而高下不等。梁位自三班至位不登二品者四班不等。　　侍郎：官名。西漢置爲諸侯王國屬官，掌侍從左右，隸郎中令。魏、晋、南朝亦置，掌贊相威儀，通傳教令。魏、西晋王、公、侯等國皆置，位在典書令下，八品。東晋改在常侍下，侯國以下不置。南朝或分置左、右，宋八品，梁皇弟、皇子國侍郎一班。　　執事中尉：官名。諸王國置。　　典衛令：官名。諸王國置。　　中大夫：官名。漢置，爲王國官，多以文學之士充任，常受任奉使京師或出使諸王國。晋、南朝沿置。　　大農：官名。東漢末魏王國列卿之一。曹丕稱帝後，改名爲大司農。諸王國仍置，與郎中令、中尉合稱三卿。兩晋因之，公國亦置。南朝王國皆置，公國不常置。宋六品。梁自三班至位不登二品者六班不等。

諸王皆假金獸符第一至第五左，[1]竹使符第一至第十左。[2]諸公侯皆假銅獸符，竹使符第一至第五。名山大澤不以封。鹽鐵金銀銅錫，及竹園別都，宮室園圃，皆不以屬國。

[1]假金獸符：即假金虎符，唐人避諱乃稱“虎”爲“獸”。虎符是古代帝王授予臣下兵權和調發軍隊的信物，爲虎形。初時以玉爲之，後改用銅。背有銘文，剖爲兩半，右半留中央，左半給予地方官吏或統兵的將帥。調發軍隊時，朝廷使臣須持符驗對，符合，始能發兵。此制盛行於戰國、秦、漢時期，直至隋。假金虎符或假銅虎符主要是表明身份的憑證。

[2]竹使符：漢代皇帝向郡國傳達重要命令或征調兵將時所使用的憑證，以竹製成，需交驗符合後方得行動。竹使符京師與郡國各存其半，朝廷有命於郡國，需遣使持其半與郡國之左半合符，符合，郡國守相乃受命。魏、晉、南朝時給郡國竹使符。

諸王言曰令，境內稱之曰殿下。公侯封郡縣者，言曰教，境內稱之曰第下。自稱皆曰寡人。相以下，[1]公文上事，皆詣典書。世子主國，[2]其文書表疏，儀式如臣，而不稱臣。文書下群官，皆言告。諸王公侯國官，皆稱臣。上於天朝，皆稱陪臣。有所陳，皆曰上疏。其公文曰言事。五等諸公，位視三公，班次之。開國諸侯，[3]位視孤卿、重號將軍、光祿大夫，[4]班次之。開國諸伯，位視九卿，班次之。開國諸子，位視二千石，班次之。開國諸男，位視比二千石，班次之。公已下，各置相、典祠、典書令、典衛長一人。而伯子典書謂之長，典衛謂之丞。男典祠謂之長，典書謂之丞，無典衛。諸公已下，臺爲選置相，[5]掌知百姓事。典祠已下，自選補上。諸列侯食邑千户已上，置家丞、庶子員。不滿千户，則但置庶子員。

[1]相：官名。西漢初諸侯王國置相國、丞相，景帝中元五年（前145）改諸侯王國相國、丞相名而稱相。職掌輔導、匡正、監督諸侯王，有諫諍舉奏之責。爲王國最高行政長官，位高於郡守，尊顯權重，多由朝廷代置，選派功臣或有才能者充任。統領王國衆官。其後諸侯王勢力逐漸削弱，相的地位也逐漸下降。初元三年（前46）令諸侯王相位在郡守下。成帝時廢王國内史，改令相治民政，職如郡守。又，武帝時改列侯國令長爲相，由朝廷直接派遣，治民如縣令、長，隷郡國守相，唯將應得户租與列侯。西域諸國亦多置，掌民政。東漢、三國沿置。魏咸熙元年（264）置公、侯、伯、子、男爵，各有封國，並王國皆設相，悉由朝廷選置，實爲國家委派的行政長官，與郡、縣守令無異。王、公國相職如太守。侯、伯、子、男國相皆職如縣令、長。西晉初沿置，太康十年改王國相爲内史，公國以下仍置。東晉、南朝因之，品秩隨民户多少而定。

[2]世子：太子、帝王和諸侯的嫡長子。此處指諸侯的嫡長子。

[3]開國：晉以後在五等封爵前所加的稱號。

[4]孤卿：少師、少傅、少保的合稱。 重號將軍：相對於小號、雜號將軍而言，用以稱地位重要的名號將軍，各代所包含的將軍名號不同。

[5]臺：某些官署名的省稱，如東漢以後，尚書臺、御史臺，亦常稱臺。兩晉、南朝又作爲朝廷禁省及中樞政權機構的代稱。

州刺史二千石，[1]受拜之明日，辭宫廟而行。州置別駕、治中從事各一人，[2]主簿，西曹、議曹從事，[3]祭酒從事，[4]部傳從事，[5]文學從事，[6]各因其州之大小而置員。郡置太守，[7]置丞。國曰內史。[8]郡丞，三萬戶以上，置佐一人。[9]

[1]州：地方行政區劃。周代爲王畿六鄉所屬。春秋時齊國沿置，爲鄉屬行政單位。漢代爲監察郡國行政而置，武帝時於司隸校尉之外分全國爲十三州，東漢則將司隸校尉列入十三州之數，以刺史（州牧）主其事。西晉武帝省司隸，置司州，天下共置十九州，統一百七十三郡，以刺史統之。東晉、南朝沿置。　刺史：官名。漢武帝元封五年（前106）始置，分全國爲十三部（州），各置刺史一人，秩六百石。無治所。奉詔巡行諸郡，省察治政，斷理冤獄。所察對象主要是二千石長吏。成帝綏和元年更名州牧，秩真二千石。哀帝建平二年（前5）復舊制，元壽二年又改名州牧。東漢建武十一年(35)省，十八年復置，秩六百石。西漢刺史常以八月巡視所部郡國，歲盡詣京都奏事。東漢不令自詣。屬吏有從事史、假佐，員職略與司隸校尉同，有固定治所，實際上成爲比郡守高一級的地方行政長官，權力增大，除監察權外，又有選舉、彈劾之權，有權干預地方行政，又常擁有領兵之權。靈帝時期改置州牧。三國魏州或置牧、或置刺史。置刺史領兵者爲四品，不領兵者則爲單車刺史，五品。蜀、吳皆置，已成爲一州行政長官。除治民外，領兵者兼掌武事。晉刺史分三級，領兵且加都督者，二品；領兵者四品；不領兵者五品。凡領兵即加將軍者皆可開府，置府僚。加都督者權頗重。南朝宋同，齊亦置，制不詳。梁州分六等，刺史選擬視內職，班品不詳。大致大州比令、僕班，小州比參軍班。凡刺史多有加持節、假節之號者，然與官品無關。

[2]別駕：官名。亦稱別駕從事、別駕從事史。漢代州部佐吏。因從刺史行郡，別乘傳車，故謂之別駕。秩輕職重，與治中從事同爲州之上佐，事無不統。三國魏、蜀、吳皆置。晉沿魏制。南朝宋

主吏員選舉，多以六品官出任。齊沿之。南朝宋以後，其位雖日崇，而職任漸爲州佐所侵。梁揚州別駕十班。　治中從事：官名。治中從事史的省稱。漢代爲州之佐吏。主選署及文書案卷，有書佐。三國魏、蜀、吳皆置，晉亦置。魏晉之世，治中身份雖低，職權極重。東晉、南朝治中、別駕雖地位尊崇，但職任日漸削弱。南朝宋治中掌衆曹文書事，多以六品官爲之，齊沿置，梁隨州之大小自從九班至一班不等。

[3]西曹：官名。即西曹從事。魏、晉、南朝時三公及諸州長官皆自辟僚屬，統稱從事。晉州置有西曹書佐。晉以後則稱西曹從事，主選用，位在諸曹從事之上，相當於主簿。　議曹從事：官名。即議曹從事史。東漢爲刺史（州牧）屬吏。東漢末，劉備爲益州牧，曾任命議曹從事，職參謀議。晉不詳。南朝以來，州府皆置，員額多寡各隨州，無定制。梁自一班至位不登二品者四班不等。

[4]祭酒從事：官名。亦稱祭酒從事史。晉始置，掌州所置兵、賊、倉、户、水、鎧諸曹事，不設之州則以主簿治事。南朝沿置，無定員，梁位不登二品者一班至四班不等。

[5]部傳從事：官名。三國始置，由州郡自辟。魏稱郡國從事，掌督促文書、察舉非法，爲州之佐吏。蜀、吳、南朝亦置。南朝宋置員數各隨州之大小。梁改稱部傳從事，一班。

[6]文學從事：官名。州府屬官，掌教育。南朝梁自位不登二品者七班至三班不等。

[7]太守：官名。戰國時爲郡守尊稱。秦統一後分全國爲三十六郡，郡置守、尉、監。西漢景帝中元二年更名郡守爲太守。新莽改名大尹。東漢復故，秩二千石。爲一郡最高行政長官，掌管郡之民政、司法、監察、軍事、財賦。西漢置丞、都尉爲佐官，邊郡或增置長史。東漢置丞、長史，内郡不置都尉。屬吏有功曹、五官掾、督郵、主簿及户、比、時、田、水、倉、金、集、漕、法、兵、尉、賊、辭、決等諸曹掾史。自後歷代沿置，或置州刺史。三

國魏置，掌治民、進賢、決訟、檢奸，並舉孝廉。五品，秩二千
石，加將軍名號。有丞或長史。中正、都尉、司馬爲之佐，又置功
曹、五官門下、文學、督郵、主簿等屬吏。蜀、吳略同。晋制，太
守屬吏亦大體相同。南朝沿置。

[8]内史：官名。西漢初諸王國置，掌國中民政。成帝綏和元
年省，改由國相治民。西晋復改諸王國相置，掌民政，職掌、品秩
與郡太守同。東晋、南朝沿置。

[9]佐：官名。地方各級機構屬吏。晋於千户以上鄉置一人，
五千户以上鄉置二人。南朝梁三萬户郡丞置一人。

縣爲國曰相，大縣爲令，[1]小縣爲長，[2]皆置丞、
尉。郡縣置吏，亦各准州法，以大小而制員。郡縣吏有
書僮，[3]有武吏，[4]有醫，[5]有迎新、送故等員。[6]亦各因
其大小而置焉。

[1]令：官名。即縣令。爲縣級行政機構長官，掌一縣之政令。
戰國時韓、趙、魏、秦、齊已稱令。縣令本直隸於國君，戰國末
年，郡縣兩級制度形成，縣屬於郡，縣令成爲郡守的下屬。秦確立
郡縣制度，萬户以上的縣設令。秩千石至六百石。漢承秦制，略有
小異，如邊地縣不滿萬户亦稱令。令長區別及其本身秩位高低除依
户口多少、地區大小外，還包括治理難易及治績好壞。魏、晋、南
朝承秦漢之制，長官治千户以上大縣者稱令，不足千户之縣爲長。
晋縣千户以上，州郡治所五百户以上，皆爲令。南朝宋、齊同。但
邊境、少數民族之縣數百户乃至數十户亦有置令者。縣令總理一縣
政務，既可決獄，又能掌兵，故常帶雜號將軍名。其任職者身份不
一，大多由州、郡僚佐遷升就任，爲前代所罕見。梁大縣六班，小
縣兩轉方至一班。

[2]長：官名。即縣長。秦置，爲萬户以下縣之行政長官。兩

漢、三國、魏晉南朝沿置。

　　[3]書僮：吏名。南朝梁置，在官府協助抄寫或辦雜務。

　　[4]武吏：吏名。兩晉及南朝時州、郡、縣地方官府役人之一。晉武帝滅吳後，詔天下罷軍役，悉罷州郡兵，大郡置武吏百人，小郡置五十人。南朝時亦按州、郡、縣戶口多少置武吏員額。服吏役之民戶稱吏戶，世代相承服役，非經皇帝或官府放員，不能解除吏名。武吏一般用於軍事，東晉以後亦耕種官田並納租。因課賦沉重，致有產子不養，甚至自殘手足者。

　　[5]醫：吏名。南朝梁置，爲郡縣屬吏。具體職掌不詳。

　　[6]迎新：吏名。南朝梁置，爲郡縣屬吏。職掌迎接由京師或其他任所來任長官。　送故：吏名。南朝梁置，爲郡縣屬吏。職掌送離任長官至京師或其他任所，多由長官親信擔任。

　　建康舊置獄丞一人。[1]天監元年，詔依廷尉之官，置正、平、監，革選士流，務使任職。又令三官更直一日，分受罪繫，事無小大，悉與令籌。若有大事，共詳，三人具辨。脫有同異，各立議以聞。尚書水部郎袁孝然、儀曹郎孔休源，[2]並爲之。位視給事中。

　　[1]建康：縣名。東晉、南朝皆建都於此。治所在今江蘇南京市。

　　[2]袁孝然：人名。南朝梁時人，生平事迹不詳。　儀曹郎：按諸本皆作“議曹郎”，但查南朝梁尚書省未設議曹，更無議曹郎一職。又據《梁書》卷三六《孔休源傳》，梁武帝初年孔休源曾任儀曹郎中，後遷任建康獄正。時間正與此符合。可見此處應作“儀曹郎”。因改。　孔休源：人名。南朝梁時人。傳見《梁書》卷三六、《南史》卷六〇。

天監初，武帝命尚書刪定郎濟陽蔡法度，[1]定令爲九品。秩定，帝於品下注一品秩爲萬石，第二第三爲中二千石，第四第五爲二千石。至七年，革選，徐勉爲吏部尚書，[2]定爲十八班。以班多者爲貴，同班者，則以居下者爲劣。

[1]濟陽：縣名。治所在今河南蘭考縣東北。　蔡法度：人名。家傳律學，梁武帝時兼尚書刪定郎，損益南齊舊律，修成新律二十卷，令、科各三十卷。後任廷尉卿。其事可參《南史》卷六《梁武帝紀上》。

[2]徐勉：人名。南朝梁時人。傳見《梁書》卷二五、《南史》卷六〇。

丞相、太宰、太傅、太保、大司馬、大將軍、太尉、司徒、司空，爲十八班。

諸將軍開府儀同三司、左右光祿開府儀同三司，爲十七班。

尚書令、太子太傅、左右光祿大夫，爲十六班。

尚書左僕射，太子少傅，尚書僕射、右僕射，中書監，特進，領、護軍將軍，爲十五班。

中領、護軍，吏部尚書，太子詹事，金紫光祿大夫，太常卿，爲十四班。

中書令，列曹尚書，國子祭酒，宗正、太府卿，光祿大夫，爲十三班。

侍中，散騎常侍，左、右衛將軍，司徒左長史，衛尉卿，爲十二班。

御史中丞，尚書吏部郎，秘書監，通直散騎常侍，太子左、右二衛率，左、右驍騎，左、右游擊，太中大夫，皇弟皇子師，司農、少府、廷尉卿，太子中庶子，光禄卿，爲十一班。

給事黄門侍郎，員外散騎常侍，皇弟皇子府長史，太僕、大匠卿，太子家令、率更令、僕，揚州別駕，[1]中散大夫，司徒右長史，雲騎，游騎，皇弟皇子府司馬，朱衣直閣將軍，爲十班。

[1]揚州：地名。治所在今江蘇南京市。

尚書左丞，鴻臚卿，中書侍郎，國子博士，太子庶子，揚州中從事，皇弟皇子公府從事中郎，太舟卿，大長秋，皇弟皇子府諮議，嗣王府長史，前左右後四軍、嗣王府司馬，庶姓公府長史、司馬，爲九班。

秘書丞，太子中舍人，司徒左西掾，司徒屬，皇弟皇子友，散騎侍郎，尚書右丞，南徐州別駕，[1]皇弟皇子公府掾屬，皇弟皇子單爲二衛司馬，嗣王庶姓公府從事中郎，左、右中郎將，嗣王庶姓公府諮議，皇弟皇子之庶子府長史、司馬，蕃王府長史、司馬，庶姓持節府長史、司馬，[2]爲八班。

[1]南徐州：地名。治所在今江蘇鎮江市。
[2]持節府：官署名。其長官爲持節都督，三國魏黄初三年始在地方州郡設持節都督，代皇帝統領諸州軍事，兼任地方行政長官。開府置掾屬，有長史、司馬、主簿、記室督、舍人等。晋、南

朝宋沿置。

五校，東宮三校，皇弟皇子之庶子府中録事、中記室、中直兵參軍，[1]南徐州中從事，皇弟皇子之庶子府、蕃王府諮議，爲七班。

[1]之庶子：熊清元以爲當爲衍文（參見熊清元《〈隋書・百官志上〉點校匡補》）。

太子洗馬，通直散騎侍郎，司徒主簿，尚書侍郎，著作郎，皇弟皇子府功曹史，五經博士，皇弟皇子府録事、記室、中兵參軍，皇弟皇子荆江雍郢南兗五州別駕，[1]領、護軍長史、司馬，嗣王庶姓公府掾屬，南臺治書侍御史，廷尉三官，謁者僕射，太子門大夫，嗣王庶姓公府中録事、中記室、中直兵參軍，庶姓府諮議，爲六班。

[1]荆：州名。治所在今湖北荆州市。 江：州名。自東晋至南朝陳，治所屢有遷徙，或治今湖北鄂州市，或治今江西九江市。雍：地名。東晋太元中在今湖北襄樊境内僑置，南朝宋元嘉二十六年（449）割荆州北部五郡爲雍州，而僑郡縣猶寄治諸郡界。大明中，又分實土郡縣以爲僑郡縣境。 郢：州名。治所在今湖北武漢市。 南兗：州名。治所在今江蘇揚州市西北蜀岡上。

尚書郎中，皇弟皇子文學及府主簿，太子太傅、少傅丞，皇弟皇子湘豫司益廣青衡七州別駕，[1]皇弟皇子荆江雍郢南兗五州中從事，嗣王庶姓荆江雍郢南兗五州別駕，太常丞，[2]皇弟皇子國郎中令、三將，東宮二將，嗣王府功曹史，庶姓公府録事、記室、中兵參軍，皇弟皇子之庶子府、蕃王府中録事、中記室、中直兵參軍，爲五班。

[1]湘：州名。西晋永嘉元年（307）分荆、廣兩州置，以州治西臨湘水爲名。治所在今湖南長沙市。東晋以後屢有廢置，轄境亦有增减。南朝宋、齊時陸水流域割屬郢州，增轄今廣西東北部湘江上游、漓江和賀江流域以及廣東北部北江流域大部。梁時南部地區分置衡（今廣東英德市西北）、東衡（今廣東韶關市南）、桂（今廣西桂林市）等州，轄境縮小。　豫：州名。東晋、南朝屢有移徙，最北治在今河南汝南縣，最南治在今湖北黄岡市西北。轄境伸縮不常，最大時相當今江蘇、安徽長江以西，安徽望江縣以北的淮河南北地區。　司：州名。治所在今河南信陽市。梁大通二年（528）改爲北司州。　益：州名。治所在今四川成都市。　廣：州名。治所在今廣東廣州市。　青：州名。南朝宋時青州有兩處，此處應指南朝梁太清二年（548）所置青州，治所在齊通郡齊通縣（今四川眉山縣）。　衡：州名。治所在今廣東英德市西北。

[2]太常丞：官名。秦始置奉常丞，西漢因之，秩比千石。魏、晋、南朝宋、齊、梁皆置一人，掌舉陵廟非法。五班。

給事中，皇弟皇子府正參軍，中書舍人，建康三官，皇弟皇子北徐北兗梁交南梁五州別駕，[1]皇弟皇子湘豫司益廣青衡七州別駕、中從事，嗣王庶姓湘豫司益廣青衡七州別駕，嗣王庶姓荆江雍郢南兗五州中從事，宗正、太府、衛尉、司農、少府、廷尉、太子詹事等丞，積射、强弩將軍，太子左右積弩將軍，皇弟皇子國

大農，嗣王國郎中令，嗣王庶姓公府主簿，皇弟皇子之
庶子府蕃王府功曹史，皇弟皇子之庶子府蕃王府錄事、
記室、中兵參軍，爲四班。

[1]北徐：州名。治所在今安徽鳳陽縣東北。　北兗：州名。
治所在今江蘇淮安市西南。　梁：州名。治所在今陝西漢中市東。
交：州名。治所在今越南河北省仙游東。　南梁：州名。梁南梁
州有兩處，一處以北梁州改名，治所在今陝西安康市西北漢江北
岸。一處治所在今四川劍閣縣，後改爲安州。

太子舍人，司徒祭酒，皇弟皇子公府祭酒，員外散
騎侍郎，皇弟皇子府行參軍，太子太傅少傅五官功曹主
簿，二衛司馬，公車令，胄子律博士，皇弟皇子越桂寧
霍四州別駕，[1]皇弟皇子北徐北兗梁交南梁五州中從事，
嗣王庶姓北徐北兗梁交南梁五州別駕，湘豫司益廣青衡
七州中從事，嗣王庶姓公府正參軍，皇弟皇子之庶子府
蕃王府曹主簿，武衛將軍，[2]光祿丞，皇弟皇子國中尉，
太僕大匠丞，嗣王國大農，蕃王國郎中令，庶姓持節府
中錄事、中記室、中直兵參軍，北館令，爲三班。

[1]越：州名。治所在今廣西合浦縣東北。　桂：州名。治所
在今廣西桂林市。　寧：州名。治所在今雲南陸良縣東北，梁大寶
元年（550）以後廢。　霍：州名。治所在今安徽霍山縣。
[2]武衛將軍：官名。三國魏置，權任甚重，吳亦置。西晉、
東晉或置或省，十六國漢、前涼、前秦、西涼、西秦、南涼、西燕
亦置。南朝宋大明年間復置，代殿中將軍之任，比員外散騎常侍，
權任漸輕。齊、梁沿置。

秘書郎，著作佐郎，揚、南徐州主簿，嗣王庶姓公府祭酒，皇弟皇子單爲領護詹事二衛等五官、功曹、主簿，太學博士，皇弟皇子國常侍，奉朝請，國子助教，皇弟皇子越桂寧霍四州中從事，皇弟皇子荊江雍郢南兗五州主簿，嗣王庶姓越桂寧霍四州別駕，嗣王庶姓北徐北兗梁交南梁五州中從事，鴻臚丞，[1]尚書五都令史，武騎常侍，材官將軍，明堂二廟帝陵令，嗣王府庶姓公府行參軍，皇弟皇子之庶子府正參軍，蕃王國大農，庶姓持節府録事、記室、中兵參軍，庶姓持節府功曹史，爲二班。

[1]鴻臚丞：官名。秦設典客丞，西漢武帝改稱大鴻臚丞，爲大鴻臚屬官，協助大鴻臚職掌諸侯及周邊少數族事務。秩比千石。東漢員一人，秩比千石。魏、晉皆因之。東晉省。南朝梁復置。

揚南徐州西曹祭酒從事，[1]皇弟皇子國侍郎，嗣王國常侍，揚南徐州議曹從事，東宮通事舍人，南臺侍御史，太舟丞，二衛殿中將軍，太子二率殿中將軍，皇弟皇子之庶子府蕃王府行參軍，蕃王國中尉，皇弟皇子湘豫司益廣青衡七州主簿，皇弟皇子荊雍郢南兗四州西曹祭酒議曹從事，皇弟皇子江州西曹從事、祭酒議曹祭酒部傳從事，嗣王庶姓越桂寧霍四州中從事，嗣王庶姓荊江雍郢南兗五州主簿，庶姓持節府主簿，汝陰巴陵二國郎中令，[2]太官、太樂、太市、太史、太醫、太祝、東西冶、左右尚方、南北武庫、車府等令，[3]爲一班。

[1]西曹：官署名。掌府吏署用事，屬官有參軍、掾、佐等。

[2]汝陰：州名。若爲封國則爲汝陰國。治所在今安徽合肥市。巴陵：州名。若爲封國則爲巴陵國。治所在今湖南岳陽市。

[3]車府：官名。即車府令。秦朝以趙高爲中車府令。漢朝爲太僕屬官，主乘輿諸車。東漢秩六百石。三國魏沿置，七品。東晉、南朝皆隸尚書省駕部，梁爲車府署長官。

位不登二品者，又爲七班。皇弟皇子府長兼參軍、皇弟皇子國三軍、嗣王國侍郎、蕃王國常侍、揚南徐州文學從事，殿中御史、庶姓持節府除正參軍、太子家令丞、二衛殿中員外將軍、太子二率殿中員外將軍、鎮蠻安遠護軍度支校尉等司馬，[1]皇弟皇子北徐北兗梁交南梁五州主簿、皇弟皇子湘豫司益廣青衡七州西曹祭酒議曹從事，皇弟皇子荊雍郢三州從事史，江州議曹從事，南兗州文學從事，嗣王庶姓湘豫司益廣青衡七州主簿、嗣王庶姓荊雍郢南兗四州西曹祭酒議曹從事，嗣王庶姓江州西曹從事、祭酒部傳從事、勸農謁者，汝陰巴陵二王國大農，郡公國郎中令，爲七班。

[1]鎮蠻：官名。即鎮蠻護軍。東晉、南朝置。職掌如將軍，而地位略低。統兵，管理少數民族事務。不兼太守者減太守一階；如其上別設將軍，亦減一階。　安遠護軍：官名。東晉南朝置，職掌如將軍，而地位略低。統兵，管理少數民族事務，置於武陵郡，多由武陵內史領之，立府，僚屬隨府主名號輕重而定。若單任此職，則減太守、內史一階；如其上設有將軍，亦減一階。　度支校尉：官名。三國魏置，掌諸軍兵田。職與典農校尉相通。隸大司

農。兩晋、南朝宋置於諸郡，掌財富會計漕運。常簡稱度支。梁則唯置巴陵郡，皆立府，管理郡務。

皇弟皇子國典書令，嗣王國三軍，蕃王國侍郎，領護詹事五官功曹，皇弟皇子府參軍督護，[1]嗣王府長兼參軍，庶姓公府長兼參軍，庶姓持節府板正參軍，[2]皇弟皇子越桂寧霍四州主簿，皇弟皇子北徐北兗梁交南梁五州西曹祭酒議曹從事，嗣王庶姓北徐北兗梁交南梁五州主簿，嗣王庶姓湘豫司益廣青衡七州西曹祭酒議曹從事，皇弟皇子豫司益廣青五州文學從事，湘衡二州從事，嗣王庶姓荆霍郢三州從事史，江州議曹從事，南兗州文學從事，汝陰巴陵二王國中尉，皇弟皇子之庶子縣侯國郎中令，郡公國大農，縣公國郎中令，爲六班。

[1]參軍督護：官名。東晋置，領營兵，有部曲。南朝沿置，不領營兵。三公府、諸王府、持節都督府及將軍開府皆置，地位較低，在長兼行參軍之下。

[2]板：西晋時王公大臣自委任屬官，皆書於板而除授。南北朝時，諸府除官亦稱板。承制除假職，未經敕授者也稱之爲板。老人官雖由朝廷封授，亦爲板除假職，以別於通常之詔敕任命。

皇弟皇子國三令，嗣王國典書令，蕃王國三軍，皇弟皇子公府東曹督護，嗣王府庶姓公府參軍督護，皇弟皇子之庶子長兼參軍，蕃王府長兼參軍，二衛正員司馬督，太子二率正員司馬督，領護主簿，詹事主簿，二衛功曹，太常五官功曹，石頭戍軍功曹，[1]庶姓持節府行参軍，皇弟皇子越桂寧霍四州西曹祭酒議曹從事，皇弟皇子北徐北兗梁交南梁五州文學從事，嗣王庶姓越桂寧霍四州主簿，嗣王庶姓北徐北兗梁交南梁五州西曹祭酒議曹從事，嗣王庶姓豫司益廣青五州文學從事，湘衡二州從事，汝陰巴陵二王國常侍，郡公國中尉，縣侯國郎中令，皇弟皇子府功曹督護，爲五班。

[1]石頭：山名。即今江蘇南京市西清凉山。因江流緊逼山麓，山壁受江水冲刷近乎垂直，崖石暴露在外而得名。一説自江北而來，山皆無石，至此山始有石，故名。因山上有城（即石頭城），又名石城山。六朝時爲都城建康江防要地。　戍：地方軍事行政機構。南朝置，設於邊境軍事要地，隷於州。以戍主爲長官，下設戍副、戍將、掾、隊主、隊副等，或設驛將。掌轄區内軍務，拱衛邊防，干預民政和財政。

嗣王國三令，蕃王國典書令，嗣王府功曹督護，庶姓公府東曹督護，皇弟皇子之庶子府參軍督護，蕃王府參軍督護，二衛員外司馬督，太子二率員外司馬督，二衛主簿，太常主簿，宗正等十一卿五官功曹，石頭戍軍主簿，庶姓持節府板行參軍，[1]皇弟皇子越桂寧霍四州文學從事，嗣王庶姓越桂寧霍四州西曹祭酒議曹從事，嗣王庶姓北徐北兗梁交南梁五州文學從事，汝陰巴陵二王國侍郎，縣公國中尉，爲四班。

[1]板行：晋、南北朝大臣任命僚屬謂之“板行”，以示與朝廷詔授有别。

蕃王國三令，皇弟皇子之庶子府蕃王府功曹督護，宗正等十一卿主簿，庶姓持節府長兼參軍，嗣王庶姓越桂寧霍四州文學從事，郡公國侍郎，爲三班。

庶姓持節府參軍督護，汝陰巴陵二王國典書令，縣公國侍郎，爲二班。

庶姓持節府功曹督護，汝陰巴陵二王國三令，郡公國典書令，爲一班。

又著作正令史，[1]集書正令史，尚書度支三公正令史，函典書、殿中外監、齋監、東堂監、尚書都官左降正令史，[2]諸州鎮監、石頭城監、琅邪城監、東宮外監、殿中、守舍人，[3]齋監、東宮典經守舍人，上庫令，太社令，[4]細作令，導官令，平水令，太官市署丞，正厨丞，[5]酒庫丞，柴署丞，太樂庫丞，[6]別局校丞，[7]清商丞，太史丞，太醫二丞，中藥藏丞，東冶小庫等三丞，作堂金銀局丞，[8]木局丞，[9]北武庫二丞，南武庫二丞，東宮食官丞，上林丞，湖西塘屯丞，[10]芙若庫丞，紋絹簟席丞，[11]國子典學，材官司馬，[12]宣陽等諸門候，[13]東宮導客守舍人，[14]運署謁者，[15]都水左右二裝五城謁者，[16]石城宣城陽新屯謁者，[17]南康建安晉安伐船謁者，[18]晉安練葛屯主，[19]爲三品蘊位。

[1]正令史：官名。簡稱令史。佐理案牘文書的管理。秦、漢諸官署多置令史，掌文書。三國魏、兩晉、南朝省、臺、府、寺諸官署沿置，稱正令史，高於書令史。魏、晉、南朝宋爲流内官。梁爲流外吏職。

[2]殿中外監：官名。也稱制局監。領器仗兵役。凡征兵興役，

調動軍隊皆決於外監，實際權力在領兵將軍之上。但官秩卑微，多由寒人被恩幸者充任。　齋監、東堂監：底本作"齊東堂監"，中華本校勘記據《通典》卷三七改補爲"齋監、東堂監"，今從改。下"齋監"同。東堂監，官名。兩晋南朝時管理皇宮正殿的長官。

[3]州鎮監：官名。南朝梁置，爲朝廷派駐諸州、諸鎮監察政務的官員。　石頭城監：官名。南朝梁置，爲朝廷派駐石頭城監察政務的官員。石頭城，又名石首城，簡稱石城。在今江蘇南京市西清凉山。三國吳、東晋、南朝建都建康，倚此爲守衛都城的軍事重鎮，常以心腹大臣鎮守，爲兵家必爭之地。　琅邪城監：官名。爲朝廷派駐琅邪城監察政務的官員。琅邪城，東晋大興三年（320）僑置，無實土。後桓温割丹江郡之江乘縣地爲實土，治蒲州金城（今江蘇句容市西北）。南朝齊移至白下（今江蘇江蘇南京市北金川門外），梁沿置。

[4]太社令：官名。南朝梁置，掌祭社。

[5]正厨丞：官名。南朝梁置，具體職掌不詳。

[6]太樂庫丞：官名。南朝梁置，屬太樂令，掌太樂演奏所需的諸種器物。

[7]別局校丞：官名。具體職掌不詳。

[8]作堂金銀局丞：官名。南朝梁置，具體職掌不詳。

[9]木局丞：官名。南朝梁置，掌木局事務。

[10]湖西塼屯丞：官名。南朝梁置，具體職掌不詳。

[11]紋絹簟席丞：官名。南朝梁置，具體職掌不詳。

[12]材官司馬：官名。爲材官將軍屬官，隸少府卿。

[13]宣陽：即宣陽門。東晋、南朝建康城外城正南門。　門候：官名。西漢始置，主城門或軍營門。三國、兩晋、南朝沿置。

[14]東宮導客守舍人：官名。南朝梁置，爲東宮屬官，具體職掌不詳。

[15]運署謁者：官名。南朝梁置，具體職掌不詳。

[16]謁者：官名。春秋戰國時期爲國君、卿大夫的侍從官，掌

接待引見賓客，朝會時擔任警衛，亦奉命出仕。秦漢宮廷、後宮、太子宮、諸侯王國皆置。西漢本職爲侍從皇帝，擔任賓禮司儀，宿衛宮廷及供其他臨時差遣，常充任皇帝使者，出使諸侯王國、少數民族，巡視地方，派往災區宣慰存問、發放賑貸，或收捕、考案貴戚、大臣，主持水利工程等。東漢或遣謁者監軍及監領築城和水利工程等，後設專職謁者。魏晋爲謁者臺屬官，掌賓禮司儀，傳宣詔命，奉命出使。又有監國謁者，監察諸侯王，權勢頗重。晋一度省謁者臺，南朝復置，並設都水、河堤等專職謁者，宦官有中謁者、內謁者等，諸王、公、侯等國亦置爲屬官。都水謁者，官名。東晋置，都水臺屬官，南朝沿置，梁亦稱河堤謁者。

[17]宣城：郡名。郡治宛陵縣（今安徽宣城市宣州區）。　陽新：縣名。治所在今湖北陽新縣西南陽新鎮。　屯：戍所、駐地。

[18]南康：郡名。治贛縣（今江西贛州市）。轄境相當於今江西贛州地區。　建安：郡名。治建安縣（今福建建甌市）。轄境約在今福建的西北部。　晋安：郡名。治侯官縣（今福建福州市），轄境相當今福建東部地區。　伐船謁者：官名。南朝梁置，具體職掌不詳。

[19]練葛屯主：官名。南朝梁置，具體職掌不詳。

又門下集書主事通正令史，中書正令史，尚書正令史，尚書監籍正令史，都正令史，殿中內監，題閣監，[1]婚局監，[2]東宮門下通事守舍人，東宮典書守舍人，東宮內監殿中、守舍人，題閣監，乘黃令，右藏令，籍田令，廩犧令，梅根諸冶令，[3]典客館令，太官四丞，庫丞，[4]太樂令，[5]東冶大庫丞，左尚方五丞，右尚方四丞，東宮衛庫丞，司農左右中部倉丞，廷尉律博士，[6]公府舍人，諸州別署監，[7]山陰獄丞，[8]爲三品勳位。其州二十三，並列其高下，選擬略視內職。郡守及丞，[9]各爲十班。縣制七班。用人各擬內職云。

[1]題閣監：官名。南朝梁置，具體職掌不詳。

[2]婚局監：官名。南朝梁置，具體職掌不詳。

[3]梅根：地名。即梅根冶，又稱錢溪，在今安徽池州市貴池區東北梅龍（梅埂），因梅根河得名。六朝以後在此冶鼓鑄，所鑄錢幣在南朝宋時已聞名遠近。

[4]庫丞：官名。南朝梁置，具體職掌不詳。

[5]太樂令：中華本“令”作“丞”，《通典》作“大樂丞”。本志前有“太樂令”，應以底本爲是。

[6]廷尉律博士：官名。三國魏明帝時置律博士，掌刑律教授並保管法律典籍，屬廷尉。兩晉、南朝宋、齊、梁沿置，隸廷尉。

[7]別署監：官名。南朝梁置，具體職掌不詳。

[8]山陰：縣名。治所在今浙江紹興市。

[9]郡守：官名。始見於戰國。初爲武職，防守邊郡，後漸演變爲郡級行政機構最高長官，省稱守。西漢因之，後改名太守，魏晉時也爲郡太守代稱。　　丞：官名。即郡丞。秦漢郡置，爲郡守（太守）副貳，佐郡守掌衆事。邊郡別有長史，掌兵馬，由朝廷任命。東漢若郡太守病，丞、長史代行其事。後又罷邊郡丞，以長史領丞職。三國魏、蜀、吳皆置，稱府丞。西晉沿置，東晉罷，南朝宋復置，梁、陳沿置。

又詔以將軍之名，高卑舛雜，命更加釐定。於是有司奏置一百二十五號將軍。以鎮衛、驃騎、車騎，[1]爲二十四班。內外通用。四征、東南西北，止施外。四中，軍、衛、撫、權，[2]止施內。爲二十三班。八鎮東南西北，止施在外。左右前後，止施在內。爲二十二班。八安東西南北，止施在外。左右前後，止施在内。爲二十一班。四平、東南西北。四翊，左右前後。爲二十班。凡三十五號，爲一品。是爲重號將軍。忠武、軍師，爲十九班。武臣、爪牙、龍騎、雲麾，爲十八班。代舊前後左右四將軍。鎮兵、翊師、宣惠、宣毅，爲十七班。代舊四中郎。十號爲一品。智威、仁威、勇威、信威、嚴威，爲十六班。代舊征虜。智武、仁武、勇武、信武、嚴武，爲十五班。代舊冠軍。十號爲一品，所謂五德將軍者也。輕車、征遠、鎮朔、武旅、貞毅，爲十四班。代舊輔國。凡將軍加大者，唯至貞毅而已。通進一階。優者方得比加位從公。凡督府，置長史司馬諮議諸曹，有録事記室等十八曹。天監七年，更置中録事、中記室、中直兵參軍各一人。寧遠、明威、振遠、電耀、威耀，爲十三班。代舊寧朔。十號爲一品。武威、武騎、武猛、壯武、飇武，爲十二班。電威、馳鋭、追鋒、羽騎、突騎，爲十一班。十號爲一品。折衝、冠武、和戎、安壘、猛烈，爲十班。掃狄、雄信、掃虜、武鋭、摧鋒，爲九班。十號爲一品。略遠、貞威、決勝、開遠、光野，爲八班。厲鋒、輕鋭、討狄、蕩虜、蕩夷，爲七班。十號爲一品。武毅、鐵騎、樓船、宣猛、樹功，爲六班。克狄、平虜、討夷、平狄、威戎，爲五班。十號爲一品。伏波、雄戟、長劍、衝冠、雕騎，爲四班。伏飛、安夷、克戎、綏狄、威虜，爲三班。十號爲一品。前鋒、武毅、開邊、招遠、金威，爲二班。綏虜、蕩寇、珍虜、橫野、馳射，爲一班。十號爲一品。凡十品，二十四班。亦以班多爲貴。其制品十，取其盈數。班二十四，以法氣序。制簿悉以大號居後，以爲選法自小遷大也。前史所記，以位得從公，故將軍之名，次于台槐之下。[3]至是備其班品，叙於百司之外。其不登二品，應須軍號者，有牙門、代舊建威。期門，代舊建武。爲八班。候騎、代舊振威。熊渠，代舊振武。爲七班。中堅、代舊奮威。典戎，代舊奮武。爲六班。戈船、代舊揚威。繡衣，代舊揚武。爲五班。執訊、代舊廣威。行陣，代舊廣武。爲四班。鷹揚爲三班。陵江爲二班。偏將軍、裨將軍，爲一班。凡十四號，別爲八班，以象八風。所施甚輕。又有武安、鎮遠、雄義，擬車騎。爲二十四班。四撫東南西北，擬四征。爲二十三班。四寧東南西北，擬四鎮。爲二十二班。四威東南西北，擬四安。爲二十一班。四綏東南西北，擬四平。爲二十班。凡十九號，爲一品。安遠、安邊，擬忠武、軍師。爲十九班。輔義、安沙、衞海、撫河，擬武臣等四號。爲十八班。平遠、撫朔、寧沙、航海，擬鎮兵等四號。爲十七班。凡十號，爲一品。翊海、朔野、拓遠、威河、龍幕，擬智威等五號。爲十六班。威隴、安漠、綏邊、寧寇、梯山，擬智武等五號。爲十五班。凡十號，爲一品。寧境、綏河、明信、明義、威漠，擬輕車等五號。爲十四班。安隴、向義、宣節、振朔、候律，擬寧遠等五號。爲十三班。凡十號，爲一品。平寇、定遠、陵海、寧隴、振漠，擬武威等五號。爲十二班。馳義、橫朔、明節、執信、懷德，擬電威等五號。爲十一班。凡十號，爲一品。撫邊、定隴、綏關、立信、奉義，擬折衝等五號。爲十班。綏隴、寧邊、定朔、立節、懷威，擬掃狄等五號。爲九班。凡十號，爲一品。懷關、靜朔、掃寇、寧河、安朔，擬略遠等五號。爲八班。揚化、超隴、執義、來化、度嶂，擬厲鋒等五號。爲七班。凡十號，爲一品。平河、振隴、雄邊、橫沙、寧關，擬武毅等五號。爲六班。懷信、宣義、弘節、浮遼、鑿空，擬克狄等五號。爲五班。凡十號，爲一品。扞海、款塞、歸義、陵河、明信，擬伏波等五號。爲四班。奉忠、守義、弘信、仰化、立義，擬伏飛等五號。爲三班。凡十號，爲一品。綏方、奉正、承化、浮海、度河，擬先鋒等五號。爲二班。懷義、奉信、歸誠、懷澤、伏義，擬綏虜等五號。爲一班。凡十號，爲一品。大凡一百九號將軍，亦爲十品，二十四班。正施於外國。

[1]鎮衛：官名。即鎮衛將軍。十六國後趙石虎建武年間置，位在車騎將軍之上。中華本此處標點作“鎮、衛”，但查南朝梁無鎮將軍、衛將軍之名（參見熊清元《〈隋書·百官志上〉點校匡補》），因改。下與此同。　驃騎：官名。即驃騎將軍，“驃”亦作“票”。西漢武帝置爲重號將軍，僅次於大將軍。東漢位比三公，地位尊崇。魏、晉、南朝因之，居諸名號將軍之首，僅作爲軍府名號，加授大臣、重要州郡長官，無具體職掌。　車騎：官名。即車騎將軍。西漢初將車騎士，故名。後遂爲高級武官稱號，位次大將軍，且文官輔政者亦加此銜。東漢權勢尤重。三國魏車騎將軍爲都督，儀與四征同。若不爲都督，雖持節屬四征者，與前後左右雜號將軍同。晉、南朝宋不復爲四征所督。車騎將軍，魏晉南朝時仍爲重號將軍，但多作爲加官授予朝中大臣及地方長官，無具體職掌。魏、晉二品，南朝宋二品。

[2]權：諸本作“護”。熊清元考南朝梁無中護將軍之號，而有中權將軍。又本志後叙陳代將軍，“四中”爲軍、撫、衛、權，可斷“護”應爲“權”字之訛（參見熊清元《〈隋書·百官志上〉點校匡補》）。今從改。

[3]台槐：即三公。古以三台星象徵，周在外朝種槐樹，以定三公之位，後因以"台槐"稱宰輔之位。

及大通三年，有司奏曰："天監七年，改定將軍之名，有因有革。普通六年，[1]又置百號將軍，更加刊正，雜號之中，微有移異。大通三年，奏移寧遠班中明威將軍進輕車班中，以輕車班中征遠度入寧遠班中。又置安遠將軍代貞武，宣遠代明烈。其戎夷之號，亦加附擬。選序則依此承用。"遂以定制。轉則進一班，黜則退一班。班即階也。同班以優劣爲前後。有鎮衛、驃騎、車騎同班。四中、四征同班。八鎮同班。八安同班。四平、四翊同班。忠武、軍師同班。武臣、爪牙、龍騎、雲麾、冠軍同班。鎮兵、翊師、宣惠、宣毅四將軍，東南西北四中郎將同班。[2]智威、仁威、勇威、信威、嚴威同班。智武、仁武、勇武、信武、嚴武同班。謂爲五德將軍。輕車、鎮朔、武旅、貞毅、明威同班。寧遠、安遠、征遠、振遠、宣遠同班。威雄、威猛、威烈、威振、威信、威勝、威略、威風、威力、威光同班。武猛、武略、武勝、武力、武毅、武健、武烈、武威、武銳、武勇同班。猛毅、猛烈、猛威、猛銳、猛震、猛進、猛智、猛武、猛勝、猛駿同班。[3]壯武、壯勇、壯烈、壯猛、壯銳、壯盛、壯毅、壯志、壯意、壯力同班。驍雄、驍桀、驍猛、驍烈、驍武、驍勇、驍銳、驍名、驍勝、驍迅同班。雄猛、雄威、雄明、雄烈、雄信、雄武、雄勇、雄毅、雄壯、雄健同班。忠勇、忠烈、忠猛、忠銳、忠壯、忠毅、忠捍、忠信、忠義、忠勝同班。明智、明略、明遠、明勇、明烈、明威、明勝、明進、明鋭、明毅同班。光烈、光明、光英、光遠、光勝、光鋭、光命、光勇、光戎、光野同班。飇勇、飇猛、飇烈、飇鋭、飇奇、飇決、飇起、飇略、飇勝、飇出同班。龍驤、武視、雲旗、風烈、電威、雷音、馳鋭、追鋭、羽騎、突騎同班。[4]折衝、冠武、和戎、安壘、超猛、英果、掃虜、掃狄、武鋭、摧鋒同班。[5]開遠、略遠、貞威、決勝、清野、堅鋭、輕鋭、拔山、雲勇、振旅同班。超武、鐵騎、樓船、宣猛、樹功、克狄、平虜、稜威、昭威、威戎同班。伏波、雄戟、長劍、衝冠、雕騎、欻飛、勇騎、破敵、克敵、威虜同班。前鋒、武毅、開邊、招遠、金威、破陣、蕩寇、殄虜、橫野、馳射同班。[6]牙門、期門同班。候騎、熊渠同班。中堅、典戎同班。執訊、行陣同班。伏武、懷奇同班。偏、裨將軍同班。[7]凡二百四十號，爲四十四班。[8]

[1]普通：南朝梁武帝蕭衍年號（520—527）。

[2]東南西北四中郎將：官名。即東、南、西、北中郎將。東中郎將，東漢靈帝時所置四中郎將之一，率師征伐，時以董卓任之。魏晉南北朝沿置，地位重要，多有較固定的轄區和治所。晉、南朝宋時多兼任刺史，或持節、都督相鄰數州軍事，銀印青綬。南朝宋、齊常以宗室諸王任之。梁或置或罷。南中郎將，東漢末年置，爲四中郎將之一。魏晉南北朝沿置，多率師征戰，職權頗重。或兼荊、江、梁等州刺史，或持節，銀印青綬。南朝宋、齊多用宗室諸王。梁時一度罷其職，後復置。西中郎將，東漢獻帝時所置四

中郎將之一，率師征伐。魏晉南北朝沿之，或鎮守某地。魏、西晉多兼涼州刺史，東晉、南朝多兼豫州刺史，鎮歷陽，或持節都督司、豫、冀、并等州軍事，銀印青綬。南朝宋、齊多以宗室諸王任之。梁或置。北中郎將，東漢末年置，爲四中郎將之一，率師征伐。魏晉南北朝沿置，地位重要，多有較爲固定的轄區和治所。西晉時多鎮鄴，東晉及南朝常兼徐、兗等州刺史，或持節，都督徐、兗、幽、并等州軍事，銀印青綬。南朝宋、齊多以宗室任之。梁時或置或罷。

[3]武：底本原作"威"，中華本校勘記以其"與上文重複，據《通典》六三改"。今從改。

[4]武視：中華本校勘記述陳制時稱"當作'虎視'，唐人諱改"。按，梁時稱名亦爲唐人諱改。下同。

[5]武銳：前文已有武銳之號，此處當作"虎銳"，唐人諱改。

[6]武毅：前文已有武毅之號，此處當作"虎毅"，唐人諱改。

[7]偏：官名。即偏將軍。西漢置。爲主將之下副將、小將。新莽時曾普賜諸郡卒正、連帥、大尹此號。東漢、三國時爲雜號將軍中地位較低者，僅高於裨將軍。魏、晉、南朝沿置。　裨將軍：官名。西漢置。初爲主將之下副將，後成爲低級將軍名號。新莽時賜諸縣屬令長皆爲裨將軍。魏、晉、南朝位列諸雜號將軍之末。

[8]四十四班：總計前列班數三十四班，"四"或爲"三"之誤。又中華本稱計三十三班，未將偏、裨將軍計入，有誤。

又雍州置寧蠻校尉，[1]廣州置平越中郎將，[2]北涼、南秦置西戎校尉，[3]南秦、梁州置平戎校尉，[4]寧州置鎮蠻校尉，[5]西陽、南新蔡、晉熙、廬江等郡，[6]置鎮蠻護軍，武陵郡置安遠護軍，巴陵郡置度支校尉。皆立府，隨府主號輕重而不爲定。其將軍施於外國者，雄義、鎮遠、武安同班，擬鎮、衛等三號。四撫同班，擬四征。

四威同班，擬四安。四綏同班，擬四平。安遠、安邊同班，擬忠武等號。撫河、衛海、安沙、輔義同班，擬武臣等號。航海、寧沙、撫朔、平遠同班，擬鎮兵等號。龍幕、威河、和戎、拓遠、朔野、翊海同班，擬智威等號。梯山、寧寇、綏邊、安漠、威隴五號同班，擬智武等號。威漠、明義、昭信、綏河、寧境同班，擬輕車等號。候律、振朔、宣節、向義、安隴同班，擬寧遠等號。振漠、寧隴、陵海、安遠、平寇同班，擬威雄等號。懷德、執信、明節、橫朔、馳義同班，擬武猛等號。安朔、寧河、掃寇、靜朔、懷關同班，[7]擬驍雄等號。度嶂、奉化、康義、超隴、揚化同班，擬猛烈等號。寧關、橫沙、雄邊、振隴、平河同班，擬忠勇等號。鑿空、浮遼、弘節、宣義、懷信同班，擬明智等號。明信、陵河、歸義、款塞、扞海同班，擬光烈等號。立義、仰化、弘信、守義、奉忠同班，擬飆勇等號。奉誠、立誠、建誠、顯誠、義誠同班，擬龍驤等號。[8]尉遼、寧渤、綏嶺、威塞、通候同班，擬折衝等號。掃荒、威荒、定荒、開荒、理荒同班，擬開遠等號。奉節、建節、效節、伏節同班，擬超武等號。渡河、陵海、承化、奉正、綏方同班，擬伏波等號。伏義、懷澤、歸誠、奉信、懷義同班，擬前鋒等號。凡一百二十五將軍，二十八班，[9]並施外國戎號，准于中夏焉。大同四年，魏彭城王尒朱仲遠來降，[10]以爲定洛大將軍，仍使其北討，故名云。

[1]寧蠻校尉：官名。東晉時置，南朝沿置。掌管雍州（今湖北襄樊市）的少數民族事務。領兵，設府於襄陽，稱小府。多由其他將軍或刺史兼任，若單任，則減刺史一階。

[2]平越中郎將：官名。西晉武帝置，東晉、南朝沿置。主管南越事務，設府置僚佐，治廣州（今廣東廣州市番禺區），多兼任廣州刺史。

[3]北涼：地名。指張掖。《通鑑》卷一一一《晉紀》隆安三年胡三省注曰："河西四郡，張掖在北，故號北涼。"治所在今甘肅張掖市西北。　南秦：州名。十六國前秦建元七年（371）平仇池氏楊氏置。治所在今甘肅西和縣南洛峪。後秦建初四年（389）地復入楊氏，遂廢。北魏正始初復置。　西戎校尉：官名。亦稱護西戎校尉。三國魏置，西晉初治長治，掌雍州少數民族事務。領兵，多以征西、鎮西等將軍領之，並兼雍州刺史。東晉後改治漢中，或兼梁州刺史。梁置於北涼、南秦州，立府，有長史、司馬、主簿、牙門等僚屬。

[4]平戎校尉：官名。南朝梁置，設於南秦州、梁州，由刺史或將軍兼領，負責鎮撫少數民族。其官府稱小府，府佐品級隨府主軍號輕重而定，一般減大府一階。

[5]鎮蠻校尉：官名。東晉改南夷校尉置，掌管寧州少數民族事務。領兵，立府，置長史、司馬、參軍等僚屬。南朝沿置。

[6]西陽：郡名。治所在今湖北黃岡市東。　南新蔡：郡名。僑置郡縣。治所在今湖北黃梅縣西北。　晉熙：郡名。治所在今安徽潛山縣。　廬江：郡名。治所在今安徽舒城縣。

[7]"懷德"至"懷關同班"：底本脱"懷德"至"靜朔"二十五字，據中華本補。

[8]擬龍驤等號：底本脱"龍"字，據中華本補。

[9]凡一百二十五將軍，二十八班：今計止一百一十五號將軍，二十五班。

[10]魏：即北魏（386—557）。初都平城（今山西大同市東

北），公元 494 年遷都洛陽（今河南洛陽市東北白馬寺東）。公元534 年分裂爲東魏和西魏兩個政權。東魏（534—550）都於鄴（今河北臨漳縣西南鄴鎮東），西魏（535—557）都於長安（今陝西西安市西北郊）。　尒朱仲遠：人名。北魏時人。《魏書》卷七五、《北史》卷四八有附傳。

陳承梁，皆循其制官，而又置相國，位列丞相上。并丞相、太宰、太傅、太保、大司馬、大將軍，並以爲贈官。定令，尚書置五員，郎二十一員。其餘並遵梁制，爲十八班，而官有清濁。[1]自十二班以上並詔授，表啓不稱姓。從十一班至九班，禮數復爲一等。又流外有七班，此是寒微士人爲之。從此班者，方得進登第一班。其親王起家則爲侍中。若加將軍，方得有佐史，無將軍則無府，止有國官。皇太子豕嫡者，[2]起家封王，依諸王起家。餘子並封公，起家中書郎。諸王子并諸侯世子，起家給事。三公子起家員外散騎侍郎，令僕子起家秘書郎。若員滿，亦爲板法曹，雖高半階，望終秘書郎下。次令僕子起家著作佐郎，亦爲板行參軍。此外有楊州主簿、太學博士、王國侍郎、奉朝請、嗣王行參軍，並起家官，未合發詔。諸王公參佐等官，仍爲清濁。或有選司補用，亦有府牒即授者，不拘年限，去留隨意。在府之日，唯賓游宴賞，時復修參，更無餘事。若隨府王在州，其僚佐等，或亦得預催督。若其驅使，便有職務。其衣冠子弟，多有修立，非氣類者，唯利是求，暴物亂政，皆此之類。國之政事，並由中書省。有中書舍人五人，領主事十人，書吏二百人。書吏不足，并取助書。分掌二十一局事，各當尚書諸曹，並爲上司，總國内機要，而尚書唯聽受而已。被委此官，多擅威勢。其庶姓爲州，若無將軍者，謂之單車。[3] 郡縣官之任代下，有迎新送故之法，餉饋皆百姓出，並以定令。其所制品秩，今列之云。

[1]清濁：官職制度。魏、晋、南北朝時期官職有清、濁之分，士族高門衹出任與自己身份相應的"清官"，寒門衹能任"濁官"。由濁官遷任清官，可大大提高社會地位。

[2]冢嫡：即嫡長子。

[3]單車：官名。即單車刺史。刺史等級之一，魏晋南朝時期，凡庶姓任州刺史而未加將軍號者爲單車刺史。

相國，丞相，太宰，太傅，太保，大司馬，大將軍，太尉，司徒，司空，開府儀同三司，已上秩萬石。巴陵王、汝陰王後，尚書令，已上秩中二千石。品並第一。

中書監，尚書左右僕射，特進，太子二傅，左右光禄大夫，已上中二千石。品並第二。

中書令，侍中，散騎常侍，領、護軍，中領、護軍，[1] 吏部尚書，列曹尚書，金紫光禄大夫，光禄大夫，已上並中二千石。左右衛將軍，御史中丞，已上二千石。太后衛尉、太僕、少府三卿，太常、宗正、太府、衛尉、司農、少府、廷尉、光禄、大匠、太僕、鴻臚、太舟等卿，太子詹事，國子祭酒，已上中二千石。揚州刺史，凡單車刺史，加督進一品，[2] 都督進二品。[3] 不論持節假節，揚州、徐州加督，進二品右光禄已下。加都督，第一品尚書令下。南徐、東揚州刺史，[4]皇弟皇子封國王世子，品並第三。

[1]中領、護軍：底本原無此四字，中華本校勘記云：“宋小字本此處泐四字，別本脱，據《通典》三八補。”今從補。

[2]督：官名。東漢常命御史、中郎將等出督州郡軍事，具有臨時差遣的性質。三國吴亦置於沿江要地，統兵屯守。兩晉以督某州諸軍事爲該地區軍政長官，南朝沿置。

[3]都督：官名。三國魏黄初初年置，稱都督諸州軍事，領駐在州刺史，兼管民政。無固定品級，多帶將軍名號。蜀、吴亦置。晉、南朝沿置，分使持節、持節、假節三種，職權有所不同。

[4]東揚州：治所在今浙江紹興市。

通直散騎常侍，員外散騎常侍，黄門侍郎，已上二千石。秘書監，中二千石。左右驍騎、左右游擊等將軍，太子中庶子，已上二千石。太子左右衛率，二千石。朱衣直閤，雲騎、游騎將軍，中書侍郎，已上千石。尚書左右丞，尚書、吏部侍郎、郎中，已上六百石。尚書郎中與吏部郎同列，今品同。太子三卿，太中、中散大夫，司徒左右長史，已上千石。諸王師，依秩減之例。國子博士，千石。荆江南兖郢湘雍等州刺史，六州加督，進在第三品東揚州下。加都督，進在第二品右光禄下。嗣王、蕃王、郡公、縣公等世子，[1]品並第四。

[1]郡公：爵名。魏晉始置，初定爲“公”的一個等級，高於縣公。其後各朝多置。晉武帝咸寧三年（277）定大、次、小王國制，規定郡公制如小國王。　縣公：爵名。春秋時楚國縣大夫僭稱。南北朝亦置，常爲開國縣公簡稱。

秘書丞，明堂、太廟、帝陵等令，已上六百石。散騎侍郎，前左右後軍將軍，左右中郎將，已上千石。大長秋，二千石。太子中舍人、庶子，六百石。豫益廣衡等州，青州領冀州，北兗北徐等州，梁州領南秦州，司南梁交越桂霍寧等十五州，加督，進在第四品雍州下。加都督，進在第三品南徐州下。不言秩。丹揚尹，[1]中二千石。會稽太守，[2]二千石。加督，進在第四品雍州下。加都督，進在第三品南徐州下。諸郡若督及都督，皆以此差次爲例。吳郡吳興二太守，[3]二千石。侯世子，不言秩。皇弟皇子府諮議參軍，八百石。皇弟皇子府板諮議參軍，不言秩。皇弟皇子府長史，千石。皇弟皇子府板長史，不言秩。皇弟皇子府司馬，千石。皇弟皇子府板司馬，不言秩。皇弟皇子公府從事中郎，六百石。品並第五。

[1]丹揚尹：官名。一作丹陽尹。東晋太興元年（318）改丹楊內史置，爲京城所在郡府長官，掌京城行政事務及詔獄，一度兼掌少府職事。亦稱京尹。
[2]會稽：郡名。治所在今浙江紹興市，曾屢爲東揚州治。
[3]吳郡：治所在今江蘇蘇州市。　吳興：郡名。治所在今浙江湖州市。

通直散騎侍郎，千石。著作郎，六百石。步兵、射聲、長水、越騎、屯騎五校尉，並千石。太子洗馬，六百石。太子步兵、翊軍、屯騎三校尉，並秩同臺校。司徒左西掾屬，並本秩四百石。依減秩例。皇弟皇子友，依減秩例。皇弟皇子公府屬，本秩四百石。依減秩例。五經博士，六百石。子男世子，不言秩。萬户以上郡太守、內史、相，嗣王府、皇弟皇子之庶子府諮議參軍，六百石。板者不言秩。嗣王府、皇弟皇子之庶子府長史、司馬，並八百石。嗣王府官減正王府一階。其板長史、司馬，並不言秩。庶姓公府諮議參軍，六百石。與嗣王府同。其板者並不言秩。庶姓公府長史、司馬，並八百石。其板者並不言秩。嗣王庶姓公府從事中郎，六百石。皇弟皇子府中錄事參軍、板府中錄事參軍，中記室參軍、板中記室參軍，中直兵參軍、板中直兵參軍，揚州別駕中從事，皇弟皇子南徐荊江南兗郢湘雍州別駕中從事，並不言秩。品並第六。

給事中，六百石。員外散騎侍郎，祕書著作佐郎，並四百石。依減秩例。奉車、駙馬都尉，武賁中郎將，羽林監，冗從僕射，已上並六百石。謁者僕射，千石。南臺治書侍御史，六百石。太子舍人，二百石。依減秩例。太子門大夫，六百石。太子旅賁中郎將、冗從僕射，並秩同臺將。司徒主簿，依減秩例。司徒祭酒，不言秩。領護軍長史、司馬，廷尉正、監、平，並六百石。皇弟皇子府錄事記室中兵等參軍、板錄事記室中兵等參軍、功曹史、主簿，公府祭酒，並不言秩。皇弟皇子文學，依減秩例。嗣王庶姓公府掾屬，並本秩四百石。依減秩例。太子二傅丞，並六百石。蕃王府諮議參軍，四百石。蕃王府板諮議參軍，不言秩。蕃王府長史、司馬，六百石。板者並不言秩。庶姓持節府諮議參軍，四百石。庶姓非公不持節將軍置長史，六百石。庶姓持節府板諮議參軍，不言秩。庶姓持節府長史、司馬，並六百石。板者皆不言秩。嗣王府、皇弟皇子之庶子、及庶姓公府中錄事中記室中直兵參軍、及板中錄事中記室中直兵參軍，並不言秩。不滿萬户太守、内史、相，二千石。丹楊會稽吳郡吳興及萬户郡丞，並六百石。建康令，千石。建康正、監、平，秩同廷尉。品並第七。

中書通事舍人，依減秩例。積射、强弩、武衛等將軍，公車令，太子左右積弩將軍，並六百石。奉朝請武騎常侍，依減秩例。太后三卿、十二卿、大長秋等丞，並六百石。左右衛司馬，不言秩。太子詹事丞，胄子律博士，並六百石。皇弟皇子府正參軍、板正參軍、行參軍、板行參軍，嗣王府、皇弟皇子之庶子府録事記室中兵參軍、板録事記室中兵參軍、功曹史、主簿，[1]庶姓非公不持節諸將軍置主簿，庶姓公府録事記室中兵參軍、板録事記室中兵參軍、主簿，嗣王庶姓公府祭酒，蕃王府中録事記室直兵參軍、板中録事記室直兵參軍，庶姓持節府中録事記室直兵參軍、及板中録事記室直兵參軍，太子太傅、五官功曹史、主簿，少傅、五官功曹史、主簿，已上並不言秩。太學博士，六百石。國子助教，司樽郎，安蠻戎越校尉中郎將府等長史，六百石。蠻戎越等府佐無定品。自隨主軍號輕重。小府減大府一階。蠻戎越校尉中郎將等府板長史，不言秩。蠻戎越校尉中郎將等司馬，六百石。板者不言秩。庶姓南徐荆江南兗郢湘雍等州別駕中從事，不言秩。不滿萬户已下郡丞，[2]六百石。五千户已上縣令、相，一千石。皇弟皇子國郎中令、大農、中尉，並六百石。品並第八。

[1]板録事記室中兵參軍：底本作“板參軍記室中兵參軍”，南朝梁並無板參軍一職，從中華本改。

[2]下：底本作“上”，語義不通，從中華本改。

左右二衛殿中將軍，不言秩。南臺侍御史，依秩減例。
東宮通事舍人，不言秩。材官將軍，六百石。太子左右二衛
率、殿中將軍及丞、嗣王府、皇弟皇子之庶子府正參
軍、板正參軍、行參軍、板行參軍，庶姓公府正參軍、
板正參軍，蕃王府錄事記室中兵等參軍、板錄事記室中
兵等參軍、功曹史、主簿、正參軍、板正參軍、行參
軍、板行參軍，庶姓持節府錄事記室中兵等參軍、板錄
事記室中兵等參軍、功曹史、主簿，庶姓豫益廣衡青冀
北兗北徐梁秦司南徐等州別駕中從事史，揚州主簿、西
曹及祭酒、議曹二從事，南徐州主簿、西曹、祭酒議曹
二從事，皇弟皇子諸州主簿、西曹，已上並不言秩。不滿五
千戶已下縣令、相，六百石。皇弟皇子國常侍、侍郎，不
言秩。嗣王國郎中令、大農、中尉，並四百石。嗣王國常
侍，不言秩。蕃王國郎中令、大農、殿中，並二百石。品並
第九。

又有戎號擬官，自一品至于九品，凡二百三十七。
鎮衛、驃騎、車騎等三號將軍，擬官品第一。比秩中二千
石。四中軍、撫、衛、權。四征、東南西北。八鎮東南西北，左右
前後。等十六號將軍，擬官品第二。秩中二千石。八安左前右
後，東南西北。四翊左前右後。四平東南西北。等十六號將軍，
擬官品第三。秩中二千石。忠武、軍師、武臣、爪牙、龍
騎、雲麾、冠軍、鎮兵、翊師、宣惠、宣毅等將軍，四
中郎將，智、仁、勇、信、嚴等五威、五武將軍，合二
十五號，擬官品第四。秩中二千石。輕車、鎮朔、武旅、

貞毅、明威等將軍，將軍加大者至此。凡加大，通進一階。寧、安、征、振、宣等五遠將軍，寧蠻校尉，雍州小府、蠻越校尉中郎將，隨府主軍號輕重。若單作，則減刺史一階。若有軍號，減將軍一階。合十八號，擬官品第五。威雄、猛、烈、震、信、略、勝、風、力、光等十威，武猛、略、勝、力、毅、健、烈、威、銳、勇等十武，猛毅、烈、威、震、銳、進、智、武、勝、駿等十猛，[1]壯武、勇、烈、猛、銳、威、力、毅、志、意等十壯，驍雄、桀、猛、烈、武、勇、銳、名、勝、迅等十驍，雄猛、威、明、烈、信、武、勇、毅、壯、健等十雄，忠勇、烈、猛、銳、壯、毅、捍、信、義、勝等十忠，明智、略、遠、勇、烈、威、銳、毅、勝、進等十明，光烈、明、英、遠、勝、銳、命、勇、戎、野等十光，飆勇、烈、猛、銳、奇、決、起、勝、略、出等十飆將軍，平越中郎，廣、梁、南秦、南梁、寧等州小府。西戎、平戎、鎮蠻三校尉等，擬官一百四號，品第六。並千石。龍驤、武視、雲旗、風烈、電威、雷音、馳銳、追銳、羽騎、突騎、折衝、冠武、和戎、安壘、超猛、英果、掃虜、掃狄、武銳、摧鋒、開遠、略遠、貞威、決勝、清野、堅銳、輕車、拔山、雲勇、振旅等將軍，擬官三十號，品第七。並六百石。超武、鐵騎、樓船、宣猛、樹功、克狄、平虜、稜威、戎昭、威戎、伏波、雄戟、長劍、衝冠、雕騎、伏飛、勇騎、破敵、克敵、威虜等將軍，鎮蠻護軍，西陽、南新蔡、晉熙、廬江郡小府、鎮蠻安遠護軍、度支校尉，隨府主號輕重。若單作，則減太守內史相一階。若有將軍，減一階。安遠護軍，度支校尉巴陵郡丞等，擬官二十三號，品第八。並六百石。前鋒、武

毅、開邊、招遠、金威、破陣、蕩寇、珍虜、橫野、馳
射等將軍，擬官十號，品第九。並四百石。諸將起自第六
品已下，板則無秩。其雖除不領兵，領兵不滿百人，并
除此官而爲州郡縣者，皆依本條減秩石。二千石減爲千石，
千石降爲六百石。自四百石降而無秩。其州郡縣，自各以本秩論。凡板
將軍，皆降除一品。諸依此減降品秩。其應假給章印，
各依舊差，不貶奪。

[1]"猛毅"至"十猛"：自猛毅至駿僅有九猛，中華本校勘
記稱"據上文梁制，'智'下當補'武'字"。今從改。

其封爵亦爲九等之差。郡王第一品秩萬石。嗣王、蕃
王、開國郡縣公，第二品。開國郡、縣侯，第三品。開
國縣伯，第四品。並視中二千石。開國子，第五品。開國
男，第六品。並視二千石。湯沐食侯，[1]第七品。鄉、亭
侯，[2]第八品。並視千石。關中、關外侯，[3]第九品。視六
百戶。

[1]湯沐食侯：指被皇帝賜予湯沐邑和食邑的封侯。湯沐邑，
周代諸侯有朝見天子之禮，天子在王畿之内賜其封邑，以供住宿和
齋戒沐浴之用，故稱湯沐邑。漢代皇帝、皇后、公主以及諸侯王列
侯，皆有收取賦稅以供私人奉養的封邑，沿稱湯沐邑。食邑，古代
君主賜予臣下作爲世禄的封地。
[2]鄉：封爵名。即鄉侯。漢制次於縣侯，高於亭侯。　亭侯：
封爵名。漢代食禄於亭的列侯。
[3]關中：封爵名。即關中侯。東漢始置，十七級爵名，無食
邑租稅之虛封，三國、晉、南朝沿置。　關外侯：封爵名。東漢建

安年間曹操始置，十六級爵名，無食邑租稅之虛封。三國魏、晋、南朝沿置。

陳依梁制，年未滿三十者，不得入仕。唯經學生策試得第，[1]諸州光迎主簿，[2]西曹左奏及經爲挽郎得仕。[3]其諸郡，唯正王任丹楊尹經迎得出身，庶姓尹則不得。必有奇才異行殊勳，別降恩旨叙用者，不在常例。其相知表啓通舉者，每常有之，亦無年常考校黜陟之法。既不爲此式，所以勤惰無辨。凡選官無定期，隨闕即補，多更互遷官，未必即進班秩。其官唯論清濁，從濁官則微清，則勝於轉。若有遷授，或由別敕，但移轉一人爲官，則諸官多須改動。其用官式，吏部先爲白牒，録數十人名，吏部尚書與參掌人共署奏。敕或可或不可。其不用者，更銓量奏請。若敕可，則付選，更色別，量貴賤，内外分之，隨才補用。以黃紙録名，八座通署，奏可，即出付典名。[4]而典以名帖鶴頭板，[5]整威儀，送往得官之家。其有特發詔授官者，即宣付詔誥局，作詔章草奏聞。敕可，黃紙寫出門下。門下答詔，請付外施行。又畫可，付選司行召。得詔官者，不必皆須待召。但聞詔出，明日，[6]即與其親入謝後，詣尚書，上省拜受。若拜王公則臨軒。[7]

[1]策試：選舉制度。謂以對策試士。策是寫在簡册上的試題。漢以來作爲取士的主要方法。隋唐以後實行科舉制度，亦爲考試的重要内容之一。

[2]光迎主簿：官名。南朝陳置諸州置，掌迎接新任長官之事，

能優先入仕。品秩不詳。

[3]西曹左："左"字《册府元龜》卷六二九《貢舉部》作"佐"。或疑即爲西曹書佐爲公府、州屬官，掌府吏屬用事及選舉事。　　經：《通典》卷一四《選舉二》、《册府元龜》卷六二九《貢舉部》作"嘗"。　　挽郎：執事於皇帝、皇后等喪禮之儀仗隊員。又稱挽僮。晋制，帝后出殯，選公卿以下六品子弟爲挽郎，牽行靈柩唱挽歌。南朝宋選六品以上子弟爲之，人數自二十至六十不等，陳選品官子弟擔任，爲入仕途徑之一。另《通典》卷一四《選舉二》、《册府元龜》卷六二九《貢舉部》"仕"前有"未壯而"三字。

[4]典名：官名。南朝時掌分送朝廷任命名帖。品秩不詳。

[5]鶴頭：書法筆法名。古時朝廷徵辟賢士的詔書用鶴頭書體寫成。

[6]明日：底本作"明白"，語義不通，從中華本改。

[7]臨軒：皇帝不坐正殿而御前殿。殿前堂陛之間近檐處兩邊有檻楯，如車之軒，故稱。

隋書　卷二七

志第二十二

百官中

　　後齊制官，[1]多循後魏，[2]置太師、太傅、太保，[3]是爲三師，擬古上公，[4]非勳德崇者不居。次有大司馬、大將軍，[5]是爲二大，並典司武事。次置太尉、司徒、司空，[6]是爲三公。三師、二大、三公府，三門，當中開黃閣，[7]設内屏。各置長史，[8]司馬，[9]諮議參軍，[10]從事中郎，[11]掾、屬，[12]主簿，[13]録事、功曹、記室、户曹、金曹、中兵、外兵、騎兵、長流、城局、刑獄等參軍事，[14]東西閤祭酒及參軍事，[15]法、墨、田、水、鎧、集、士等曹行參軍，[16]兼左户右户行參軍，[17]長兼行參軍，[18]參軍，督護等員。[19]司徒則加有左右長史。[20]三公下次有儀同三司加開府者，[21]亦置長史已下官屬，而減記室、倉、城局、田、水、鎧、士等七曹，[22]各一人。其品亦每官下三府一階。三師、二大置佐史，[23]則同太尉府。乾明中，[24]又置丞相。河清中，^[25]分爲左右，亦各置府僚云。

[1]後齊：即北齊（550—577），都鄴（今河北臨漳縣西南）。

[2]後魏：即北魏（386—557），亦單稱魏。初都平城（今山西大同市東北），公元494年遷都洛陽（今河南洛陽市東北白馬寺東）。公元534年分裂爲東魏和西魏兩個政權。東魏（534—550）都於鄴（今河北臨漳縣西南鄴鎮東），西魏（535—557）都於長安（今陝西西安市西北郊）。

[3]太師：官名。春秋時置，輔導君王，執掌國政，督師征伐。戰國後廢。西漢復置，與太傅、太保、少傅並號四輔，名爲皇帝師傅，位上公，無實際職掌。新莽時亦列位四輔。名崇位尊，無實際職掌。東漢省，至末年董卓自爲之，位在諸侯王上。西晉復置，因避司馬師諱，改名太宰。東晉、南朝沿置，用作贈官，名義尊榮，無職掌，多用以安置元老勳舊大臣。南朝宋一品，梁十八班。十六國、北魏仍稱太師，爲三師之一，位在太傅、太保之上。居百官之首，名位極尊。一品。北齊後主爲激賞人心，增員而授，遂不可勝數。一品。　太傅：官名。北魏、北齊與太師、太保並號三師，位雖尊榮，多安置元老勳舊，無職司。一品。　太保：官名。北魏、北齊爲三師之一，或理朝政。一品。

[4]上公：秩位名。西周時居三公上。西漢平帝加王莽號曰"宰衡"，位上公。新莽以太師、太傅、國師、國將四輔爲上公，王莽子孫亦加此位。東漢唯置太傅一人。三國魏相國（丞相）、太傅、大司馬、大將軍位上公。兩晉南北朝太宰（太師）、太傅、太保位上公。唯十六國漢（前趙）以相國（丞相）、太師、太傅、太保、大司徒、大司空、大司馬七公並位上公。

[5]大司馬：官名。北魏、北齊爲加官，北齊後主時增員冗濫，不復尊貴。一品。　大將軍：官名。戰國、秦、漢置，爲高級軍事統帥，非常設，遇有戰事，臨時委任統兵，事畢即罷。西漢武帝以

後，成爲高級軍政官員，大將軍常冠大司馬之號，領尚書事，執掌朝政，成爲中朝官最高領袖，權力常在外朝丞相之上。新莽地皇元年（20）曾作爲官號授諸州牧。東漢復置，不冠大司馬，成爲獨立官職。多授予貴戚，常兼錄尚書事，且開府置僚屬，與太傅、太尉等共同主持政務。後成爲外朝職官，權任稍減。三國魏多以之屯駐長安以備蜀，蜀爲最高軍事長官，吳位上大將軍下。西晉爲八公之一，位居三師、大司馬下，三公上，開府置僚屬。仍爲朝中大臣，或加授重要地方長官。東晉、十六國頗重其任，常專擅軍政事務。南朝不常授，或以爲贈官。宋一品，梁十八班，陳一品。北魏、北齊仍爲加官，皆一品。

［6］太尉：官名。魏晉以後多爲大臣加官，無實際職掌。南朝宋一品，梁十八班，陳、北魏、北齊皆一品。　司徒：官名。西漢元壽二年（前1）改丞相爲大司徒，東漢建武二十七年（51）改名司徒，爲三公之一，分掌宰相職能。本職掌民政，年終考課州郡長官，名義上分部太僕、大鴻臚、廷尉三卿，並參議大政，實際上權歸尚書，三公上下行文，受成而已。東漢末罷，改置丞相。三國魏黃初元年（220）恢復三公制，改相國爲司徒，管理民政，主持九品中正制，公務繁多。蜀、吳則司徒與丞相並置，無實際職權。兩晉沿魏制，與丞相通職，一般不並置，爲名譽宰相。亦常參錄朝政，然僅掌事務，政務決策執行權仍歸尚書，司徒加錄尚書事銜者得爲真宰相。南朝或與丞相、相國並置。職掌依兩晉之舊。南朝宋時掌民事與郊祀，齊時掌州郡名數、戶口名簿籍。南朝齊、陳，丞相、相國皆爲贈官，司徒則實授。梁十八班，陳一品。北魏、北齊亦置。一品。　司空：官名。西漢綏和元年（前8）改御史大夫爲大司空，東漢建武二年改爲司空，與太尉、司徒並爲三公，分掌宰相職能。掌水土工程，名義上分部宗正、少府、大司農三卿，並參議大政，實際上權歸尚書，三公上下行文，受成而已。歷代沿置，名列三公之末。魏晉南北朝爲名譽宰相，多爲大臣加官，無實際職掌，皆一品，梁十八班，陳一品。

[7]黄閤：本爲漢代丞相三公處理政事之處，因官署避用朱門，廳門塗成黄色，故名。北齊三師二大三公府中門亦用黄閤。

[8]長史：官名。魏晋南北朝時王府、公府及諸大將軍位從公者多置，掌府事，爲文職上佐，職任類似於總管。多以世族子弟爲之。州郡官代將開府者亦置，官上品，餘依府主官品高低而遞減至七品、八品。魏晋公府長史六品，南朝梁庶姓公府長史九班，陳六品。北齊三公府長史從八品。

[9]司馬：官名。兩漢至南北朝諸公府、軍府皆置，掌參贊軍務，管理本府武職。其品秩隨府主地位而定。魏晋公府司馬六品，南朝梁庶姓公府司馬九班，陳六品，北魏二大二公司馬四品上，北齊三公府司馬四品。

[10]諮議參軍：官名。又稱諮議參軍事，府屬僚佐之一。兩晋南北朝公府皆置諮議參軍，掌咨詢謀議軍事，其品秩隨府主地位而定。南朝梁庶姓公府諮議參軍八班，陳六品。北魏司徒諮議參軍四品，二大二公諮議參軍從四品上。北齊三師、二大、三公府置。三公府諮議參軍從四品上。

[11]從事中郎：官名。東漢司隸校尉、大將軍府設置從事中郎，掌參與謀議。東漢末年，州牧亦置。三國魏晋南朝沿置。北魏二大二公府從事中郎五品上，北齊三公府從事中郎五品上。

[12]掾、屬：此句中華本標點本作“掾屬”，據《唐六典》卷二九《親王府》，可知“掾”“屬”是兩類官員，按體例中間應加頓號。後同者皆如此，不再加注説明。掾，北齊屬官統稱。兩漢三國兩晋南朝公府皆置。北齊三公府亦置，從五品。屬，北齊屬官統稱。兩漢三國兩晋南朝公府皆置，北齊三公府亦置。從五品上。

[13]主簿：官名。兩漢中央官署均置，典領文書簿籍，經辦事務。魏晋南北朝沿置，其品秩隨府主地位高下而異。北魏二大二公府主簿六品上，北齊三公府主簿六品上。

[14]録事：官名。即録事參軍事。西晋丞相府始置，稱録事參軍，爲録事曹長官，掌總録衆曹文簿，舉彈善惡，位在列曹參軍

上。東晋、南朝公府、將軍府、州刺史開軍府者皆置。北魏、北齊稱録事參軍事，仍高於列曹參軍。南朝梁公府録事參軍事六班，陳庶姓公府參軍八品。北魏二大二公府録事參軍事六品上，北齊三公府録事參軍事六品上。　功曹：官名。即功曹參軍事。南朝宋以後爲功曹之長。南朝宋將軍兼刺史者置一員，爲僚屬，位記室下，户曹上。掌糾駁獻替。北魏二大、二公、皇子、將軍、蕃王諸府置。北齊三公、諸開府置，北齊三公府功曹參軍事六品上。　記室：官名。即記室參軍事，也稱記事參軍。西晋始置，爲記室曹長官，掌文疏表奏。南北朝沿置，北魏二大二公府記室六品上，北齊三公府記室六品上。　户曹：官名。即户曹參軍事。西晋末置，爲丞相府户曹長官，多省稱爲户曹參軍。掌民户、祠祀、農桑事。東晋、南北朝時諸公府、將軍府多沿置，品秩隨府主地位高下不等。北齊三公府户曹六品上。　金曹：官名。即金曹參軍事。西晋末置，爲丞相府金曹長官，多省稱爲金曹參軍。東晋、南北朝時諸公府、將軍府多沿置，品秩隨府主地位高下不等。北齊三公府金曹參軍事從六品上。　中兵：官名。即中兵參軍事。西晋末置，爲丞相府中兵曹長官，掌中親兵及江東事務。北魏、北齊亦置，北齊三公府中兵參軍事六品上。　外兵：官名。即外兵參軍事。三國魏公府及位從公開府者有兵曹掾，掌兵事。西晋亦設。東晋元帝爲鎮東大將軍時，分兵曹置中兵、外兵參軍，中兵曹典掌近衛親兵，其餘兵將皆以外兵參軍主之。南北朝沿置，爲幕府僚屬，凡公府、位從公開府者、將軍都督府及州刺史府等多有之。北齊三公府外兵參軍事從六品上。　騎兵：官名。即騎兵參軍事。西晋末置，爲丞相府騎兵曹長官。東晋諸公、將軍府置，南朝沿置。北魏公府、將軍府置，北齊三公、將軍府置，三公府騎兵參軍事從六品上。　長流：官名。即長流參軍事，亦稱長流參軍。三國魏、西晋時公府及位從公開府者均有賊曹掾，主緝捕盗賊事。東晋元帝爲鎮東大將軍時，其府置長流、賊曹二參軍。南朝宋公府有長流賊曹參軍一人，小府則置禁防參軍。南朝齊復東晋之制，公督府佐吏有長流、賊曹二參軍。北齊三公府長流參軍事從六品上。　城局：官名。即城局參軍事，亦稱城局參軍。東晉公府及節鎮等幕府僚屬有城局參軍。南朝宋公府置城局賊曹參軍，掌盜賊勞作事。南朝齊公督府復置城局參軍。北齊三師二大三公府多置之。三公府城局參軍事從六品上。　刑獄：官名。即刑獄參軍事，亦稱刑獄參軍、刑獄賊曹參軍等。東晉公府及將軍府等幕府僚屬始有刑獄參軍，掌盜賊刑獄。南朝宋公府置爲刑獄賊曹長官。北魏、北齊三師、二大、三公、將軍及州刺史府等多有之。北齊三公府刑獄參軍事從六品上。

[15]東西閣祭酒：官名。東漢末年曹操爲司空時置，爲王府、公府、丞相府、將軍府僚屬。三國魏沿置。西晉諸公及開府位從公者各置一人，西閣祭酒位東閣祭酒上，共掌禮賢良、導賓客之事。楊駿爲太傅，各增置一人。趙王倫爲相國，增爲四人。東晉復各置一人。西閣祭酒位東閣祭酒下，與主簿、舍人主閣内事。南朝宋沿置，南齊三公、公督府各置一人。北魏亦置，北齊三師二大三公府置，三公府東西閣祭酒七品上。　參軍事：官名。亦稱參軍。東漢末車騎將軍幕府置爲僚屬，掌參謀軍務。曹操爲丞相時，總攬軍政，僚屬常有參丞相軍事，職任頗重。兩晉南北朝王、公、將軍府、都水臺以及諸州多置爲僚屬。北齊三公府參軍事七品上。

[16]法：官名。即法曹行參軍。爲法曹長官，負責郵驛科程事。北魏公府、將軍府、諸州府置。太和二十三年（499）定爲七品上至九品，北齊沿置，三公府法曹行參軍七品上。　墨：官名。即墨曹行參軍。掌文翰。北齊公府、護軍府、諸州府亦置，多以文學之士擔任。三公府墨曹行參軍七品上。　田：官名。即田曹行參軍。南朝齊王府、公府、督府置，爲田曹長官，掌農政。梁、陳沿置，梁自三班至位不登二品者五班，陳自八品至九品。北齊王府、公府、將軍府亦置，三公府田曹行參軍七品上。　水：官名。即水曹行參軍。南朝齊王府、公府、督府置，爲水曹長官，主管水利事務。梁、陳沿置，梁自三班至位不登二品者五班，陳自八品至九品。北齊王府、公府、將軍府亦置，三公府水曹行參軍七品上。

鎧：官名。即鎧曹行參軍。南朝齊王府、公府、督府置，爲鎧曹長官，掌鎧甲軍器事。梁、陳沿置，梁自三班至位不登二品者五班，陳自八品至九品。北魏、北齊王府、公府、將軍府亦置，北齊三公府鎧曹行參軍七品上。　集：官名。即集曹行參軍。南朝齊王府、公府、督府置，爲集曹長官，掌郡國上計。梁、陳沿置，梁自三班至位不登二品者五班，陳自八品至九品。北魏亦置，初設員若干，永平二年（509）併爲一員，自七品上至九品，北齊王府、公府、將軍府亦置，北齊三公府集曹行參軍七品上。　士：官名。即士曹行參軍。北魏置，初設若干員，永平二年併爲一員，依所隸府的地位高低，自七品上至九品。東魏、北齊均置。北齊三公府士曹行參軍七品上。

[17]左户：官名。即左户行參軍。北齊置左户曹，爲諸公、都督府僚屬諸曹之一。設行參軍爲其長官。北齊三公府長兼左右户行參軍從八品上。　右户行參軍：官名。北齊置右户曹，爲諸公、都督府僚屬諸曹之一。設行參軍爲其長官。北齊三公府長兼左右户行參軍從八品上。

[18]長兼行參軍：官名。長兼，官制用語。兩晉、南北朝時期多見。原指長期兼任某職，後發展爲一種任官形式。自太尉、侍中至行參軍皆可設。其秩位低於正員，成爲正式之副職官，職掌與正員同。長兼可以除正，正職亦可降爲長兼。長兼行參軍，晉制爲諸公府、王府掾屬。南北朝沿置。北齊三公府長兼行參軍從八品上。

[19]督護：官名。州、郡及出鎮方面將軍府皆設，掌兵事。兩晉時常派出統軍征伐，祇督一軍。東晉、南朝時又各加專稱，如中督護，即中軍督護。隸州、郡者地位較低，北齊亦置，三公府參軍督護九品上。

[20]左右長史：官名。即司徒左、右長史。東漢始置，爲司徒府僚屬之長。北魏太和十七年定司徒左長史爲四品上，二十三年改從三品，司徒右長史四品上。北齊司徒左長史從三品，司徒右長史正四品上。

[21]儀同三司：官號。三司即三公，儀同三司原意謂"官非三公而儀制待遇同於三司"，爲東漢時皇帝恩賜三公以下大臣的一種特殊榮寵。魏晋時，授予開府位從三公之文武官。南北朝時授予範圍不斷擴大，逐漸成爲官號。北魏太和十七年定爲一品下，二十三年以後改爲從一品，位開府上。北齊位三公下，正二品。　開府：官名。原用以指開設府署，辟置僚屬。西漢始置，通常祇許三公開府。東漢初平三年（192），又許車騎將軍開府。魏始置開府儀同三司。晋、南朝時期，常以此作爲對高級官員的優待。南朝梁十七班，陳一品。北魏孝文帝時正式成爲官名，太和十七年定開府儀同三司爲一品下，二十三年改爲從一品。北齊沿置，二品。但末年地位漸低，除授冗濫，宮中所養斗鷄亦加此號。

[22]倉：官署名。即倉曹。西漢丞相府僚屬諸曹之一。東漢三公府沿置，主倉穀事，以掾、屬爲長官。魏晋南北朝時諸公府及主要將軍府皆置。魏及西晋時以掾、屬爲長官，西晋末司馬睿爲丞相，府中諸曹以參軍爲長官，東晋沿置。南北朝時多以參軍爲長官，亦有以掾、屬爲長官者。

[23]佐史：戰國時期秦始置，爲斗食一類的小吏，後爲朝廷各機構低級屬吏的泛稱。

[24]乾明：北齊廢帝高殷年號（560）。

[25]河清：北齊武成帝高湛年號（562—565）。

特進，[1]左右光禄，[2]金紫、銀青等光禄大夫，[3]用人俱以舊德就閑者居之。自一品已下，從九品已上，又有驃騎、車騎、衛、四征、四鎮、中軍、鎮軍、撫軍、翊軍、四安、冠軍、輔國、龍驤、鎮遠、安遠、建忠、建節、中堅、中壘、振威、奮威、廣德、弘義、折衝、制勝、伏波、陵江、輕車、樓船、勁武、昭勇、明威、顯信、度遼、橫海、踰岷、越嶂、戎昭、武毅、雄烈、

恢猛、揚麾、曜鋒、蕩邊、開城、静漠、綏戎、平越、
殄夷、飛騎、隼擊、武牙、武奮、清野、横野、偏、裨
等將軍，[4]以褒賞勳庸。

[1]特進：官名。西漢末期始置。列侯功德優盛，爲朝廷所敬
異者，賜位特進，位在三公下。亦或賜諸侯王。三國以後成爲正式
加官名號。北魏、北齊二品。

[2]左右光禄：官名。即左右光禄大夫。秦時有中大夫，隷光
禄勳。西漢太初元年（前104）更名光禄大夫，掌議論。無常事，
唯顧問應對，詔命所使，無員。東漢置三人，凡諸國嗣王喪則掌
吊。三國魏時作爲在朝顯職的加官，以示優崇，或授予年老有病者
爲致仕之官，亦常用爲卒後贈官。無職掌。因地位提高，不復屬光
禄勳。西晉始置左右光禄大夫，假金章紫綬、禄賜、班位、冠幘、
車服、佩玉、置吏卒，諸所給與特進同。其爲加官者，唯章綬、禄
賜、班位而已，不別給車服、吏卒。亦用於卒後贈官。晉三品。南
朝光禄大夫仍屬光禄勳，齊左右光禄大夫皆據舊齒，位從公開府置
佐吏，梁左右光禄大夫視諸曹，並養老病，陳因之。南朝宋三品，
梁十六班，位在金紫光禄大夫上，加開府儀同三司者，升爲十七
班。陳二品。北魏初定爲從一品，太和二十三年定爲二品。北齊皆
以舊德就閑者居之，與特進同。二品。

[3]金紫：官名。即金紫光禄大夫。晉初有光禄大夫，授銀章
青綬。如加賜金章紫綬，則爲金紫光禄大夫，禄賜、班位、冠幘、
車服、佩玉，置吏卒羽林及卒，諸所賜給皆與特進同。其以爲加官
者，唯假章綬、禄賜班位，不別給車服吏卒。三品。南北朝沿置。
南朝宋三品，梁十四班，陳三品，北魏、北齊皆從二品。　銀青：
官名。即銀青光禄大夫，東晉始置。原爲光禄大夫，魏晉以來，又
設光禄大夫重者爲金紫光禄大夫，故稱原光禄大夫爲銀青光禄大
夫，皆爲銀章青綬，南北朝沿置。南朝梁十三班，陳三品，北魏、

北齊皆三品。

　　[4]驃騎：官名。即驃騎將軍，驃亦作票。西漢武帝置爲重號將軍，僅次於大將軍。東漢位比三公，地位尊崇。魏晋南朝因之，居諸名號將軍之首。北魏、北齊亦置爲雜號將軍，二品。　　車騎：官名。即車騎將軍。西漢初將車騎士，故名。後遂爲高級武官稱號，位次大將軍，且文官輔政者亦加此銜。魏晋南北朝時仍爲重號將軍，但多作爲加官授予朝中大臣及地方長官，無具體職掌。北魏制與驃騎同。北魏、北齊亦置爲雜號將軍，二品。　　衛：官名。即衛將軍。西漢初爲將軍名號之一，統兵征戰，事訖則罷。文帝時成爲重要武職，總領南、北軍。其後屢典京城、皇宮禁衛軍隊。東漢位次大將軍、驃騎將軍、車騎將軍，開府置官署。魏晋南北朝沿置，位在諸名號大將軍上，多作爲軍府名號，以加大臣、重要州郡長官，無具體職掌。東晋南朝甚重之，常以中書監、尚書令等權臣兼領，統兵出征。梁、陳改爲鎮衛將軍，北魏、北齊仍稱衛將軍，爲雜號將軍。二品。　　四征：官名合稱。即征東、征南、征西、征北將軍。漢魏以來置，各一人。魏二品，南朝梁爲雜號將軍第二十三班，北魏、北齊二品。　　四鎮：官名合稱。即鎮東、鎮南、鎮西、鎮北將軍。漢魏以來置，各一人。南朝宋時爲雜號將軍。三國魏二品，北魏、北齊從二品。　　中軍：官名。即中軍將軍。西漢武帝置，爲雜號將軍。後省。西晋復置，統左、右衛，前、後、左、右驍騎等宿衛七營禁軍，主管京師及宮廷警衛，後罷，置北軍中候代其職。後復置爲將軍名號，不再領宿衛禁軍，可離開京師，出任持節都督，鎮守一方。十六國前秦時爲四軍將軍之一，南燕亦置。南朝置爲重號將軍，梁、陳爲四中將軍之一，專授予在京師任職的官員，地位顯要。梁爲雜號將軍第二十三班。北魏位在四鎮將軍下，從二品。北齊用以安置罷任武官，成爲無實權的閑職，從二品。　　鎮軍：官名。即鎮軍將軍。東漢建安末劉備置。三國魏、蜀、吳亦置。西晋武帝時罷而復置，主要爲中央軍職，但亦可出任地方軍事長官，並領刺史等地方官，兼領民政。三品。十六國成

漢、前秦、北涼沿置，北魏置。北齊用以安置罷任武官，成爲無實權的閑職。從二品。　撫軍：官名。即撫軍將軍。三國蜀始置，吳亦置。兩晋、十六國前涼、北燕，南北朝皆置。北齊用以安置罷任武官，成爲無實權的閑職。從二品。　翊軍：官名。即翊軍將軍。東漢建安末劉備置，統兵。三國蜀、十六國成漢沿置。北齊用以安置罷任武官，成爲無實權的閑職。從二品。　四安：官名合稱。即安東、安西、安南、安北將軍。漢魏以來置，各一人。北魏、北齊三品。　武牙：中華本校勘記云："當作'虎牙'，唐人諱改。"偏：官名。即偏將軍。西漢置。爲主將之下副將、小將。後成爲低級將軍名號。北魏、北齊從九品上。　裨將軍：官名。西漢置。初爲主將之下副將，後成爲低級將軍名號。北魏從九品上，北齊從九品。

　　尚書省，[1] 置令、僕射，[2] 吏部、殿中、祠部、五兵、都官、度支等六尚書。[3] 又有錄尚書一人，[4] 位在令上，掌與令同，但不糾察。令則彈糾見事，與御史中丞更相廉察。[5] 僕射職爲執法，置二則爲左、右僕射，皆與令同。左糾彈，而右不糾彈。錄、令、僕射，總理六尚書事，謂之都省。[6] 其屬官，左丞、掌吏部、考功、主爵、殿中、儀曹、三公、祠部、主客、左右中兵、左右外兵、都官、二千石、度支、左右户十七曹，并彈糾見事。又主管轄臺中，有違失者，兼糾駮之。右丞各一人。[7] 掌駕部、虞曹、屯田、起部、都兵、比部、水部、膳部、倉部、金部、庫部十一曹。[8] 亦管轄臺中。又主凡諸用度雜物、脂、燈、筆、墨、幃帳。唯不彈糾，餘悉與左同。并都令史八人，[9] 共掌其事。其六尚書，分統列曹。吏部統吏部、掌褒崇、選補等事。考功、掌考第及秀孝貢士等事。[10] 主爵掌封爵等事。三曹。殿中統殿中、掌駕行百官留守名帳，宮殿禁衛，供御衣倉等事。[11]儀曹、掌吉凶禮制事。三公、掌五時讀時令，諸曹囚帳，斷罪，赦日建金雞等事。[12]駕部掌車輿、牛馬厩牧等事。四曹。祠部統祠部、掌祠部醫藥，死喪贈賜等事。[13]主客、掌諸蕃雜客等事。虞曹、掌地圖，山川遠近，園囿田獵，殽膳雜味等事。屯田、掌藉田、諸州屯田等事。[14]起部掌諸興造工匠等事。五曹。祠部，無尚書則右僕射攝。五兵統左中兵、掌諸郡督告身、諸宿衛官等事。[15]右中兵、掌畿內丁帳、事力、蕃兵等事。[16]左外兵、掌河南及潼關已東諸州丁帳，[17]及發召征兵等事。右外兵、掌河北及潼關已西諸州，[18]所典與左外同。都兵掌鼓吹、太樂、雜户等事。[19]五曹。都官統都官、掌畿內非違得失事。二千石、掌畿外得失等事。比部、掌詔書律令勾檢等事。[20]水部、掌舟船、津梁，公私水事。膳部掌侍官百司禮食肴饌等事。[21]五曹。度支統度支、掌計會，凡軍國損益、事役糧廩等事。倉部、掌諸倉帳出入等事。左户、掌天下計帳、户籍等事。右户、掌天下公私田宅租調等事。[22]金部、掌權衡量度、內外諸庫藏文帳等事。庫部掌凡是戎仗器用所須事。六曹。凡二十八曹。吏部、三公，郎中各二人，餘並一人。凡三十郎中。[23]吏部、儀曹、三公、虞曹、都官、二千石、比部、左户，各量事置掌故、主事員。[24]

[1]尚書省：官署名。東漢時稱尚書臺，得參與機要。三國沿置，魏始稱尚書省，以尚書郎（郎中、侍郎）爲長官，分曹處理具體政務。魏晉以後，擬詔出令納奏封駁之權轉歸中書、門下（散騎、集書）等省，尚書之職稍以疏遠，變爲政務執行機構，權勢已遜於中書。尚書省雖仍設於宮禁中，實已成爲綜理全國政務的外朝

最高行政機構，北魏亦置尚書省。初置令、僕射、尚書等官。後機構和官員多有所變化。孝文帝改革後，以録尚書爲長官，令、僕射副之，下置六尚書。權任頗重，不僅總庶務，而且任樞機。北齊因之。置吏部、殿中、祠部、五兵、都官、度支六曹尚書。

[2]令：官名。即尚書令。秦、西漢爲尚書署長官，漢武帝以後職權稍重，東漢爲尚書臺長官，兼具宫官、朝官職能。掌决策出令，綜理政務，權任極重。其上常置録尚書事，以太傅、太尉、大將軍等重臣兼領。三國兩晋至南朝宋爲尚書省長官，南朝齊録尚書事定爲官號，置爲尚書省長官，尚書令爲副；南朝梁罷録尚書事，復以令爲尚書省長官，自此尚書令正式成爲最高政務長官，居宰相之位。陳位尊權重，常缺，以僕射主省務。北魏初不常置，亦不掌實際政務。孝文帝改制後，尚書省權任頗重，以録尚書、尚書令爲長貳官，皆爲宰相，兼掌監察百官。二品。北齊置尚書令爲尚書省長官。二品。　僕射：官名。即尚書僕射。秦、西漢爲尚書令副貳，東漢爲尚書臺次官。掌拆閲封緘章奏文書，參議政事，諫諍駁議，監察百官。令不在，則代理其職。建安四年（199）分置左、右。魏、晋置爲尚書省次官，或單置，或並置左、右，或單置左或右僕射。以左爲上。南朝尚書令爲宰相之任，位尊權重，不親庶務，尚書省日常政務由僕射主持，諸曹奏事由左、右僕射審議聯署。梁、陳常缺尚書令，僕射實爲尚書省主官，列位宰相。北魏、北齊亦置左右僕射，列位宰相，然録尚書、尚書令常置，故其地位稍遜南朝，職掌都省庶務及執法，或典選舉，左僕射兼掌糾彈百官。皆從二品。

[3]吏部：官名。即吏部尚書。東漢置，稱吏曹尚書或吏部曹尚書，後改名選部尚書。三國魏改選部尚書置，爲尚書省（臺）吏部曹長官。兩晋、南北朝沿置，北魏太和十七年定爲二品下，二十三年改三品，北齊三品。　殿中：官名。即殿中尚書。西晋武帝始置，職掌不詳。東晋南朝省，唯設殿中郎領尚書省殿中曹。北魏復置，掌殿内兵馬倉庫。三品。或説領殿中、直事、三公、駕部四郎

曹。北齊沿置，管理宮殿警衛、禮制、宮廷車馬及倉庫等事。三品。　祠部：官名。即祠部尚書。三國魏尚書有祠部曹。東晉設祠部尚書，職掌禮儀、郊廟之政令。北魏或稱儀曹、祠曹、神部尚書，職掌略同。北齊因之，皆三品。　五兵：官名。即五兵尚書。三國魏始置，掌軍事樞務，主管全國軍事行政。西晉初不置，武帝太康間復置，東晉、南朝沿置。十六國後燕及北魏稱七兵尚書。三品。北齊初沿北魏之制稱七兵，後復稱五兵。領左中兵、右中兵、左外兵、右外兵、都兵五曹，管理全國兵籍、徵兵、儀仗等軍事行政。但因北齊於尚書省外別置外兵省、騎兵省管理全國兵事，所以五兵之權較以前爲輕。三品。　都官：官名。即都官尚書。三國魏時置都官郎，職掌軍事刑獄，晉沿置。十六國夏始置，南北朝皆置。北齊三品。　度支：官名。即度支尚書。三國魏始置度支尚書寺，專掌軍國支計，下設度支郎。晉置度支尚書，南朝沿置。北魏、北齊領度支、倉部、左户、右户、金部、庫部曹，掌會計、事役、倉廩帳籍、田宅租調、度量衡、軍械庫藏之政令。皆三品。

[4]録尚書：官號。全稱爲録尚書事。初爲職銜名，始於東漢。當時政令、政務總於尚書臺，太傅、太尉、大將軍等加此名義始得總知國事，綜理政務，爲真宰相。魏晉南北朝多以公卿權重者居之，總領尚書省政務，凡重號將軍、刺史皆得命曹授用，唯不得施陳及加節，位在三公上。或以二人以上並録、參録，又有録尚書六條、關尚書七條事等名義。南朝宋孝建中，不欲威權外假，遂省。大明末復置，此後或置或省。齊始單拜，成爲正式官號，爲尚書省長官。位在尚書令上，掌與令同。梁陳以其威權過重，常闕不授。北魏、北齊定爲官號，爲尚書省長官，尚書令、僕射爲其副貳，職權甚重。

[5]御史中丞：官名。西漢始置，爲御史大夫副貳，其主要職掌爲監察、執法；東漢獨立爲御史臺長官，專掌監察、執法，常受命領兵，出督軍旅。三國魏黄初年間，改中丞爲宮正。後又爲中丞。兩晉、南朝並爲御史臺臺主。北魏改名御史中尉，太和十七年

定品爲三品上，二十三年改爲從三品。北齊復稱中丞，從三品。

[6]都省：官署名。即尚書都省。爲魏晉南北朝時期尚書省長官的辦公場所，亦稱尚書上省、尚書都座。

[7]左丞、右丞：官名。即尚書左、右丞。西漢始置，初爲尚書丞，輔助尚書行事。東漢光武帝時改置左、右丞各一人。爲尚書臺佐貳官，魏晉南朝爲尚書省佐官，位次尚書。北魏略同。北齊沿置。兩丞除共掌尚書都省庶務外，左丞還可彈劾三師以下百官，監察本省諸官，監督吏部、考功、主爵、殿中、儀曹、三公、祠部、主客、左右中兵、左右外兵、都官、二千石、度支、左右户諸郎曹政務；右丞管理省内用度雜物，監督駕部、虞曹、屯田、起部、都兵、比部、水部、膳部、倉部、金部、庫部諸郎曹政務。北魏、北齊左丞從四品上，右丞從四品。　吏部：官署名。即吏部曹。尚書省郎曹之一。東漢始於尚書臺置吏曹（一説名吏部曹），掌選舉祠祀事，後改名選部，專掌官吏的任免考選。三國魏改名吏部，職掌官吏任免考選，兼典法制，隸尚書臺（省），設尚書爲長官，武官選舉歸中護軍；或説領吏部、考功、定課、比部等郎曹。兩晉沿置，所領郎曹或有增減，兼掌武官選舉。南朝定制，置爲尚書省六曹之一，設吏部尚書，置二郎（郎中）主事，謂之吏部郎，例高於諸曹郎一品。主管官吏選任銓叙調動事務，對五品以下官吏之任免有建議權。南朝如加"參掌大選"名義，則可參議高級官吏之任免。領吏部、删定、三公、比部四郎曹。自魏、晉至南北朝，居尚書列曹之首，其職極重，其官品秩常比他曹爲高。南朝宋大明二年（458），因不欲威權在下，增尚書爲二員以削弱其權任，尋復置一員。北魏前期或稱選部，孝文帝改制後定置爲尚書省六曹之一，或説領吏部、考功、南北主客四曹。北齊領吏部、考功、主爵三郎曹，掌文武官吏任免考選封爵之政。　考功：官署名。即考功曹。尚書省郎曹之一。三國魏始置，掌考第及秀孝、貢士等事。以侍郎、郎中、郎爲主官。屬吏有典事、令史等。晉及南朝不置。北魏復置，以郎中爲主官。屬吏有主事令史等。北齊隸吏部尚書，掌官

吏考課、選舉秀才孝廉貢士等。以郎中爲主官，屬吏有令史、主事、掌故等。　主爵：官署名。即主爵曹。北齊時置爲吏部三曹之一，掌封爵事，設郎或郎中。　殿中：官署名。即殿中曹。尚書省郎曹之一。三國魏始置，設殿中郎主其事，西晉隸殿中尚書，東晉南朝直屬尚書左僕射。北魏、北齊隸殿中尚書，領宮内兵馬，典宮殿禁衛、倉庫。設郎或郎中。　儀曹：官署名。尚書省郎曹之一。三國魏始置。掌車服、羽儀、朝覲、郊廟、饗宴等吉凶禮制，設郎或郎中爲其長官。西晉沿置。或説隸尚書右僕射。東晉南朝隸祠部尚書，若祠部尚書闕則隸尚書右僕射。北魏前期直屬尚書省，設尚書爲長官，置郎、令、長等官。太和改制後復爲郎曹，隸殿中尚書。北齊因之，設郎中。　三公：官署名。即三公曹。尚書省郎曹之一。三國魏始置，隸吏部尚書。掌斷獄及宣讀五季時令儀注。設郎或郎中主其事。兩晉南朝沿置，南朝與比部曹同掌擬定、解釋法制律令。北魏職掌略同，一説屬殿中尚書。北齊隸殿中尚書，掌宣讀五季時令、囚犯名册及斷獄等事。　祠部：官署名。即祠部曹。尚書省郎曹之一。三國魏始置，隸祠部尚書。其官如闕，則隸尚書右僕射。職掌參議、制定郊祀、宗廟、吉凶禮儀制度。設郎或郎中主其事。兩晉南北朝沿置，唯北齊專掌祠祀醫藥、死葬贈賜，吉凶禮儀歸儀曹。　主客：官署名。即主客曹。尚書省郎曹之一。三國魏始置南主客曹，設郎。西晉分爲南、北、左、右主客曹，掌少數民族蕃國朝聘接待之政令，皆設郎（郎中）主其事，隸客曹尚書。太康以後省客曹尚書，其隸屬不詳。東晉併爲一主客曹，旋省。南朝復置，皆一曹，隸尚書左僕射，職掌諸蕃客雜事。或説北魏孝文帝時有南、北主客曹，隸吏部尚書；左、右主客曹，隸儀曹尚書。北齊唯置主客曹，隸祠部尚書。設郎中。　左右中兵：官署名。即左、右中兵曹。尚書省郎曹之一。三國魏始置中兵曹，並掌都城畿内軍隊政令軍務，隸五兵尚書。西晉分中兵曹爲左、右中兵曹，東晉、南朝併省爲中兵曹。北魏復置，與中兵曹並屬七兵尚書。北齊罷中兵曹，唯置左、右中兵曹，掌諸郡督告身、諸宿衛官等事。設郎中。　左右外兵：官署名。即左、右外兵曹。尚書省郎曹之一。三國魏置外兵曹，掌京畿以外各地軍隊政令軍務，隷五兵尚書。西晉分外兵曹爲左、右外兵曹。東晉、南朝省併爲一外兵曹。北魏復置，與外兵曹並屬七兵尚書。北齊罷外兵曹，唯置左、右外兵曹，掌河南及潼關以東諸州兵士名籍及發召徵兵之政令。　都官：官署名。即都官曹。尚書省郎曹之一。三國魏始置，掌刑獄徒隷、劾治違法案件，遇戰事或佐督軍事。以郎（郎中）主其事。或説三國魏隷尚書左僕射，西晉隷三公尚書，南朝隷都官尚書。北齊專掌京畿以内刑獄訴訟，亦隷都官尚書。　二千石：官署名。即二千石曹。尚書省郎曹之一。三國魏始置，或説屬尚書左僕射。西晉沿置，或説屬三公尚書。設郎（郎中）。東晉康、穆帝以後省。北魏孝文帝改制後復置，掌監督京師以外地區非違得失等事，兼典儀注，一説屬都官尚書。北齊沿置，屬都官尚書。　度支：官署名。即度支曹。尚書省郎曹之一。三國魏始置，掌會計軍國財用，隷度支尚書。晉、南北朝沿置，設郎或郎中。　左右户：官署名。即左、右户曹。尚書省郎曹之一。北魏置左户曹，隷度支尚書，掌全國計帳、户籍等事。設郎（郎中）。北齊增設右户曹，掌天下公私田宅租調等事。

[8]駕部：官署名。即駕部曹。尚書省郎曹之一。三國魏始置，掌車輿畜牧之政。或説魏隷左民尚書。當時戰爭頻繁，故馬政尤重。西晉初有駕部尚書，當隷之。南朝隷左民尚書，兼轄車府署。北魏前期直隷尚書省，亦稱乞銀曹，設尚書、令、給事中、郎、校尉等官。太和改制後復爲郎曹，隷殿中尚書，北齊沿置。設郎中。

虞曹：官署名。尚書省郎曹之一。三國魏始置。或説隷左尚書，設郎（郎中）爲其長官。掌山澤、苑囿、田獵、林牧漁等事。西晉因之，東晉康、穆後省。南朝梁、陳復置，仍隷左民尚書。北魏前期直隷尚書省，以虞曹尚書爲長官，設虞曹令等。太和改制以後仍爲郎曹，隷儀曹尚書。北齊隷祠部尚書，掌地圖、山川遠近、園囿田獵、肴膳雜味等事。　屯田：官署名。即屯田曹。尚書省郎曹之一。三國魏始置（亦有說西晉始置）。掌管屯田事務，以郎（郎中）爲長官。東晉省。南朝宋、齊以民部郎中兼理屯田事務。梁復置，隸左民尚書。陳沿置，北魏亦置，一說隸儀曹尚書。北齊沿置，掌籍田及諸州屯田事務，隸祠部尚書。設郎中。　　起部：官署名。即起部曹。尚書省郎曹之一。西晉始置，掌土木工程、匠役。或說隸度支尚書，東晉康、穆帝以後省。南北朝復置，南朝隸度支尚書，北魏或說隸儀曹尚書，北齊隸祠部尚書。設郎中。　　都兵：官署名。即都兵曹。尚書省郎曹之一。三國魏始置，西晉沿置，隸五兵尚書。掌鼓吹、太樂、雜户等軍政雜事。東晉省，北魏復置，隸七兵尚書，北齊沿置，隸五兵尚書。按，《通典》卷二三《職官》作“兵部”。　　比部：官署名。即比部曹。尚書省郎曹之一。三國魏始置，西晉沿置。或說魏、晉隸吏部尚書。南朝隸吏部尚書，與三公曹同掌擬定、修改法制，收藏稽核律文，設郎（郎中），資深者可稱侍郎。北魏前期直隸尚書省，設尚書、侍郎、郎中等官。或說太和改制後稱郎曹，屬都官尚書。北齊隸都官尚書，掌收藏稽核詔書律令，設郎中。　　水部：官署名。即水部曹。尚書省郎曹之一。三國魏始置，掌水道工程、舟楫橋梁之政令。具體事務則分屬都水使者（太舟卿）等官。以郎（郎中）爲其長官，資深者稱侍郎。或說隸左民尚書，或說隸度支尚書。西晉沿置，或說隸屯田（田曹、左民）尚書。東晉中葉省。南朝復置，隸都官尚書，北魏、北齊隸都官尚書。　　膳部：官署名。即膳部曹。尚書省郎曹之一。北齊置，掌侍官百司禮食肴饌等事，設郎中。　　倉部：官署名。即倉部曹。尚書省郎曹之一。三國魏始置。掌全國糧食倉儲出納，以郎（郎中）爲長官，隸度支尚書。晉、南朝沿置，北魏前期設尚書爲長官，直屬尚書省。太和改制後，復爲郎曹，隸度支尚書，北齊沿置。　　金部：官署名。即金部曹。尚書省郎曹之一。三國魏始置，掌審核全國庫藏錢帛出納帳籍、錢幣鑄造及有關度量衡的政令，以郎（郎中）爲其長官。晉、南朝沿置。北魏前期置爲尚書曹，設尚書、長、郎等官，太和改制後仍爲郎曹。北齊因之，設

郎中。 庫部：官署名。即庫部曹。尚書省郎曹之一。三國魏始
置。掌軍械製造、保管之政事。以郎（郎中）爲其長官，或説魏、
晉隷度支尚書。南朝沿置，隷都官尚書，兼領武庫署。北魏前期設
尚書、令、郎中、少卿、弩庫曹下大夫等職，及内廷派駐的給事
中、給事等。太和改制後改爲郎曹，以郎中爲長官，隷度支尚書。
北齊沿置。

[9]都令史：官名。即尚書都令史。西晉始置。爲尚書令、僕、
二丞之屬吏。梁武帝時减爲五人，稱五都令史，並開始改用士人，
提高其地位。陳沿置。北魏、北齊均置，從八品上。

[10]秀孝：秀才孝廉的合稱。秀才，本意指優秀人才。孝廉，
指孝子和廉潔之士。漢武帝時定秀才、孝廉爲選舉科目，東漢時秀
才因避諱故改稱茂才，孝廉也混同連稱爲一科，所舉不限於孝者和
廉吏。三國魏州舉秀才，郡舉孝廉。晉沿之。東晉以學校陵遲，秀
才、孝廉一度不策試。通常揚州歲舉二人，諸州舉一人，或三歲一
人，隨州大小，並對策問。南北朝略同。時秀才之選最爲重要，多
以此出任要職，所舉多世家豪族子弟。孝廉地位不及秀才，但所舉
亦世家豪族子弟，無須策試。 貢士：古代向朝廷薦舉人才，泛稱
貢士。按，"貢"字諸本皆作"貞"，《通典》二三《職官》、《文
獻通考》卷五二《行臺省》作"貢"，今從改。

[11]倉：《册府元龜》卷四五七《臺省部》作"食"。

[12]金雞：一種金首雞形，古代頒布赦詔時所用的儀仗。

[13]部：庫本作"祀"。

[14]藉田：古代帝王於春耕前親往農田示耕並祀先農，有勸農
祈豐收之意。漢代正式規定天子行藉田之禮，其後歷代沿襲。或置
官署，或設專官，掌藉田事。藉亦作"籍"。 屯田：亦稱屯墾。
即對田地所行之有組織墾種。西漢以後，歷代爲解決軍糧供給、軍
費開支及補充國庫儲備，多組織兵士、利用人犯或召募農户墾種。
主要采取軍屯和民屯兩種形式。關於屯田事宜，一般設有專門機構
進行管理。

[15]告身：授官之符。北朝授官即給告身。

[16]事力：又稱"力"。南北朝時按品級授予官吏無償役使之勞動者。其時官吏有祿有力，力爲所役之人。南朝以軍人爲之，可以隨官吏遷轉，並從事農業生産勞動。北齊則以州、郡、縣之白直爲之。　蕃兵：軍種名。北魏、北齊用以指稱蕃附的少數民族兵。

[17]河南：地區名。泛指黃河以南地區。　潼關：地名。北齊時在今陝西潼關縣（吳村）東北黃河南岸潼關。　巳：庫本、《册府元龜》卷四五七《臺省部》作"巴"。

[18]河北：地區名。泛指黃河以北地區。

[19]鼓吹：官署名。即鼓吹署。西晉始置，掌皇帝儀仗所用鼓吹樂隊。設令、丞爲其長貳。隸太常。東晉初省太樂併入鼓吹，成帝咸和中復分置。南朝宋、齊或設鼓吹監。梁、陳隸太常卿。北魏亦置，北齊隸太常寺，兼掌百戲。　太樂：官署名。即太樂署。掌宮廷諸樂及行禮節奏事務，設令、丞爲其長貳，兼領清商部丞，隸太常寺。　雜户：北魏時又稱隸户。乃征討西涼等地所俘人户，分配給官府及貴族、官吏，以從事雜役。有伎作户、鹽户、綾羅户、細繭户、金户、兵户、營户、佛圖户、寺户等。雜户身份低於良人，高於奴婢，且世代相襲，不能遷徙、改業，不得讀書、做官。偶有做官者亦不得任清官。雜户雖可賞賜，然不許買賣。

[20]勾檢：考核檢查。

[21]百：庫本作"有"。　肴：《通典》卷二三《職官》作"餚"。

[22]租調：即田租和户調。

[23]郎中：官名。即尚書郎中。西漢武帝時常以郎官供尚書署差遣，掌收發文書章奏庶務，後漸成定制，成爲中朝常設官職，分隸諸曹尚書。東漢設爲固定官職，置三十六員（或説三十五員、三十四員），分隸尚書臺六曹尚書。初上尚書臺任職稱守尚書郎中，滿一年稱尚書郎（一説初上臺稱守尚書郎，滿歲稱尚書郎中），任職滿三年者始得稱侍郎。通稱尚書郎，郎官秩輕而職顯權重，升遷

頗速。秩四百石。魏、晉出居外朝，爲尚書省諸郎曹長官，隸列曹尚書，分曹執行政務，奏對擬詔之職則移歸中書。職任清美，凡政事須議者先由其立意，文書庶務則由令史、書令史等屬吏處理。尚書郎（郎中）資深勤能者可轉侍郎。三國魏置殿中、吏部、駕部、金部、虞曹、比部、南主客、祠部、度支、庫部、農部、水部、儀曹、三公、倉部、民曹、二千石、中兵、外兵、都兵、別兵、考功、定課、都官、騎兵二十五郎。六品。西晉罷農部、定課。增直事、屯田、左士、右士、運曹，分民曹、中兵、外兵爲左、右，分主客爲左、右、南、北，凡三十五曹，設二十三郎分領之，或一曹數郎，或數曹一郎。六品。東晉幾經省併，最後唯置殿中、祠部、儀曹、吏部、比部、左民、駕部、度支、金部、倉部、庫部、中兵、外兵、三公、都官十五郎。六品。南朝宋、齊定置二十郎：吏部、刪定、三公、比部隸吏部尚書；祠部、儀曹隸祠部尚書或尚書右僕射；度支、金部、倉部、起部隸度支尚書；左民、駕部隸左民尚書；都官、水部、庫部、功論隸都官尚書；中兵、外兵隸五兵尚書。六品。梁增三郎：虞曹、屯田隸左民，騎兵隸五兵。吏部郎十一班，諸曹侍郎六班，郎中五班，陳四品。北魏前期尚書省諸曹皆置尚書爲長官，下設郎及令、長、給事中等員。太和改制後，復以尚書郎爲諸郎曹長官，分隸六曹尚書。尚書郎可直接向皇帝奏報本職政務。太和十七年定郎中五品上，郎從五品中，二十三年皆稱郎中，六品，仍可通稱爲郎。北齊置郎曹二十八，郎中三十員。六品。郎，底本、庫本作"部"，中華本、《通典》卷二二《職官》作"郎"。從中華本改。

[24]掌故：官名。亦稱掌固。西漢始置，屬太常，亦稱太常掌故。又有文學掌故、太史掌故、治禮掌故等。熟習禮樂制度等典章制度，備咨詢。南朝梁、陳太常卿屬官亦置，爲樂官。北齊尚書省吏部等郎曹置，爲吏職。　　主事：官名。漢設南北盧主事，三署主事，隸光祿勳。乃於諸郎中察茂才高第者爲之，秩四百石。三國魏沿置，屬中書，七品。西晉門下、中書亦置，八品。東晉、南朝及

北魏沿置，北齊置於尚書省諸曹、門下、中書省，稱主事令史。此指尚書省諸曹主事。

門下省，[1]掌獻納諫正，及司進御之職。[2]侍中、給事黃門侍郎各六人，[3]録事四人，[4]通事令史、主事令史八人。[5]統局六。領左右局，[6]領左右各二人，[7]掌知朱華閣內諸事。[8]宣傳已下，[9]白衣齋子已上，[10]皆主之。左右直長四人。[11]尚食局，[12]典御二人，[13]總知御膳事。丞、監各四人。[14]尚藥局，[15]典御及丞各二人，[16]總知御藥事。侍御師、尚藥監各四人。[17]主衣局，[18]都統、子統各二人。[19]掌御衣服玩弄事。齋帥局，[20]齋帥四人。[21]掌鋪設洒掃事。殿中局，[22]殿中監四人。[23]掌駕前奏引行事，[24]制請修補。東耕則進耒耜。[25]

[1]門下省：官署名。東漢有侍中寺，三國魏、西晋門下設侍中省，南北朝時皆沿置，權力漸重。南朝齊、梁、陳門下省成爲侍中省專稱，除領内侍諸署、侍奉皇帝生活起居、顧問應對、諫諍糾察等侍從本職外，兼出納、璽封詔奏，地位漸與中書、尚書比肩。北魏門下省地位尤重，一度獲中書出令之權。其長、貳常總典機密，受遺詔輔政。北齊設侍中、給事黃門侍郎爲長貳官。下轄左右、尚食、尚藥、主衣、齋帥、殿中六局，分管宮廷供奉事務。

[2]進御：即進呈。

[3]侍中：官名。秦始置。西漢爲加官，東漢爲正式職官，三國魏、西晋置爲門下之侍中省長官，東晋、南朝梁、陳爲門下省長官。北魏常總典機密，受遺詔輔政，權任尤重，時號小宰相。初爲第二品上，太和二十三年改爲三品。北齊因之，職掌略同。三品。

給事黃門侍郎：官名。東漢合併黃門侍郎與給事黃門而置。亦簡稱黄門、黄門郎、黄門侍郎。掌侍從左右、關通内外，與侍中評省尚書奏事。魏晋南朝宋置爲侍中省或門下省次官。北魏一度甚重之，肅宗時與侍中一起被稱爲"小宰相"。北魏初定三品中，太和二十三年改爲四品上。北齊因之，所掌與侍中同。正四品上。

[4]録事：官名。三國諸將軍府置，掌管文書，勾稽缺失。晋驃騎將軍以下及諸大將軍不開府、非持節都督者、三品將軍府、太子二傅、司隸校尉、諸州置。此指門下省録事。北魏、北齊門下省、都水臺、司州、御史臺、九寺、郡縣等置。北魏門下録事從八品上，北齊亦從八品上。

[5]通事令史：官名。兩晋中書省、門下省置，掌奏文案、宣詔令。八品。南朝中書省、門下省皆置爲屬吏，北魏、北齊置於門下省。品秩不詳。　主事令史：官名。此指門下省主事令史。品秩不詳。

[6]領左右局：官署名。掌禁中事務。

[7]領左右：官名。北魏置，爲皇帝身邊的親信侍臣，掌禁中事務，權力較大。北齊屬門下省，職掌相近，但權勢較小。五品上。

[8]朱華閣：北齊宮殿名。亦作"朱華閣"，位於禁掖中。"閣"字庫本作"闕"。

[9]宣傳：官名。全稱爲宣傳左右。北魏置，爲皇帝左右的親近之職，權勢雖大，品階不高。北齊沿置。

[10]白衣齋子：官名。具體職掌不詳。

[11]左右直長：官名。北魏始置，爲皇帝近侍。間有左、右之分，多以他官兼領。北齊時隸門下省領左、右局。從五品上。

[12]尚食局：官署名。北齊始置，負責御膳事務。

[13]典御：官名。即尚食典御。北魏已置，掌御膳之事，北齊門下省尚食局置爲長官，總知御膳事。五品。

[14]丞：官名。即尚食丞。北齊置門下省尚食局屬官，佐尚食典御負責皇帝飲食。從七品。　監：官名。即尚食監。漢諸侯王國

或置。三國魏置，七品。北齊置門下省尚食局屬官，佐尚食典御、丞等負責皇帝飲食，品秩不詳。

[15]尚藥局：官署名。北齊始置，負責皇帝醫藥。

[16]典御：官名。即尚藥典御。北魏置，北齊沿置爲門下省尚藥局長官，總知御藥事，以精通醫術之人充任。五品。　丞：官名。即尚藥丞。北齊置爲門下省尚藥局屬官，佐尚藥典御負責皇帝醫藥，選擅長醫藥之術者任職。從七品。

[17]侍御師：官名。北魏置，爲皇帝及皇后等看病，北齊屬門下省尚藥局。六品。　尚藥監：官名。三國魏置，七品。北齊亦置，爲門下省尚藥局屬官，佐尚藥典御、丞等負責皇帝醫藥。品秩不詳。

[18]主衣局：官署名。北齊始置，掌管御用衣服器玩等事務。

[19]都統：官名。即主衣都統。北魏置，掌管御用衣服器玩等事務，西魏、東魏、北齊沿置。爲皇帝左右親近之職，地位很高，多以散騎常侍兼領。五品。　子統：官名。即主衣子統。屬門下省主衣局，協助主衣都統管理御用衣服器玩等事務。品秩不詳。

[20]齋帥局：官署名。北齊始置，門下省、東宮門下坊皆設，掌鋪設灑掃等事務。

[21]齋帥：官名。南朝宋、梁始置。在皇帝、諸王及州郡長官左右擔任侍衛及灑掃、鋪設等職。地位較低，多由寒人充任。北魏在皇帝左右的齋帥地位較高，常兼任其他較重要的官職。北齊門下省齋帥局設齋帥，除擔任侍衛及負責灑掃、鋪設外，還有伺察百官的作用。從七品。

[22]殿中局：官署名。北齊置，負責皇帝出行時導引帝王車駕，制請修補，東耕時進耒耜。

[23]殿中監：官名。三國魏始置，掌皇帝服御之事，總領宮内衣、食、住、行各主管機構之官屬，然資品極下。兩晉、南朝皆設。北魏、北齊亦設，掌駕前奉引。品秩不詳。

[24]駕前奏引行事：底本"駕"後無"前"字，庫本、中華

本皆有，從改。另"奏"字諸本皆同，《唐六典》卷一一《殿中省》、《通典》卷二六《職官》、《册府元龜》卷六二〇《卿監部》作"奉"。"奉引"多見於史籍記載，《後漢書·百官志二》："謁者僕射……天子出，奉引。"此處應以"奉"爲是。奉引，導引帝王車駕。

[25]東耕：指天子春耕於藉田。西漢始有此禮，每年春正月皇帝帶領百官始耕於藉田，祠神農氏，以提倡耕作。東漢、西晉皆有。東晉未行，南朝宋重新恢復。北朝沿之。

中書省，[1]管司王言，[2]及司進御之音樂。監、令各一人，[3]侍郎四人。[4]并司伶官西凉部直長、伶官西凉四部、伶官龜兹四部、伶官清商部直長、伶官清商四部。[5]又領舍人省，[6]掌署敕行下，宣旨勞問。中書舍人、主書各十人。[7]

[1]中書省：官署名。三國魏文帝初分秘書始置，爲掌機要、出納政令章奏的政治機構。西晉南朝沿置，職權有所變化。北魏前期，職任不定，或兼掌侍從、出納。太和改制後，始專掌出令、納奏之職。並兼領宮廷伎樂等。北齊沿置，職掌略同。

[2]王言：指制詔之職。

[3]監、令：官名。即中書監、中書令。始置於西漢武帝時期，最早稱中書謁者令，掌傳宣詔命等。西漢後期改爲中謁者令。三國魏文帝初年分秘書置中書省，設中書監、令，並掌收納章奏、草擬及發布皇帝詔令等機要政務，皆三品。西晉沿置，南朝時中書省權歸中書舍人，監、令名義上爲長官，品秩升高，多用作重臣加官，時人視爲閑地。梁、陳或委任庶姓，且不令宰相兼之。北魏、北齊與南朝略同，北魏置監、令各一人。監，太和十七年定爲從一品中，二十三年改爲從二品。令，太和十七年定爲二品中，二十三年

改爲三品。北齊亦置，爲中書省正副長官，負責出令、納奏及宮廷伎樂等事。中書監從二品，中書令三品。

[4]侍郎：官名。即中書侍郎。三國魏始置。初稱通事郎，爲中書省屬官。掌草擬詔令，多選用文學之士。後增設中書郎，亦稱中書侍郎。西晉沿置，東晉一度改爲中書通事郎。南朝擬詔、出令之權歸中書舍人，侍郎職閑官清，成爲諸王起家官。北魏、北齊略同，俱設四員。北魏太和十七年定爲四品上，二十三年改從四品上。北齊兼管伎樂，從四品上。

[5]伶官：官名。周代置，掌樂舞之事。又稱伶、伶人、泠人。亦以稱供職宮廷的伶人，後世多號樂官爲伶官。　西涼：樂曲名。十六國時期，吕光、沮渠蒙遜據有涼州，融合中原音樂與龜兹聲，謂秦漢伎。北魏太延五年（439），太武帝滅涼而得之，稱之西涼樂。　清商：樂曲名。亦稱清商、法樂。初名清商三調，爲漢魏六朝民間樂舞曲。北魏孝文帝、宣武帝時，集中原舊曲及江南吴歌、荆楚西曲，總爲清商樂。

[6]舍人省：官署名。南朝齊置，屬中書省。以中書通事舍人四人爲長官，實際不受中書令控制，直接受命於皇帝。負責草擬詔書，受理文書章奏，監督指導尚書省及中央、地方各機構執行政務，成爲政權的中樞。梁、陳沿置，改中書通事舍人爲中書舍人，陳設詔誥局等二十一局。北魏亦置，但職掌較南朝爲輕。北齊屬中書省，齊亡，罷。

[7]中書舍人：官名。三國魏始置，爲中書省屬官，與通事共掌收納、轉呈章奏。一説魏唯置通事，西晉始增設舍人。東晉合爲一官，稱通事舍人，專掌呈奏，後復省之，而以侍郎兼其職。七品。南朝宋復名中書通事舍人，省稱通事舍人、中書舍人、舍人。入直閣内，出宣詔命，奪侍郎之權。七品。齊沿置，時謂之“四户”，權重天下。七品。梁用人殊重，不限資地，擇選有才能者任之，專掌中書詔誥，兼呈奏之任。後省“通事”二字，直曰“中書舍人”。陳沿之。北魏、北齊亦置，六品上。　主書：官名。戰

國魏置，掌文書檔案。魏晉南北朝尚書、中書、秘書等官署置主書令史，掌文書，位在正、書令史之上。中書省初用武官，南朝宋以後改用文吏。魏、晉八品。北魏亦置於中央官署，太和十七年定爲七品上，二十三年改從八品上。北齊唯置爲中書省屬官，稱主書。八品。

秘書省，[1]典司經籍。監、丞各一人，[2]郎中四人，[3]校書郎十二人，[4]正字四人。[5]又領著作省，[6]郎二人，[7]佐郎八人，[8]校書郎二人。[9]

[1]秘書省：官署名。西晉始置。一説西晉稱秘書寺，至南朝梁末改稱秘書省，掌管國史的修撰及管理中外三閣圖書。陳朝因之。北魏亦以秘書省爲五省之數，又設秘書令，位在監下。秘書省長官常參議制度，因設有內秘書，亦稱秘書省爲外秘書。北齊沿置。

[2]監：官名。即秘書監。東漢始置，掌禁中圖書秘記，屬太常。秩六百石。後省。曹操爲魏王時，置秘書令，典尚書奏事，兼掌圖書秘記。魏文帝黃初年間，置爲秘書署長官，掌管藝文圖籍。初屬少府，後不復屬。西晉以秘書併入中書省，罷此職。後復置，爲秘書寺長官，掌中外三閣圖書。三品。南朝宋、齊沿置，品階不變。梁寺改爲省，秘書監地位提高，位十一班。陳沿置，四品。十六國亦置。北魏秘書監爲秘書省長官，仍掌圖書經籍之事，領著作省。太和十七年定爲從二品中，二十三年改爲三品。北齊沿置，亦三品。　丞：官名。即秘書丞。東漢末曹操始置，輔佐秘書令典尚書奏事，職權甚重。三國魏文帝黃初年間，分秘書立中書，秘書長官改稱秘書監，下設丞，多由秘書郎遷任。西晉武帝以中書秘書丞爲秘書局長官。後復置秘書監，丞爲其次官。負責典籍圖書的管理和整理校定，爲清要之官。南朝宋六品，陳五品。北魏時多參領著

作事，主修撰國史及起居注，並得參預議定禮儀制度。太和十七年定爲四品下，二十三年改爲五品上。北齊五品上。

[3]郎中：官名。即秘書郎中。三國魏置，爲秘書署屬官。兩晉因之。南朝宋以後多稱秘書郎，或亦稱此名。陳制，令、僕子起家爲秘書郎。北魏初稱秘書郎，掌秘閣圖書。太和十七年定爲從五品上，二十三年改爲七品下。北齊因之。七品。

[4]校書郎：官名。即秘書省校書郎。東漢始於東觀置校書郎中，即以郎官典校皇家秘籍圖書。三國魏校書郎隸秘書（一云自漢、魏歷宋、齊、梁、陳，常以博學之士以他官典校秘書，至北魏秘書省始置校書郎），八品。十六國北涼及北魏、北齊沿置。北魏屬秘書省，亦稱秘書校書郎，太和十七年定爲從六品上，二十三年改九品上。北齊秘書省置，掌整理、考校典籍，兼參預修史、修正曆法等事。正九品上。

[5]正字：官名。即秘書省正字。北齊始置，掌校定典籍，刊正文字。從九品上。

[6]著作省：官署名。西晉改著作局置，隸秘書省。負責國史與起居注修撰，或兼管秘書省所藏典籍。南朝、北魏沿置，北齊因別置起居省，著作省僅負責國史修撰。

[7]郎：官名。即著作郎。三國魏始置，隸屬中書省。掌修國史及起居注，或以他官兼任。西晉惠帝時改隸秘書省，稱秘書著作，後別置著作省而仍隸秘書，設著作郎一人，南朝沿置。北魏中期於秘書省置著作局，太和十七年定爲五品上，二十三年改爲從五品上。北齊屬著作省。從五品上。

[8]佐郎：官名。即著作佐郎。三國魏始置，稱佐著作郎，佐修國史，魏晉沿置。南朝宋初曾廢此職。宋、齊以後改稱著作佐郎。陳制，令、僕子起家爲之。北魏中期於秘書省置著作局，太和十七年定爲從五品上，二十三年改爲七品下。北齊屬著作省。七品。

[9]校書郎：官名。即著作省校書郎。掌整理、考校典籍、兼

参預修史及修正曆法之事。九品上。

集書省，[1]掌諷議左右，從容獻納。散騎常侍、通直散騎常侍各六人，[2]諫議大夫七人，[3]散騎侍郎六人，[4]員外散騎常侍二十人，[5]通直散騎侍郎六人，[6]給事中六人，[7]員外散騎侍郎一百二十人，[8]奉朝請二百四十人。[9]又領起居省，[10]散騎常侍、通直散騎常侍、散騎侍郎、通直散騎侍郎各一人，[11]校書郎二人。[12]

[1]集書省：官署名。原稱散騎省，三國魏始置，掌規諫得失。西晉太始中，始稱散騎省。南朝宋改稱集書省。齊亦稱東省。梁、陳稱集書省或散騎省，皆可。北魏前期置散騎省，孝文帝時改名集書省，職掌與南朝略同，兼修起居注，地位略高於南朝，然亦多委積冗官。北齊因之，並領起居省。

[2]散騎常侍：官名。三國魏合散騎與中常侍爲散騎常侍。掌規諫，平尚書奏事，亦掌表詔。後不典事，爲加官。三品。東晉此職選任甚重，與侍中相當，同黃門侍郎合稱黃散。南朝宋隸集書省，掌圖書文翰之事，爲閑散職，資望漸輕。梁以功高者一人爲祭酒，與侍中高功者一人對掌禁令糾諸遷違。陳因之。北魏亦置，掌諷議左右，從容獻納。曾一度掌出令，位在中書令之上。太和十七年定爲二品下，二十三年改爲從三品。北齊集書省置，從三品。
通直散騎常侍：官名。東晉時始置。爲皇帝之顧問，侍從左右，掌規諫，不典事。屬散騎省。南朝宋沿置，隸集書省。齊爲東省官，梁又屬散騎省，北魏屬集書省，太和十七年定爲三品下，二十三年改爲四品中。北齊集書省置，四品。

[3]諫議大夫：官名。秦始置諫大夫，屬郎中令。專掌論議。無常員，多至數十人。西漢亦置，東漢置十三人。掌侍從顧問，參與謀議，名義上隸光祿勳。三國魏沿置。兩晉、南朝省。北魏復

置，隸集書省，掌諫議議論。太和十七年定爲四品下，二十三年改爲從四品下。北齊沿置。從四品。

[4]散騎侍郎：官名。三國魏始置。與散騎常侍、侍中、黄門侍郎共平章尚書奏事。西晋沿置，員額增加。東晋廢，南朝宋復置，齊、梁、陳爲集書省官。北朝兼修史，地位略高於南朝。太和十七年定爲四品上，二十三年改爲五品上。北齊集書省置，正五品上。

[5]員外散騎常侍：官名。三國魏末置，爲額外的散騎常侍，無定員。一般以衰老人士充任。南朝梁沿置。北魏太和十七年定爲從三品上，二十三年改爲五品上。北齊沿置，五品上。

[6]通直散騎侍郎：官名。東晋始置，爲皇帝之顧問，侍從左右，掌規諫，不典事，職同散騎侍郎。南朝宋沿置，隸集書省，地位漸低，齊爲東省官，梁屬散騎省。北魏沿置。北齊集書省置，從五品上。

[7]給事中：官名。三國魏始置。掌左右顧問。西晋爲正員，屬散騎，南朝沿置。北魏則爲内朝官，常派往尚書省諸曹，參領政務，並負有監察之責。太和十七年定爲從三品上，二十三年改爲從六品上。北齊隸集書省，掌諫議獻納。從六品上。

[8]員外散騎侍郎：官名。西晋始置，無定員。南朝梁時屬集書省，參掌侍從左右，獻納得失等職，南朝陳爲三公之子起家官。北魏初沿例授予南朝北奔之士，班比吏部郎。太和十七年定爲從四品下，二十三年改七品上。北齊此官授予頗濫，七品上。

[9]奉朝請：官名。漢代本爲達官顯貴定期朝見皇帝的儀式。南朝齊時成爲正式的官名，屬集書省。梁、陳沿置。北魏亦爲冗散官，有俸無職。從七品。北齊改爲職事官，掌獻納諫諍。從七品。

[10]起居省：官署名。掌起居注修撰，屬集書省。

[11]散騎常侍：官名。此指起居省散騎常侍。北齊置，從三品。　通直散騎常侍：官名。此指起居省通直散騎常侍。北齊置，四品。　散騎侍郎：官名。此指起居省散騎侍郎。北齊置，五品

上。　通直散騎侍郎：官名。此指起居省通直散騎侍郎。北齊置，從五品上。

[12]校書郎：官名。此指起居省校書郎。北齊始置起居省，下設校書郎。掌整理、考校典籍，兼參預修史及修正曆法之事。九品上。

中侍中省，[1]掌出入門閤。[2]中侍中二人，[3]中常侍、中給事中各四人。[4]又有中尚藥典御及丞，[5]并中謁者僕射，[6]各二人。中尚食局，[7]典御、丞各二人，[8]監四人。[9]内謁者局，[10]統、丞各一人。[11]

[1]中侍中省：官署名。北齊置，爲管理宮中事務的最高行政機構。掌皇宮警衛、管理皇宮諸門，並掌皇帝飲食、藥物等事務。其屬官皆由宦官擔任。

[2]門閤：門户、門扇。

[3]中侍中：官名。侍中本以士人擔任，北魏始以宦官充任侍中，稱中侍中。北齊中侍中爲中侍中省長官，掌出入門閤。從三品。

[4]中常侍、中給事中：此句中華本斷作“中常侍中、給事中”。《通典》卷二七《職官》内侍省條下有“北齊中侍中省有中給事中四人”。可知北齊設中給事中一職，中華本標點有誤，頓號應斷在“中常侍”後。因改。中常侍，官名。秦、西漢爲加官。初稱常侍，元帝以後稱中常侍。凡列侯、將軍、卿大夫、將、都尉、尚書以至郎中，加此得出入禁中，常侍皇帝左右。武帝以後參與朝議，成爲中朝官。無定員，或多至數十人，任用士人。東漢改爲專職官員，侍從皇帝左右，出入皇宮，贊導宮内諸事，顧問應對。初秩千石，後增爲比二千石。名義上隸屬少府，實際上直達皇帝。初雜用士人、宦者，明帝時定員四人。和帝時增至十人，兼領卿署之

職。安帝時成爲高級宦官的專職，把持朝政，權傾人主。三國魏初與散騎合併，改稱散騎常侍，以士人任之。吳稱散騎中常侍，簡稱中常侍，亦用士人。蜀以宦者爲之，爲皇帝親近之職，干預朝政。兩晉南朝不置。十六國成漢置爲高級宦官，寵信用事。西秦則置中、左、右常侍，並爲中樞長官，執掌國事，任用士人。北魏置爲高級宦官，地位與諸少卿相等，侍從帝后左右，傳達詔命，受理尚書、門下奏事，職權甚重。太和十七年定爲三品上，二十三年改四品上。北齊置，四品上。末年齊主寵信宦官，宦者帶此職者數十人，多封王、開府。中給事中，官名。十六國北燕置，原稱中給事，以宦官充任，爲皇帝親信，負責宮中與外朝的聯繫。北魏沿置，太和十七年定爲從三品中，二十三年改名中給事中，從五品。北齊屬中侍中省，掌後宮事，並負責與外朝的聯繫，由宦官充任。從五品。

[5]中尚藥典御：官名。北齊置，負責皇帝的醫療診治及藥物等事務，由宦官充任。從五品上。　丞：官名。即中尚藥丞。北齊置，輔佐中尚藥典御負責皇帝的醫療診治及藥物等事務，由宦官充任。從七品。

[6]中謁者僕射：官名。北魏置，統諸中謁者。由宦者充任，太和十七年定爲五品上，二十三年改爲從八品上。北齊沿置，掌宗親謁見時的通報、導引等。從八品上。

[7]中尚食局：官署名。掌管皇帝的飲食事務，其屬官皆由宦官充任。

[8]典御：官名。即中尚食典御。北齊置，負責皇帝的飲食事務，由宦官充任。從五品上。　丞：官名。即中尚食丞。北齊置，輔佐中尚食典御負責皇帝的飲食事務，由宦者充任。從七品。

[9]監：官名。即中尚食監。北齊置，輔佐中尚食典御、丞負責皇帝的飲食事務，由宦者充任。品秩不詳。

[10]內謁者局：官署名。北齊置，掌導引諸命婦入宮朝會，並定其班位。

[11]統：官名。即内謁者局統。北齊置爲内謁者局長官。負責導引諸命婦入宮朝會，並定其班位。九品上。　丞：官名。即内謁者局丞。北齊置，内謁者局次官，輔佐内謁者統導引諸命婦入宮朝會。品秩不詳。

御史臺，[1]掌察糾彈劾。中丞一人，治書侍御史二人，[2]侍御史八人，[3]殿中侍御史、檢校御史各十二人，[4]録事四人。[5]領符節署，[6]令一人，[7]符璽郎中四人。[8]

[1]御史臺：官署名。東漢始稱御史臺。設於禁中蘭臺，別稱蘭臺、憲臺。職掌保管宮廷所藏圖籍秘書、文書律令檔案，監察、彈劾百官，復查疑獄等。三國兩晋南朝沿置，機構有所改革。北魏長官名御史中尉，權威甚重。宣武帝延昌後，每臺更換長官，則由其自行更選御史。北齊長官復名御史中丞。

[2]治書侍御史：官名。秦始置。東漢爲御史臺屬官。職掌依據法律審理疑獄，與符節郎共平廷尉奏事。三國魏爲御史中丞副貳，西晋初曾置黃沙獄治書侍御史，專掌審理疑獄，旋罷。南朝不爲世族所重，梁、陳稱南臺治書侍御史。北魏則威權甚重，北齊位六品。

[3]侍御史：官名。秦置，西漢爲御史臺屬官，掌受公卿奏事，舉劾按章，監察文武官員，或供臨時差遣，出監郡國，持節典護大臣喪事，收捕、審訊有罪官吏等。東漢皆公府掾屬高第者爲之，職權頗重。三國兩晋南朝分掌諸曹，亦奉命監國，督查巡視州郡，收捕官吏，宣示詔命等。北魏頗重其選，必以對策高第者補之，分掌諸曹内外督令史以下。太和十七年定品爲從五品中，二十三年改爲八品下。北齊沿置，從七品。

[4]殿中侍御史：官名。三國魏始置殿中侍御史，亦稱殿中御

史，居殿中糾察非法，隸御史臺。兩晉南北朝沿置，梁、陳爲流外官。北朝地位較重。北魏殿中侍御史晝則外臺受事，夜則番直內臺。或掌宿衞禁軍。太和十七年定品爲從五品中，二十三年改爲八品上。北齊八品。　檢校御史：官名。東晉太元中始置，掌監察宮外百官，隸御史臺。南朝省。北魏太和末復置，宿直御史臺，不得入宿宮省。九品上。北齊沿置，從八品上。

[5]錄事：官名。指御史臺錄事。北魏、北齊門下省、都水臺、司州、御史臺、九寺、郡縣等置錄事。

[6]符節署：官署名。北齊置，管理符節事。

[7]令：官名。即符節令。秦置符璽令，掌管皇帝璽印。西漢改名符節令，兼保管銅虎符、竹使符，遣使掌授節，職任頗重。下有丞、尚符璽郎，隸少府。東漢秩六百石，位次御史中丞，其官署亦稱臺，領尚符璽郎中四員及符璽令史。三國沿置。西晉泰始九年（273）省，其職歸御史臺，置符節御史。南朝或於御史臺置主璽令史、符節令史。北魏仍置，隸御史臺，領符璽郎中。太和十七年定爲四品中，二十三年改從八品上。北齊爲御史臺符節署長官，領符璽郎中。

[8]符璽郎中：官名。漢朝有尚符璽郎（尚符璽郎中），爲符節令屬官，掌保管璽印符節，三國魏稱符璽郎（符璽郎中）。七品。西晉省。北魏復置，仍隸符節令。太和十七年定爲從四品中，二十三年改從六品上。北齊沿置，從六品上。

都水臺，^[1]管諸津橋。使者二人，^[2]參事十人。^[3]又領都尉、合昌、坊城等三局。^[4]尉皆分司諸津橋。^[5]

[1]都水臺：官署名。西晉始置，掌舟船水運河渠灌溉等事務。東晉南朝沿置，南朝梁武帝天監七年（508）罷，改置太舟卿。北魏仍置，多設二使者，有參軍、錄事等屬官。北齊亦設使者、

參事。

[2]使者：官名。即都水使者。西漢設都水官，管理河渠陂池灌溉。東漢省，其職併於少府，需要時暫置水衡都尉。三國魏置水衡都尉管理全國河渠灌溉水運事務，或説亦置都水使者。西晉省水衡都尉，置都水使者爲都水臺長官，南朝宋孝武帝一度廢，改置水衡令，尋復。齊有都水臺使者一人。梁初與齊同，天監七年改爲太舟卿，陳因之。北魏置都水使者，太和十七年定品爲四品中，二十三年改從五品上。北齊沿置，從五品。

[3]參事：官名。即都水參事。西漢時置都水丞，爲都水使者屬官。東漢省。西晉置都水參軍二人爲都水使者屬官，宋沿置，後省。梁亦置都水丞，一班。陳因之。北魏亦置都水參事，北齊因之，九品上。

[4]都尉：官署名。即都尉局。北齊置，隸都水臺，管理諸津橋梁。　合昌：官署名。即合昌局。北齊置，隸都水臺。　坊城：官署名。即坊城局。北齊置，隸都水臺。《通典》卷三八《職官》記作“方城”。

[5]尉：官名。即都尉。執行特定職務的專職官員。西漢中央有常設的水衡都尉，非常設的搜粟都尉、協律都尉，分掌行政事務，位次九卿；奉車都尉、駙馬都尉侍從皇帝左右，騎都尉監領羽林騎，或護西域事務；大司馬、大將軍屬官有護軍都尉，掌監督節制諸軍。地位皆頗高，秩比二千石。諸郡或置農都尉、關都尉。三國有水衡、撫軍、典弩、典鎧等都尉，各有職事，權任頗重；度支、典農等都尉掌諸軍、郡縣屯田事務；各地或置司金、司鹽、司竹都尉，分掌冶金、鹽務等具體事務。十六國前涼置五都尉，專主監伺刺舉。北齊都水臺、太僕寺屬下諸局亦置，爲低級事務官員。

　　謁者臺，[1]掌凡諸吉凶公事，導相禮儀事。僕射二人，[2]謁者三十人，[3]録事一人。[4]

[1]謁者臺：官署名。東漢始置。掌朝會典禮，遣使傳宣詔命，巡視監察。天子出常奉引。三國魏沿置，西晉省併入御史臺。東晉廢置無常。南朝宋復置，齊因之。梁掌朝覲賓饗吉凶典禮之司儀，安排朝會班次，傳宣詔命，職權漸輕，陳因之。北魏、北齊沿置。

[2]僕射：官名。即謁者僕射。秦、西漢隸郎中令（光祿勳），統領諸謁者，職掌朝會司儀，傳達策書，皇帝出行時在前奉引。東漢爲謁者臺長官，名義上隸光祿勳，職權頗重。三國魏沿置，西晉武帝時省，東晉省置無常。南朝宋復置，齊因之，梁僕射掌朝覲賓饗事，或奉命出使。職權較漢爲輕。北魏太和十七年定爲從四品上，二十三年改爲六品上。北齊亦置，六品上。

[3]謁者：官名。春秋戰國時期爲國君、卿大夫的侍從官員，掌導引。秦亦置於宮廷，西漢宮廷、王國皆置，東漢名義上隸屬光祿勳，實自爲一臺，以謁者僕射爲長官，職權甚重。曹魏時期爲謁者臺屬官，又有監國謁者，監察諸侯王，權勢頗重。西晉一度省謁者臺，以謁者併入御史臺，南朝宋復置謁者臺，謁者爲其屬官。齊因之。梁掌奉詔出使，拜假朝會賓贊。功高者一人爲假史，掌差次謁者。陳亦置。梁、陳皆爲流外官。北魏太和十七年定爲從五品中，二十三年改爲九品。北齊沿置，九品。

[4]錄事：官名。此指謁者臺錄事。爲謁者臺屬官，掌管臺中文書等事務。

太常、光祿、衛尉、宗正、太僕、大理、鴻臚、司農、太府，[1]是爲九寺。置卿、少卿、丞各一人。[2]各有功曹、五官、主簿、錄事等員。[3]

[1]太常：官署名。即太常寺。北齊始置，位列九寺之首。負責安排皇帝宗廟陵寢的祭祀活動，爲朝廷制定禮樂典章以及掌管與天文術數、服飾相關的事務。　光祿：官署名。即光祿寺。北齊始

置，爲九寺之一。負責宮廷的門户護衛，帳幕器物，百官朝會時的飲食供應等事務。　衛尉：官署名。即衛尉寺。北齊始置，爲九寺之一。負責宮殿、京城諸門的禁衛，以及宮廷的儀仗和庫藏、武器等事務。　宗正：官署名。即大宗正寺。北齊始置，爲九寺之一。管理皇族外戚名籍事務。　太僕：官署名。即太僕寺。北齊始置，爲九寺之一。負責有關宮廷車馬及畜牧業方面的事務。　大理：官署名。即大理寺。北齊始置，爲九寺之一。爲國家的最高審判機構，負責司法刑獄方面的事務。　鴻臚：官署名。即鴻臚寺。北齊始置，爲九寺之一。負責有關外國、少數民族賓客接待、朝會及吉凶禮儀的事務，兼管佛教、祆教寺廟。　司農：官署名。即司農寺。北齊始置，爲九寺之一。主要管理國家的倉儲庫藏，市場貿易等事務，並負責供應宮廷的糧食薪菜，發放百官俸禄等。　太府：官署名。即太府寺。北齊始置，爲九寺之一。掌管國庫中金銀錢帛的存儲出納，宮廷手工業以及冶鑄、染織等事務。

[2]卿：官名。九寺長官之職。太常卿，西漢時置太常，掌宗廟禮儀、祭祀，及歲舉孝廉等。王莽改稱秩宗。東漢復名太常，三國魏、晋因之，南北朝時其職掌不少轉至尚書，位尊而職閑。北魏名太常，初爲從一品下，後改第三品。北齊始置太常寺，以太常卿爲長官，三品。光禄卿，秦有郎中令，掌宮殿門户。西漢武帝時改郎中令置光禄勳。掌宮殿門户宿衛，兼侍從皇帝左右，宮中宿衛、侍從、傳達諸官如大夫、郎官、謁者等皆隷屬之。兼典期門（虎賁）、羽林諸禁衛軍。官署設宮禁中，宮内設獄，稱光禄外部。屬官衆多，機構龐大，有丞、掾、主事、主簿等，領諸大夫、五官、左、右中郎將，郎中車、户、騎三將，期門僕射、羽林中郎將、諸郎署長等。秩中二千石。新莽改名司中。東漢復舊，職司機構有所變動，以掌宮殿門户宿衛爲主，罷郎中三將，五官、左、右三中郎將署，分領中郎、侍郎、郎中，名義上備宿衛，實爲後備官員儲備之所。虎賁、羽林中郎將、羽林左右監仍領禁軍，掌宿衛侍從。職掌顧問參議的大夫、掌傳達招待的謁者及騎、奉車、駙馬三都尉名

義上隸屬之。兩漢郎官爲選拔人才的重要途徑，故光禄勳對簡選官吏負有重要責任。獻帝末改名郎中令。三國魏文帝復名光禄勳，仍掌宮殿門户名籍，其官署不再居禁中，五官、左、右中郎將雖存，其署已罷，無選舉之任；禁衛軍改由中領軍典掌，虎賁、羽林漸爲侍從武官之職，無宿衛之責；大夫、謁者、三都尉與光禄勳亦無隸屬關係。三品。西晋因之，兼掌原屬少府的一部分宮廷供御事務，領虎賁中郎將、羽林郎將、冗從僕射、羽林左監、五官左右中郎將，東園匠、太官、御府、守宮、黃門、掖庭、清商、華林園、暴室等令。三品。東晋一度省其官。南朝職任愈輕，所領武官悉屬中領軍，太官、御府、清商等宮廷供御官署改隸門下省、尚書省、太常、少府、大長秋等官府，諸大夫名義上仍隸之。南朝宋三品。梁改光禄勳爲光禄卿，掌宮殿門户及一部分宮廷供御事務。十一班。陳因之。三品。北魏初光禄卿從一品下，後改第三品。北齊始置光禄寺，設光禄卿爲長官，三品。衛尉卿，秦有衛尉，掌宮門衛屯兵。漢因之，新莽改名大衛。東漢復舊名，西晋沿置；東晋省，亦爲贈官。南朝宋復置，專掌宮禁及京城防衛。齊因之。東漢、魏晋衛尉卿常作爲衛尉的尊稱，梁正式定爲官名。北魏初衛尉卿從一品下，後降爲第三品。北齊始置衛尉寺，設衛尉卿爲長官，三品。宗正卿，西周至戰國已置宗正，掌君主宗室親族事務。秦、漢、三國沿置，東晋和南朝宋、齊不置，職屬太常。梁天監七年復置宗正卿，並定爲正式官稱。北魏亦置宗正卿，初二品上，後改三品。北齊宗正卿三品。太僕卿，秦始置太僕，掌輿馬。兩漢、三國、西晋沿置，東晋初省，後復置。其後有事則權置，無事則省。南朝宋、齊亦因東晋，梁正式定爲官名。北魏初太僕卿二品上，太和二十三年改爲三品。北齊始置太僕寺，設太僕卿爲長官，三品。大理卿，戰國秦始置，原稱廷尉。秦、西漢沿置，景帝中元六年（前144）改名大理，建元四年（前137）復故，爲中央最高司法審判機構長官，遵照皇帝旨意修訂法律，匯總全國斷獄數，主管詔獄。文武大臣有罪，由其直接審理收獄，重大案件由皇帝派人會審。又爲地方司法案件的上訴機關，負責復核審決郡國疑獄，或上報皇帝，有時也派員至郡國協助審理重要案件。屬官有廷尉正，左、右監，宣帝時增置左、右平。元壽二年改名大理。新莽改名作士。東漢復名廷尉，省右平、右監。當時御史中丞、司隸校尉也有治獄奏讞之責，重大案件或由三方會審。魏晋南朝沿置，屬官有丞、正、監、平、律博士各一員。當時修訂法律及刑獄之政令仰承尚書省，南朝又置建康三官分掌刑獄，廷尉職權較漢爲輕。魏、晋、南朝宋三品。梁初稱大理卿，後改稱廷尉卿，十一班。陳因之，三品。北魏稱廷尉，三品。北齊始置大理寺，設大理卿爲長官，三品。鴻臚卿，西漢時置，掌少數民族君長、諸侯王、列侯之迎送接待等。新莽改爲典樂。東漢復故，三國魏、西晋沿置。東晋、南朝宋、齊有事權置兼官，事畢即省。南朝梁改稱鴻臚卿。北魏初大鴻臚卿二品上，太和二十三年改爲三品。北齊始置鴻臚寺，設鴻臚卿爲長官，三品。魏晋南北朝接待賓客、管理少數民族事務之職移歸尚書省主客曹，本官漸成專司朝會禮儀之官。司農卿，西漢時置大司農，掌管全國賦稅收入和國家財政開支，新莽時先後改名羲和、納言。東漢復稱大司農。三國魏、晋因之，東晋哀帝時省并入都水，孝武帝時復置，職任有變。南朝宋、齊因之。梁正式稱司農卿。北魏初大司農二品上，太和二十三年改爲三品。北齊稱司農卿，三品。太府卿，南朝梁天監七年始置太府卿，掌金帛庫藏收納、關市稅收，以供國家、宮廷用度。轄左右藏、上庫、大倉、南北市及各地關津。十三班。陳因之，三品。北魏太和中始改少府爲太府卿，掌財物庫藏。三品。北齊置太府卿爲太府寺長官，掌金帛府庫、營造器物。三品。　少卿：官名。九寺次官之職。太常少卿，北魏太和十五年始置太常少卿一人，爲太常副貳。初三品上，後改四品上。北齊置爲太常寺貳官，四品上。光禄少卿，北魏太和十五年始置光禄少卿一人，爲光禄勳副貳，初三品上，後改四品上。北齊置爲光禄寺貳官。四品上。衛尉少卿，北魏太和十五年始置衛尉少卿一人，爲衛尉副貳。初三品上，後改正四品上。北齊置衛尉少卿一人，爲衛尉寺貳官，四品上。宗正少卿，北魏太和中初置大宗正少卿，省稱宗正少卿。三品，後改四品。北齊置大宗正少卿爲大宗正寺貳官。四品上。太僕少卿，北魏太和十五年始置太僕少卿一人，爲太僕副貳。初三品上，後改四品上。北齊置太僕少卿一人爲太僕寺貳官，四品上。大理少卿，北魏始置，初三品上，後改四品上。北齊置爲大理寺貳官。一員，四品上。鴻臚少卿，北魏太和十五年始置鴻臚少卿一人，爲大鴻臚卿副貳。初三品上，後改四品上。北齊置鴻臚少卿一人，爲鴻臚寺貳官。四品上。司農少卿，北魏始置。初三品上，後改四品上。北齊置爲司農寺貳官，四品上。太府少卿，北魏孝文帝改少府名太府，始置太府少卿爲太府卿副貳。四品上。北齊置太府少卿爲太府寺貳官，四品上。　　丞：官名。九寺屬官。太常丞，秦始置奉常丞，西漢因之，魏晉南朝皆置一人，掌舉陵廟非法。北魏增置太常少卿爲太常卿之副，丞降爲佐官。太和十七年定爲五品下，二十三年改爲從六品下。北齊因之，從六品。宗正丞，西漢置宗正丞爲宗正副貳，秩千石，協助長官掌皇族外戚事務等，由皇族充任。元始四年（4）改宗正爲宗伯後罷。東漢復置，秩比千石。魏、西晉沿置，或以他姓暫代任。七品。東晉省。南朝復置，宋七品，梁四班，陳八品。北魏增置宗正少卿爲宗正卿之副，丞降爲佐官，爲大宗正丞的省稱。太和初五品中，後改七品下。北齊因之。光禄丞，西漢置光禄勳丞一人，爲光禄勳副職，權位較重，多以博士、議郎充任。秩比千石。魏、晉因之。南朝宋、齊列卿丞並視朝請，梁三班，陳因之，八品。北魏增置光禄少卿爲光禄卿之副，丞降爲佐官。太和十七年定爲從五品中，二十三年改爲七品上。北齊因之，從六品。衛尉丞，秦置，漢魏兩晉南朝沿置。北魏增置光禄少卿爲光禄卿之副，丞降爲佐官。孝文帝太和十七年定爲從五品中，二十三年改爲七品上。北齊因之，從六品。太僕丞，秦、西漢置二員，爲太僕副貳，秩千石，協掌車輿馬政，判本署事務。東漢置一員，秩比二千石。魏、西晉沿置，七品。東晉或省或置。南朝梁置太僕丞，三班。陳因之，八品。北魏增置宗正少卿爲宗正卿之副，丞降爲佐官。太和初定從五品中，後改七品下。北齊置爲太僕寺佐官，參領寺務。七品。大理丞，西晉咸寧中始置廷尉丞，南朝宋、齊、梁各置一人。宋、齊七品，梁四班，陳八品。北魏增置大理少卿爲大理卿之副，丞降爲佐官。或稱大理丞，或大理寺丞，太和十七年定爲從五品中，二十三年改爲七品下。北齊置爲大理寺屬官。七品。鴻臚丞，秦設典客丞，西漢武帝改稱大鴻臚丞，協助大鴻臚職掌諸侯及周邊少數民族事務。東漢、魏、晉皆因之。東晉省。南朝梁、陳置。北魏增置鴻臚少卿爲鴻臚卿之副，丞降爲佐官。太和十七年定爲從五品中，二十三年改爲七品下。北齊因之，七品。司農丞，秦治粟內史下置兩丞，西漢武帝時置大司農丞，桑弘羊爲大司農，置部丞數十人，分部主郡國。東漢置司農丞一人，秩比千石，部丞一人，秩六百石。部丞主帑藏。三國魏、晉因之，七品。南朝亦置，梁四班，陳八品。北魏增置司農少卿爲司農卿之副，丞降爲佐官。太和十七年定爲從五品中，二十三年改爲七品下。北齊因之，七品。太府丞，南朝梁始置太府丞一人，四班。陳因之，八品。北魏增置太府少卿爲太府卿之副，丞降爲佐官，亦置一人。七品下。北齊因之，七品。

[3]功曹：官名。亦稱功曹史、主吏。此指九寺功曹。功曹史，漢代郡縣官府所屬功曹之長。主選署功勞、職掌吏員賞罰任免事宜。由守、相委任，職統諸曹，在諸曹掾中地位最高，甚至權逾郡丞、長史。三國時郡及晉不開府將軍、太子二傅、特進、郡縣置。南北朝沿置，北齊太常、光祿、衛尉三寺置功曹，從九品上。　　五官：官名。此指九寺五官。全稱爲五官掾，漢朝爲郡國屬吏，地位僅次於功曹，祭祀居諸吏之首，無固定職掌，凡功曹及諸曹員吏出缺即代理其職務。兩晉沿置，中央政府諸卿、領軍、護軍、太子太傅、少傅等及諸郡、國皆置爲僚屬。南朝宋自太常至長秋、領軍、護軍等將軍、太子二傅、諸郡亦置，主諸曹事，爲重要屬吏之一。齊沿之。梁諸卿、太子二傅、詹事、領軍、護軍、左右衛等將軍，諸郡皆置。位自三班至位不登二品者四班不等。陳沿之，位八、九

品不等。北齊諸卿、領護軍、太子詹事、諸郡皆置。太常、光祿、衛尉寺五官，從九品。 主簿：官名。九寺屬官。太常寺主簿，漢已置。魏、晉亦置。南朝梁天監七年置太常主簿一人，位爲位不登二品者四班。陳因之。北齊太常寺置。光祿寺主簿，西漢始置。晉亦置。南朝宋、齊因之。梁天監七年定光祿主簿品秩爲位不登二品者三班。陳因之。北齊光祿寺置。衛尉寺主簿，漢已置。晉置衛尉主簿二人。南朝宋、齊因之。梁天監七年定衛尉主簿品秩爲位不登二品者三班。陳因之。北齊衛尉寺置。宗正寺主簿，南朝梁天監七年置宗正主簿，定品秩爲位不登二品者三班。陳因之。北齊宗正寺置。太僕寺主簿，南朝梁天監七年置太僕主簿，定品秩爲位不登二品者三班。陳因之。北齊太僕寺置。大理寺主簿，魏晉南朝皆置大理主簿。晉至陳俱二人，七品上。北齊大理寺亦置。鴻臚寺主簿，西漢鴻臚有主簿。晉大鴻臚亦置。南朝梁天監七年置鴻臚主簿，定品秩爲位不登二品者三班。陳因之。北齊鴻臚寺置。司農寺主簿，晉太康中置。自後無聞。南朝梁置司農主簿，定品秩爲位不登二品者三班。陳因之。北齊司農寺置司農主簿。太府寺主簿，南朝梁置太府主簿一人，定品秩爲位不登二品者三班。陳因之。北魏置，北齊太府寺置。 錄事：官名。此指九寺錄事。太常寺錄事，晉置太常錄事。北齊太常寺亦置爲僚屬。光祿寺錄事，西晉光祿勳置錄事史。北齊光祿寺置爲僚屬。衛尉寺錄事，亦稱衛尉錄事。北齊衛尉寺置爲僚屬。宗正寺錄事，亦稱宗正錄事。北齊大宗正寺置爲僚屬。太僕寺錄事，亦稱太僕錄事。北齊太僕寺置爲僚屬。大理寺錄事，亦稱大理錄事。北齊大理寺置爲僚屬。鴻農寺錄事，亦稱鴻臚錄事。北齊鴻臚寺置爲僚屬。司農寺錄事，亦稱司農錄事。北齊司農寺置爲僚屬。太府寺錄事，亦稱太府錄事。北齊太府寺置爲僚屬。

太常，掌陵廟群祀、禮樂儀制，天文術數衣冠之屬。其屬官有博士、四人，掌禮制。[1]協律郎、二人，掌監調律呂音樂。[2]八書博士二人。[3]等員。統諸陵、掌守衛山陵等事。[4]太廟、掌郊廟社稷等事。[5]太樂、掌諸樂及行禮節奏等事。[6]衣冠、掌冠幘、烏履之屬等事。[7]鼓吹、掌百戲、鼓吹樂人等事。[8]太祝、掌郊廟贊祝，祭社衣服等事。[9]太史、掌天文地動，風雲氣色，律曆卜筮等事。[10]太醫、掌醫藥等事。[11]廩犧、掌養犧牲，供祭群祀等事。[12]太宰掌諸神祇烹宰行禮事。[13]等署令、丞。而太廟兼領郊祠、掌五郊群神事。[14]崇虛掌五岳四瀆神祀，在京及諸州道士簿帳等事。[15]二局丞，太樂兼領清商部丞，[16]掌清商音樂等事。鼓吹兼領黄户局丞，[17]掌供樂人衣服。太史兼領靈臺、掌天文觀候。[18]太卜掌諸卜筮。[19]二局丞。

[1]博士：官名。即太常博士。春秋戰國始置博士，充當皇帝顧問，參與議政、制禮，典守書籍。秦時設諸家博士，掌通古今，名義上隸屬太常。秩比六百石。漢初諸子、儒經、術數、方伎等皆立博士，武帝時改置五經博士，兼教授經學、考核人才、奉命出使等事。東漢、三國魏、晉沿置。南朝宋、齊亦稱太學博士，仍屬太常府。梁、陳兼統國學博士。北魏從七品下，北齊沿置，從七品。

[2]協律郎：官名。漢朝有協律都尉，北魏始置協律郎，初爲從五品，太和二十三年改爲八品。北齊爲太府寺屬官，負責對律呂音樂的監控和調試。八品上。 律呂：古代校正樂律的器具。用竹管或金屬管製成，共十二管，管徑相等，以管的長短來確定音的不同高度。從低音管算起，成奇數的六個管叫做“律”，成偶數的六個管叫做“呂”，合稱律呂。

[3]八書博士：官名。八書即秦代統一文字後所定的大篆、小篆、刻符書、蟲書、摹印、署書、殳書、隸書八種書體。北魏延昌

三年（514）詔符節令江式於太常寺兼教八書吏，北齊正式設置八書博士教八書吏。

[4]諸陵：官署名。即諸陵署。主管山陵事務。設令、丞爲其長貳。西漢置諸陵令、丞，屬太常，管理先王陵墓。東漢先帝陵每陵設令一人，秩六百石，每陵所置萬户。西晉改陵園令置，設陵令、丞，屬太常，管理守衛帝王陵寢。下置主簿、録事、户曹史、禁備吏、侍、凡吏、卒。南朝宋、齊皆設陵令，齊一人，舊用三品勳位，後改爲二品。梁始設陵監，後改爲令，二班。陳因之，五品。北齊設諸陵令、丞爲太常寺諸陵署長官。令，從八品上。

[5]太廟：官署名。即太廟署。掌郊廟社稷等事務，設令、丞爲其長貳。兼領郊祀、崇虚二局事。太廟令、丞，三國魏始置，隸太常，負責太廟的清掃與日常管理。七品。晉、南朝宋皆七品。南朝梁改設二廟令，兼掌小廟。陳復置，五品。北魏亦置，下設太廟博士、太廟門僕等。北齊設太廟令、丞爲太常寺太廟署長官。令，從八品上。

[6]太樂：官署名。即太樂署。掌宫廷諸樂及行禮節奏事務，設令、丞爲其長貳，兼領清商部丞。太樂令，又作大樂令，秦奉常屬官之一。西漢隸太常，掌大祭祀及大饗時之樂舞。東漢曾改爲大予樂令。三國魏至南朝時有興廢。北齊設太樂令爲太常寺太樂署長官。從八品上。太樂丞，又作大樂丞。秦奉常屬官，太樂令副貳。漢景帝中元六年隸太常，東漢改稱大予樂丞。三國魏沿置，九品。南朝皆置。梁三品勳位。北齊太樂令從八品上。　節奏：禮節制度，指有關禮儀的各種規定。

[7]衣冠：官署名。即衣冠署。掌供祭祀典禮用服飾衣冠。設令、丞爲其長貳。衣冠令、丞，北齊設爲太常寺衣冠署長次官。官品不詳。　幘（zé）：古代包扎髮髻的巾。　舄（xì）履：即鞋。

[8]鼓吹：官署名，即鼓吹署。西晉始置，隸太常。掌皇帝儀仗所用鼓吹樂隊。東晉初省太樂併入鼓吹，成帝咸和中復分置。南朝宋、齊或設鼓吹監。梁、陳隸太常卿。北朝亦置，北齊隸太常

寺，兼掌百戲。設令、丞爲其長貳。鼓吹令、丞，西晉設鼓吹令、丞，屬太常。東晉初省太樂併入鼓吹，成帝咸和中復分置。南朝宋、齊或設鼓吹監。梁復置，陳因之。北魏置官不詳，北齊設鼓吹令、丞爲太常寺鼓吹署長官。令，從八品上。　百戲：古代樂舞雜技的總稱。

[9]太祝：官署名。即太祝署。北齊置，掌郊廟贊祝，祭社衣服等，設令、丞爲其長貳。太祝令，秦置太祝令，掌祭祀祝禱等，屬奉常。西漢沿置，景帝時改令稱祠祀。武帝時又更名廟祀。東漢置太祝令，三國魏、西晉、南朝沿置。北魏太祝令初爲從五品中，太和二十三年改爲九品上。北齊設太祝令爲太常寺太祝署長官。九品上。太祝丞，西漢置爲太祝令副貳，助令掌祭祀。東漢沿置，掌祝小神事，秩三百石。三國魏、南朝宋、齊、梁皆置。北齊設爲太常寺太祝署次官。

[10]太史：官署名。即太史署。北齊置，掌天文地動，風雲氣色，律曆卜筮，設令、丞爲其長貳。太史令，相傳夏置，掌文書。秦屬奉常。西漢隸太常。東漢不再撰史，魏晉南朝沿置。十六國亦多置，前燕其地位頗重，間或參咨重要政務。北魏置多人，主律曆。九品上。北齊掌天文地動、風雲氣色、律曆卜筮。九品上。太史丞，秦奉常屬官，爲太史令副貳。西漢隸太常，東漢置，三國魏八品。晉、南朝沿置，梁隸太常卿，三品蘊位。北齊爲太常寺太史署次官。

[11]太醫：官署名。即太醫署。北齊置，掌全國醫藥事務，設令、丞爲其掌貳。太醫令、丞，戰國時秦置太醫令，爲侍醫之長。秦漢沿置，下設太醫丞爲其副貳，隸少府，掌宮廷醫藥諸事。秦奉常、漢太常亦置爲屬官。東漢僅於少府置，西晉改屬宗正。東晉省宗正而屬門下省。南朝宋隸門下省侍中，齊隸尚書省。梁復隸門下省，陳沿置。北魏亦置，另有太醫博士、助教，隸屬不詳。北齊設太醫令、丞爲太常寺太醫署長官，掌醫藥等事。令九品上。

[12]廩犧：官名。即廩犧令、丞。秦漢設廩犧令、丞、尉，掌

藏穀養牲以供祭祀。東漢爲河南尹屬官。東晉初未置，後復置。南朝亦置，隸太常。北魏太和十七年定爲從五品下，二十三年職員令未載。北齊設廩犧令、丞爲太常寺廩犧署長貳。令從九品上。 犧牲：供祭祀用的純色全體牲畜。

[13]太宰：官署名。即太宰署。北齊置，掌祭祀諸神時的烹宰及行禮等事務。設令、丞爲其長貳。太宰令、丞，西漢始置，掌宮廷宰工之事，祭祀時供應食物及鼎俎等器用，隸太常。東漢沿置，令秩六百石。北魏亦置，太和十七年定爲從五品下。北齊設太宰令、丞爲太常寺太宰署長官，令從九品上。 烹宰：宰殺、烹煮牲畜。

[14]郊祠：官名。即郊祀局丞。北齊置，爲郊祀局長官，負責管理五郊群神祭祀等事務。

[15]崇虛：官名。即崇虛局丞。北齊置，爲崇虛局長官，負責五岳四瀆諸神的祭祀事務以及全國道士的名册管理。

[16]清商部丞：官名。北齊置，爲清商部長官。負責管理清商音樂（南北朝時期的民間音樂）及樂隊、歌舞演員。

[17]黃户局丞：官名。北齊置，爲黃户局長官，負責管理樂人服裝。

[18]靈臺：官名。即靈臺局丞。北齊置，爲靈臺局長官，負責觀察天象。

[19]太卜：官名。即太卜局丞。爲太卜局長官，負責卜筮等事務。

光祿寺，掌諸膳食，帳幕器物，宮殿門户等事。統守宮、掌凡張設等事。[1]太官、掌食膳事。[2]宮門、主諸門籥事。[3]供府、掌供御衣服玩弄之事。[4]肴藏、掌器物鮭味等事。[5]清漳、主酒，歲二萬石。春秋中半。[6]華林掌禁籞林木等事。[7]等署。宮門署，置僕射六人，[8]以司其事。餘各有令、丞。[9]又領東園局丞員。[10]掌諸凶具。

[1]守宮：官署名。即守宮署。北齊置，掌供設宮廷鋪陳張設之物。　張設：部署，擺設。

[2]太官：官署名。即太官署。北齊置，掌百官食膳事。

[3]宮門：官署名。即宮門署。北齊置，掌諸宮門禁，設僕射六人。　龠（yuè）：通“鑰”，門下上貫橫閂、下插入地的直木或直鐵棍。

[4]供府：官署名。即供府署。北齊置，掌供奉宮廷衣服玩物之事。　玩弄：供玩賞的器具。

[5]肴藏：官署名。即肴藏署。北齊置，掌供奉宮廷膳食及其用具。　鮭（xié）：古代魚類菜肴的總稱。

[6]清漳：官署名。即清漳署。北齊置，掌宮廷用酒。　中半：對半。

[7]華林：官署名。即華林署。北齊置，掌禁中皇家園林。

[8]僕射：官名。即宮門僕射。北魏始置，負責諸宮宮門的守衛。北齊沿置，從八品。

[9]餘各有令、丞：此指守宮等令、丞。守宮令、丞，東漢置，屬少府，掌管御紙、筆、墨，尚書臺財務、封泥等。晉、南朝改屬光祿寺。北齊設守宮令、丞爲光祿寺守宮署長官。令，從八品上。太官令、丞，又作大官令、丞。秦漢時爲少府屬官，掌宮廷飲食。三國魏、吳亦置。兩晉改隸光祿勳，南朝宋屬門下省侍中，齊改隸尚書省，梁復屬門下省，陳因之。北魏分太官令爲尚食、中尚食。尚食，隸門下省，知御膳；而太官令、丞各一人，屬光祿卿，掌知百官之饌。北齊設太官令、丞爲光祿寺太官署長官，掌食膳而不主御膳。令，從八品上。供府令、丞，北齊設爲光祿寺供府署長官，管理皇帝衣物器用。令，從九品上。肴藏令、丞，東漢設甘丞，主膳具；果丞，負責皇宮水果供應。隸少府。西晉設餳官史、果官各

二人。北齊設肴藏令、丞爲光禄寺肴藏署長官。令，從九品上。清漳令、丞，東漢設湯官丞，主酒。隸少府。西晉設監釀吏四人，酒丞一人。屬太官。南朝齊有酒吏，隸食官局，一人。梁有酒庫丞。北齊設清漳令、丞爲光禄寺清漳署長官。華林令、丞，三國魏始置華林園令，負責管理華林園。屬光禄勳。七品。西晉沿置，東晉以三國吳所建華林園爲御苑，南朝擴建，仍以令主其事。梁置華林署，隸大長秋，改園令爲署令，掌御苑林木。北魏、東魏以洛陽華林園爲宮苑，置華林都將掌管。十六國、北齊亦以華林園爲宮苑，置華林令、丞主其事。北齊華林令從九品上。

[10]東園局丞：官名。北齊置，爲東園局長官，負責管理宮廷喪葬器用事務。　凶具：供喪葬使用的物品、器具。

衛尉寺，掌禁衛甲兵。統城門寺，[1]置校尉二人，[2]以司其職。掌宮殿城門，并諸倉庫管籥等事。又領公車、掌尚書所不理，有枉屈，經判奏聞。[3]武庫、掌甲兵及吉凶儀仗。[4]衛士掌京城及諸門兵士。[5]等署令。武庫又有修故局丞。[6]掌領匠修故甲等事。

[1]城門寺：官署名。北齊置，隸衛尉寺，掌宮殿城門宿衛及諸倉庫管匙。

[2]校尉：官名。即城門校尉。西漢征和二年（前91）始置，掌京城長安諸城門警衛，領城門屯兵，屬官有司馬一員及十二城門候。職顯任重，每以重臣監領。秩二千石。王莽居攝時，更名爲城門將軍，諸城門各置校尉。東漢復舊，秩比二千石。當時洛陽十二城門，唯北宮門屬衛尉，其餘十一門各設門候，隸城門校尉。位在北軍五校尉之上，多以外戚重臣領之。三國魏沿置，屬官有司馬一員，十二城門候、候副。西晉沿置，四品。東晉、南朝罷。十六國後秦仍置，北魏、北齊置，職權漸輕，北魏太和十七年定爲三品

下，二十三年改爲四品上。北齊爲城門寺長官，掌宫殿、城門並諸倉庫門禁管匙。四品上。別有衛士署掌京城及諸門士兵。

[3]公車：官名。即公車署令。西漢置公車司馬令，爲公車長官，東漢時掌宫南門闕門，三國魏沿置，西晋改公車令，東晋罷衛尉後，改隸門下省。南朝宋沿置，齊隸尚書省。梁復隸門下省，陳沿置。北魏置爲公車署長官，掌受章奏，以理冤事。太和二十三年定爲從八品上。北齊爲衛尉寺公車署長官，從七品。

[4]武庫：官名。即武庫署令，亦稱武庫令。西漢初爲中尉屬官，掌京師武庫兵器。東漢、三國魏、西晋沿置。東晋省。南朝宋置，掌軍器，隸尚書省庫部曹。齊沿置，梁隸衛尉卿及尚書省庫部，又分南、北武庫二署令。陳衛尉卿下置。北齊爲衛尉寺武庫署長官，掌兵器及吉凶儀仗。從八品上。

[5]衛士：官名。即衛士署令，亦稱衛士令。秦置，西漢因之，秩六百石。有丞，領未央宫衛士，管理宫城諸門警衛，隸衛尉（中大夫令）。其餘諸宫亦置，分隸諸宫衛尉。東漢南、北宫各置一員，皆隸衛尉。三國魏、西晋沿置，七品。東晋、南朝省。北齊復置，爲衛尉寺衛士署長官，掌京城及諸門屯衛士兵。

[6]修故局丞：官名。北齊置，爲修故局長官，掌領工匠修理兵器甲冑事務。

大宗正寺，掌宗室屬籍。統皇子王國、諸王國、諸長公主家。[1]

[1]長公主：公主之尊崇者爲長公主。漢多封皇帝長女或長姊，後代沿之。

太僕寺，掌諸車輦、馬、牛、畜産之屬。統驊騮、掌御馬及諸鞍乘。[1]左右龍、左右牝、掌駝馬。[2]駝牛、掌飼駞騾驢牛。[3]司羊、掌諸羊。[4]乘黄、掌諸輦輅。[5]車府掌諸雜車。[6]等署令、丞。驊騮署,[7]又有奉承直長二人。[8]左龍署,[9]有左龍局。[10]右龍署,[11]有右龍局。[12]左牝署,[13]有左牝局。[14]右牝署,[15]有右牝局。[16]駞牛署,[17]有典駞、特牛、犉牛三局。[18]司羊署,[19]有特羊、犉羊局。[20]諸局並有都尉。[21]寺又領司訟、典臘、出入等三局丞。[22]

[1]驊騮:官名。即驊騮令、丞。三國魏始置驊騮廐令,因古有良馬名驊騮而置。掌乘輿及御馬,屬太僕卿。七品。西晉因之,七品。東晉以後常省太僕,改置驊騮廐丞,隸門下省。掌飼宮廷用馬。南朝宋隸侍中,齊屬尚書起部,亦屬領軍。梁復隸門下省。北齊設驊騮署,以驊騮令爲其長官。從八品上。設丞爲其副貳。

[2]左右龍:官名。即左右龍署令、丞。北齊置,爲左右龍署長貳。令,從八品上。　左右牝:官名。即左右牝令、丞。北齊置,爲左右牝署長貳,掌駞馬。令,從八品上。

[3]駞牛:官名。即駞牛令、丞。北齊置,爲駞牛署長官,負責飼養駞、騾、驢、牛。令,從八品上。

[4]司羊:官名。即司羊令、丞。北齊置,爲司羊署長官,負責牧養諸羊事務。令,從八品上。

[5]乘黄:官名。即乘黄令、丞。乘黄令,東漢末曹操始置,亦稱乘黄廐令。魏、晉因置,東晉或省。南朝復置,北齊爲乘黄署長官,隸太僕寺,職掌略同。從九品上。乘黄丞,魏、晉爲乘黄令副貳,九品。南北朝沿置,北齊爲乘黄署次官。

[6]車府:官名。即車府令、丞。車府令,秦朝以趙高爲中車府令。漢朝爲太僕屬官,主乘輿諸車。東漢、三國魏、東晉、南朝沿置,梁、陳爲車府署長官。北魏亦置,北齊爲太僕寺車府署長官,掌諸雜車。從九品上。車府丞,漢太僕所統車府令副貳。三國

魏沿置，九品。東晉、南朝皆置，隷尚書省駕部，梁、陳爲車府署次官。

[7]驊騮署：官署名。北齊置，掌御馬及諸鞍乘。

[8]奉承直長：官名。北齊置，爲太僕寺屬官。品秩不詳。

[9]左龍署：官署名。北齊置，隷太僕寺，設令、丞。《欽定歷代職官表》卷三九："謹案齊與魏同制，其左右龍蓋如今之左司、右司。"

[10]左龍局：官署名。北齊置，隷太僕寺左龍署，設都尉爲其長官。

[11]右龍署：官署名。北齊置，隷太僕寺，設令、丞。《欽定歷代職官表》卷三九："謹案齊與魏同制，其左右龍蓋如今之左司、右司。"

[12]右龍局：官署名。北齊置，隷太僕寺右龍署，設都尉爲其長官。

[13]左牝署：官署名。北齊置，隷太僕寺，掌駝馬。

[14]左牝局：官署名。北齊置，隷太僕寺左牝署，設都尉爲其長官。

[15]右牝署：官署名。北齊置，隷太僕寺，掌駝馬。

[16]右牝局：官署名。北齊置，隷太僕寺右牝署，設都尉爲其長官。

[17]駝牛署：官署名。北魏置，掌飼駝騾驢牛。北齊沿置，設令、丞。亦常作爲囚禁官員之所。

[18]典駝：官署名。即典駝局。北齊置，隷太僕寺駝牛署。管理駱駝的飼養及役使，設都尉。　特牛：官署名。即特牛局。北齊置，隷太僕寺駝牛署。管理公牛之牧養。設都尉。　牸（zì）牛：官署名。即牸牛局。北齊置，隷太僕寺駝牛署。管理母牛之牧養。設都尉。

[19]司羊署：官署名。北齊置，掌牧養諸羊事務，設令、丞。

[20]特羊：官署名。即特羊局。北齊置，隷太僕寺司羊署。管

理公羊之牧養。設都尉。 牸羊局：官署名。隸太僕寺司羊署。管理母羊之牧養。設都尉。

[21]都尉：官名。此指左龍都尉、右龍都尉、左牝都尉、右牝都尉、典駝都尉、特牛都尉、牸牛都尉、特羊都尉、牸羊都尉。北齊置，爲各局長官。皆爲從九品上。

[22]司訟：官名。即司訟局丞。北齊置，掌司訟局，隸太僕寺，職掌不詳。 典臘：官名。即典臘局丞。北齊置，掌典臘局，隸太僕寺，職掌不詳。 出入：官名。即出入局丞。北齊置，掌出入局，隸太僕寺，職掌不詳。

大理寺，掌決正刑獄。正、監、評各一人，[1]律博士四人，[2]明法掾二十四人，[3]檻車督二人，[4]掾十人，[5]獄丞、掾各二人，[6]司直、明法各十人。[7]

[1]正：官名。即大理正，亦稱大理寺正。秦置廷尉正，爲廷尉副職，視列卿丞，爲高級審判官，掌審理判決疑難案件，可代表廷尉參加詔獄會審。漢沿置，與“監”“平”共謂“廷尉三官”。地位高於廷尉監、平，但公牘須三官聯署，以相互監督。秩千石。西漢景帝中元六年改大理正，建元四年復改廷尉正。元壽二年改大理正。東漢獻帝建安末魏、吳建國初皆置，六品。稱帝後復名廷尉正，掌平決訟獄。三品。晉、南朝宋、齊沿置，三品。梁爲廷尉卿屬官，六班。陳亦置，三品。北魏初五品中，太和二十三年改爲六品下。曾一度改稱大理正。北齊置爲大理寺屬官，改名大理正，掌議獄，正科條。六品。 監：官名。即大理監，亦稱大理寺監。秦始置廷尉監，西漢分左、右，隸廷尉，秩禄與廷尉正相當而位稍次之。掌收捕罪犯，亦參議案例，審理疑獄，與正、平通署公牘。西漢中元六年更名大理監，建元四年復舊，元壽二年又改。東漢唯置左監。東漢獻帝建安末，魏、吳建國初皆置，六品。魏、晉、南朝

去"左"，三品。南朝梁六班。北魏初五品中，太和二十三年改爲六品下。北齊置爲大理寺屬官，稱大理監。掌議獄，正科條。六品。 　評：官名。即大理評，亦稱大理寺評。"評"亦作"平"。西漢因廷尉史任重禄薄而增置廷尉平，分左、右，其務在平刑獄，秩六百石。東漢唯置廷尉左平。魏、晋、南朝去"左"，設爲廷尉屬官，參議案例律條，覆核平決疑獄，可駁回廷尉所奏罪案。與正、監通署公牘，相互制約。南朝齊六品，梁六班，陳七品。北魏初五品中，太和二十三年改爲六品下。北齊置爲大理寺屬官，稱大理評，負責審核刑獄。六品。

[2]律博士：官名。亦稱律學博士，三國魏時始置，教授刑律，咨詢法律。兩晋、南朝宋、齊沿置，屬廷尉衛。南朝梁改置胄子律博士，屬廷尉，陳亦置律博士。北魏、北齊仍置律博士。九品上。

[3]明法掾：官名。晋朝置，屬廷尉。由通曉法令者擔任。北齊亦置，屬大理寺。

[4]檻車督：官名。北齊置，隸大理寺。其具體職掌不詳。

[5]掾：官名。此指大理寺掾，北齊置，大理寺低級官員。

[6]獄丞：官名。南朝宋時唯置於建康，爲縣佐吏，掌刑獄事。齊建元三年（481），會稽山陰縣亦置。梁初沿置。北齊大理寺亦置爲屬官。 　掾：官名。即獄掾。秦漢時爲縣級行政機構屬吏，職掌刑獄。十六國前秦時郡置，北魏亦置，北齊沿之。

[7]司直：官名。西漢始置，負責協助丞相糾舉不法，爲丞相屬官之首，職任甚重。秩比二千石。東漢改屬司徒，輔助司徒督録諸州郡上奏，後不屬司徒，掌督京師百官。曹操爲司空時，置司空司直，職權同於西漢。三國至晋不常置。北魏初置爲廷尉屬官，稱五局司直，專主刑獄，後罷。復置廷尉司直，隸廷尉，位在正、監上，不署曹事，唯覆理御史檢劾事。視五品。北齊稱大理司直，位在大理正、監、評上。從五品。 　明法：官名。北齊置，掌律令輕重。

鴻臚寺，掌蕃客朝會，[1]吉凶弔祭。統典客、典寺、司儀等署令、丞。[2]典客署，[3]又有京邑薩甫二人，[4]諸州薩甫一人。典寺署，[5]有僧祇部丞一人。[6]司儀署，[7]又有奉禮郎三十人。[8]

[1]蕃客：古代對外國商旅的泛稱。

[2]典客：官名。即典客署令、丞。典客令，西晉改客館令置，爲典客署長官，隸大鴻臚。南朝復改名客館令。梁、陳稱典客館令。北齊復置，爲典客署長官。典客丞，西晉、北齊時置爲典客署次官。　典寺：官名。即典寺署令、丞。典寺署令，亦稱典寺令，北魏置，管理佛教寺廟僧侶。北齊沿置，爲典寺署長官。典寺署丞，亦稱典寺丞。北魏、北齊置，爲典寺令副貳。　司儀：官名。即司儀署令、丞。西漢置治禮郎，隸大鴻臚。北魏太和十五年置司儀官，北齊置司儀令、丞，爲司儀署長貳。負責掌管喪葬凶禮用具。司儀令，從九品上。

[3]典客署：官署名。西晉置，掌接待少數民族事，隸屬於大鴻臚。北齊沿置，設令、丞爲其長貳。典客令、丞，西漢置行人，隸鴻臚，武帝時改爲大行令，三國魏改客館令，西晉改名典客，南朝宋，分置南、北客館令、丞。齊有客館令，梁有典客館令、丞，令三品勳位。陳因之。北魏有典客監，初爲五品上，太和十五年置典客令。北齊沿置。

[4]薩甫：官名。亦稱薩寶、薩保。爲梵語音譯，北齊在京邑和州郡皆置，負責管理境內波斯商人及祆教（瑣羅亞斯德教）的祠宇祭祀。

[5]典寺：官署名。北魏始置，管理佛教寺廟僧侶。北齊沿置，設令、丞爲其長官。

[6]僧祇部：官署名。北齊置，負責管理佛教僧侶事務，設丞爲其長官。

[7]司儀：官署名。即司儀署。北齊置，負責掌管喪葬凶禮用具。設令、丞爲其長貳。

[8]奉禮郎：官名。"奉"應爲"治"，唐爲避高宗諱改。治禮郎，西漢置，屬大鴻臚屬官大行令，掌朝會時贊禮儀。東漢、魏晉沿置。東晉、南朝大鴻臚常省，其官亦省置無常。北魏仍置，爲冗散之官，有俸無常職。太和十七年定爲從六品下，二十三年改爲從九品。北齊爲鴻臚寺司儀署屬官，從九品。

司農寺，掌倉市薪菜，園池果實。統平準、太倉、鈎盾、典農、導官、梁州水次倉、石濟水次倉、藉田等署令、丞。[1]而鈎盾又別領大囿、上林、游獵、柴草、池藪、苜蓿等六部丞。[2]典農署，[3]又別領山陽、平頭、督亢等三部丞。[4]導官署，[5]又有御細部、麴麵部、典庫部等倉督員。[6]

[1]平準：官名。即平準署令、丞。西漢始置，主平抑物價，東漢除管理物價之外，還主練染，作采色。後改名中準令、丞，以宦者爲之。令，秩六百石。三國魏復舊，隸少府。西晉沿置。南朝宋曾改名染署令、丞，唯掌染事。齊復舊。梁、陳爲平水令、丞。北齊爲平準署長貳。負責管理市場物價。令，六品。　　太倉：官名。即太倉署令、丞。秦始置，屬治粟內史。西漢沿置，隸大司農。東漢、三國魏、兩晉、南朝沿置。北齊太倉署設令、丞爲其長貳，掌管國家倉庫儲存糧穀等事務。令，從八品上。　　鈎盾：官名。即鈎盾署令、丞。西漢始置，由宦者充任，隸少府，掌管京城附近的皇家苑囿。東漢職任擴大，管理京城內外園苑中離宮池觀，有時也改用士人擔任。三國魏、西晉沿置。東晉、南朝不常置。北魏仍置，任者仍用宦者，北齊爲鈎盾署長貳，負責供應薪菜果實，管理園池。不設於宮禁中，任用士人。　　典農：官名。即典農署

令、丞。北齊置，爲典農署長貳，掌勸課農桑，亦主屯田事。令，從八品上。　導官：官名。即導官署令、丞。西漢始置，主擇米以供祭祀及御饌。東漢、三國魏、兩晉、南朝皆置。北齊爲導官署長貳。令，從八品上。　梁州水次倉：官名。即梁州水次倉署令、丞。梁州，北齊治所在今河南開封市西北。水次倉，建於水陸交通要地的用以儲糧的機構。供發放軍月糧及駐防過往官兵糧餉之用。北齊於梁州置水次倉署，以令、丞爲其長貳。品秩不詳。　石濟水次倉：官名。即石濟水次倉署令、丞。石濟，即石濟津。一名棘津、南津。在今河南滑縣西南古黃河上。北齊於石濟亦置水次倉署，以令、丞爲其長貳。品秩不詳。　藉田：官名。即藉田署令、丞。藉田署令，亦稱藉田令。西漢始置，管理藉田事宜。西晉復置，東晉省，南朝復置。北齊爲藉田署長官，掌耕種藉田，奉宗廟祭祀。從九品上。藉田署丞，亦稱藉田丞、籍田丞。秦置，屬治粟內史，爲藉田令副貳。西漢因之。景帝時更屬大農令，武帝太初元年更屬大司農。東漢省。北齊復置爲藉田署次官。

[2]鉤盾：官署名。即鉤盾署。北齊置，負責供應薪菜果實，管理園池。設令、丞爲其長貳。　大囿：官名。即大囿部丞。北齊置，爲大囿部長官，掌管苑囿禽獸等事務。品秩不詳。　上林：官名。即上林部丞。北齊置，爲上林部長官，管理上林苑中禽獸宮館等事。　游獵：官名。即游獵部丞。北魏有游獵曹，北齊置部，設丞爲其長官。具體職掌不詳。　柴草：官名。即柴草部丞。北齊置，爲柴草部長官，具體職掌不詳。　池藪（sǒu）：官名。即池藪部丞。北齊置，爲池藪部長官，管理池沼湖澤所產物。　苜蓿：官名。即苜蓿部丞。北齊置，爲苜蓿部長官。苜蓿部丞所掌史書並未確載，查苜蓿爲豆科植物，一年生或多年生草本，原產伊朗，後傳至中亞，自西漢以後成爲宮廷養馬的主要飼料。推測苜蓿部可能與養馬飼料有關。

[3]典農署：官署名。北齊置，掌勸課農桑，亦主屯田事。設令、丞爲其長貳。

[4]山陽：官署名。即山陽部。北齊置，負責掌管山陽地區（即今河南焦作市一帶）的農業生産，以丞爲其長官。　平頭：官署名。即平頭部。北齊置，以丞爲其長官，具體職掌不詳。　督亢：官署名。即督亢部。北齊置，負責掌管督亢地區（即今河北涿州市一帶）的農業生産，以丞爲其長官。

[5]導官署：官署名。北齊置，負責選擇米麥上供之事。設令、丞爲其長貳。

[6]御細部：官署名。北齊置，設倉督爲其長官。　麴麵部：官署名。北齊置，設倉督爲其長官。　典庫部：官署名。北齊置，設倉督爲其長官。　倉督：官名。北齊置，諸府州縣皆置，員額不等，掌倉糧出納。

太府寺，掌金帛府庫，營造器物。統左、中、右三尚方，[1]左藏、司染、諸冶東西道署、黃藏、右藏、細作、左校、甄官等署令、丞。[2]左尚方，又別領別局、樂器、器作三局丞。[3]中尚方，又別領別局、涇州絲局、雍州絲局、定州紬綾局四局丞。[4]右尚方，又別領別局丞。[5]司染署，又別領京坊、河東、信都三局丞。[6]諸冶東道，[7]又別領滏口、武安、白㵎三局丞。[8]諸冶西道，[9]又別領晉陽冶、泉部、大鄔、原仇四局丞。[10]甄官署，[11]又別領石窟丞。[12]

[1]左、中、右三尚方：官署名。亦名上方。西漢始置，隸少府。掌使役工徒，製造新奇貴重手工藝品及精美的宮廷器用、刀劍等兵器，專供御用。東漢末分中、左、右三署。三國魏、西晉沿置。東晉唯置一署，或省或置。南朝宋沿置，以尚方署爲右尚方，改原相府作部爲左尚方，仍隸少府，負責製作一般軍械，精巧器玩

兵器之製造則歸門下省的細作署負責。後改細作署爲中署，隸右尚方。南朝齊因之，梁、陳增中尚方，復置三署。北魏仍置，並兼掌絲織品、樂器的製作。北齊沿置。

[2]左藏：官名。即左藏署令、丞。西晉始置，爲少府屬官。東晉省，南朝梁、陳皆置，隸太府卿。北齊爲左藏署長官，掌錢帛、雜彩庫藏。令，從八品上。　司染：官名。即司染署令、丞。北齊置，爲太府寺司染署長貳，令，從八品上。　諸冶東西道署：官名。即諸冶東、西道署令、丞。諸冶東道署令、丞，北齊置，爲諸冶東道署長貳，掌東部地區諸冶。令，從八品上。諸冶西道署令、丞，北齊置，爲諸冶西道署長貳，掌西部地區諸冶。令，從八品上。　黃藏：官名。即黃藏署令、丞。西晉始置，稱中黃藏令，南朝設中黃令，掌宮中庫藏。北齊亦置，負責掌管宮中金銀幣帛庫藏。　右藏：官名。即右藏署令、丞。西晉始置，隸少府。東晉省，南朝梁、陳皆置。梁，令爲三品勳位。北齊，令從八品上。細作：官名。即細作署令、丞。南朝宋將東晉相府細作署劃歸宮廷，設令、丞。負責監製供奉御用精巧珍寶器玩，隸門下省。後改名御府、中署。齊、梁、陳復名細作。北齊沿置，九品上。　左校：官名。即左校署令、丞。左校署令，亦稱左校令。西漢始置，隸將作少府。領本署工徒修造宮室、宗廟、陵園、道路等。官吏犯法，常輸左校爲工徒。三國魏以其主天下木材，併入材官校尉。西晉亦置，東晉省，併入材官將軍。十六國後趙亦置，掌土木工程。南朝宋、齊不置（一說宋仍置），梁、陳復置，隸大匠卿。北魏、北齊沿置。從九品上。左校署丞，亦稱左校丞。漢爲左校令副貳，秩三百石。西漢陽朔三年（前22）省，東漢復置。北齊爲左校署次官。　甄官：官名。即甄官令、丞。東漢有前、後、中甄官令、丞，隸將作大匠。西晉改爲甄官署令，屬少府。南朝宋、齊設有東、西陶官，瓦署督令。梁、陳仍置甄官令、丞。北齊沿置，甄官令，從九品上。

[3]別局：官名。此指左尚方別局丞。北齊置，太府寺左、中、

右尚方署下皆置別局，設丞爲其長官。品秩不詳。底本無"別"字，據庫本、中華本補。　樂器：官名。即樂器局丞。北齊置，爲樂器局長官，掌宮廷樂器製作。品秩不詳。　器作：官名。即器作局丞。北齊置，爲器作局長官，隸太府寺左尚方署。品秩不詳。

[4]別局：官名。此指中尚方別局丞。北齊置，太府寺左、中、右尚方署下皆置別局，設丞爲其長官。　涇州絲局：官名。即涇州絲局局丞。北齊置。爲涇州絲局長官，其職掌應與絲織有關。涇州，北齊時治所在今甘肅涇川縣北涇河北岸。　雍州絲局：官名。即雍州絲局局丞。北齊置。爲雍州絲局長官，其職掌應與絲織有關。雍州，北齊時治所在今陝西西安市西北。　定州紬（chóu）綾局：官名。即定州紬綾局局丞。北齊置。爲定州紬綾局長官，其職掌應與織紝有關。品秩不詳。定州，北齊時治所在今河北定州市。

[5]別局丞：官名。此指右尚方別局丞。北齊置，太府寺左、中、右尚方署下皆置別局，設丞爲其長官。品秩不詳。

[6]京坊：官名。即京坊局丞。北齊置，爲京坊局長官。　河東：官名。即河東局丞。北齊置。爲河東局長官。品秩不詳。河東，北齊治所在今山西永濟市西南蒲州鎮。　信都：官名。即信都局丞。北齊置，爲信都局長官。品秩不詳。信都，北齊治所在今河北冀州市。

[7]諸冶東道：官署名。即諸冶東道署。北齊置，掌東部地區諸冶。

[8]滏口：官名。即滏口局丞。北齊置，爲滏口局長官。品秩不詳。滏口，北齊時在今河北磁縣西北、武安市南石鼓山，今滏陽河的發源地。太行八陘之一。　武安：官名。即武安局丞。北齊置，爲武安局長官。品秩不詳。武安，縣名。北齊時治所在今河北武安市西南。　白間：官名。即白間局丞，北齊置，爲白間局長官。品秩不詳。白間，具體位置不詳。按，《職官分紀》卷二二《少府監》作"白澗"，北齊有白澗山，在今山西陽城縣西北。

[9]諸冶西道：官署名。即諸冶西道署。北齊置，掌西部地區諸冶。

[10]晋陽冶：官名。即晋陽冶局丞。北齊置，爲晋陽冶長官。品秩不詳。晋陽，縣名。北齊時治所在今山西太原市西南古城營東汾水之東。　泉部：官名。即泉部局丞。北齊置，爲泉部局長官。品秩不詳。清《欽定歷代職官表》卷一六："自晋以後，諸冶署令、丞掌鼓鑄金銀銅鐵之屬，至北齊而冶署所屬遂有泉部局丞。是南北朝鑄錢之事，當爲冶令所兼司。"　大邽（yù）：官名。即大邽局丞。北齊置，爲大邽局長官，掌冶鑄事務。品秩不詳。　原仇：即原仇局丞。北齊置，爲原仇局長官。品秩不詳。原仇，地名。即原仇山。在今山西盂縣北。《元和郡縣圖志》卷一六《河南道》："原仇山，在縣北三十里。出人參鐵礦。"

[11]甄官署：官署名。西晋始置，隸少府。東晋併歸丹陽尹，南朝復隸少府。北齊屬太府寺，主要負責供應宮廷所需磚瓦石器陶瓷等。設令、丞爲其長貳。

[12]石窟丞：官名。北齊置，爲太府寺甄官署屬官，具體職掌不詳。

國子寺，[1]掌訓教胄子。[2]祭酒一人，[3]亦置功曹、五官、主簿、録事員。[4]領博士五人，[5]助教十人，[6]學生七十二人。[7]太學博士十人，[8]助教二十人，[9]太學生二百人。四門學博士二十人，[10]助教二十人，[11]學生三百人。

[1]國子寺：官署名。古代中央官學之一，爲國立儒學最高學府。西晋咸寧中始置國子學，隸太常，設國子祭酒、博士、助教。以儒家經典教授生徒。東晋沿置。南朝宋以助教分掌教十經；若不置學，則助教祇設一員，祭酒、博士爲常設；泰始六年廢學，改置

總明觀。齊建元四年復置，尋廢。永明三年（485）復立，設國子祭酒、博士、助教，選用以經學爲先，下設典學、戶曹、儀曹、白簿治禮吏、保學醫、威儀，同時省總明觀。梁沿置，隸太常卿，兼領太學，設祭酒、博士、助教、太學博士，又有限外博士。天監四年又置五經博士，大同七年（541），又立正言博士、助教。陳沿置，有國子祭酒、國子博士、五經博士、太學博士、國子助教等。北魏先立太學，天興二年（399）增置國子學，太宗改爲中書學，立教授、博士。太和中復爲國子學，遷都洛陽則立國子太學，設國子祭酒、國子博士、國子助教等員。北齊國子寺置學，與太學、四門學並隸。負責教育貴族子弟，以及管理中央和地方的學校。

［2］冑子：古稱帝王或貴族的長子。

［3］祭酒：官名。此指國子祭酒。西晉始置，爲國子學長官，掌教授生徒儒學，參議禮制，隸太常。南朝宋、齊亦置。位比諸曹尚書。梁、陳國子祭酒總領國子學、太學，隸太常卿。北魏專領國子學，太和十七年定爲四品上，二十三年升爲從三品。北齊不隸太常，爲國子寺長官，與九卿地位相當，主管全國教育行政。從三品。

［4］功曹：官名。此指國子寺功曹。爲國子寺重要僚屬之一。五官：官名。此指國子寺五官。爲國子寺重要僚屬，地位僅次於功曹。　主簿：官名。此指國子寺主簿。爲國子寺重要僚屬，掌印，負責文書的勾檢稽失。　錄事：官名。此指國子寺錄事，掌管寺中文書等事務。

［5］博士：官名。即國子博士。西晉始置，掌教授生徒儒學。東晉沿置。南朝宋不置學，但常置國子博士。齊復置，陳沿置。北魏太和十七年定爲從五品上，二十三年升爲五品上。北齊國子寺國子學置五員。五品上。

［6］助教：官名。即國子助教。西晉始置，協助博士教授國子學生徒儒學，東晉、南朝沿置。北魏太和二十三年定爲從七品。北齊國子寺國子學置，從七品，與太學博士品同而位稍低。

［7］學生：指在國子學肄業的學生，一般爲官員子弟。

［8］太學博士：官名。東晉置，掌教授太學生，亦備咨詢，參議禮儀，隸太常。南朝或置或省。北魏國子學、太學置博士，教授學生。從七品。北齊太學隸國子寺，置博士。從七品。

［9］助教：官名。即太學助教。北魏始置，協助太學博士教授學生。北齊沿置，從九品。

［10］四門學：北齊學校名。即四門小學。北魏太和二十年始置東、西、南、北四門小學，教育皇宗子弟，屬太常。北齊亦置，隸國子寺。　博士：官名。即四門博士或四門小學博士。北魏始置，掌四門小學教授之事，檢試諸郡學生成績，參預禮儀的議定及整理秘書省典籍。北齊改稱四門學博士，九品上。

［11］助教：官名。即四門學助教。協助四門博士教授四門學生。

　　長秋寺，[1]掌諸宮閣。卿、中尹各一人，[2]並用宦者。丞二人。[3]亦有功曹、五官、主簿、錄事員。[4]領中黃門、掖庭、晉陽宮、中山宮、園池、中宮僕、奚官等署令、丞。[5]又有暴室局丞。[6]其中黃門，[7]又有冗從僕射及博士四人。[8]掖庭、晉陽、中山，[9]各有宮教博士二人。[10]中山署，又別有麵豆局丞。[11]園池署，[12]又別有桑園部丞。[13]中宮僕署，[14]又別有乘黃局教尉、細馬車都督、車府部丞。[15]奚官署，[16]又別有染局丞。[17]

　　[1]長秋寺：官署名。北齊置，爲宦者官署，負責管理後宮諸宮閣事務。

　　[2]卿：官名。即長秋卿。北齊置，爲長秋寺長官，以宦者爲之。從三品。　中尹：官名。即長秋中尹。北齊置，爲長秋寺次

官，以宦者爲之。四品上。

　　[3]丞：官名。即長秋丞。北齊置，爲長秋寺屬官。從七品上。

　　[4]功曹：官名。此指長秋寺功曹。爲長秋寺重要僚屬之一。五官：官名。此指長秋寺五官。北齊置，爲長秋寺重要僚屬，地位僅次於功曹。　　主簿：官名。此指長秋寺主簿。北齊置，爲長秋寺重要僚屬，掌印，負責文書的勾檢稽失。品秩不詳。　　錄事：官名。此指長秋寺錄事。北齊置，掌管長秋文書等事務。品秩不詳。

　　[5]中黃門：官名。即中黃門令、丞。中黃門令，始見於十六國後燕時，領中黃門等宦者。隸屬不詳。北魏例由宦者擔任，屬長秋卿，有丞一人。太和十七年定爲四品中，二十三年改爲從八品上。北齊沿置，爲長秋寺中黃門署長官。中黃門丞，北魏置，爲中黃門令副貳，由宦官充任。　　掖庭：官名。即掖庭令、丞。西漢時由永巷令改置，掌後宮宮女及供御雜務，管理宮中詔獄，由宦者充任，侍從皇帝左右，權勢頗重。東漢沿置。魏、晉改隸光祿勳，任用士人。南朝不置。北齊復置，以宦者爲之。令，從八品上。　　晉陽宮：官名。即晉陽宮令、丞。北齊置，爲晉陽宮署長貳，負責管理晉陽宮事務。令，北齊從九品上。晉陽宮，東魏始建，在今山西太原市西南古城營西古城。　　中山宮：官名。即中山宮令、丞。北齊置，爲中山宮署長貳，負責管理中山宮事務。中山宮，十六國後燕時建，在今河北定州市城內。　　園池：官名。即園池令、丞。園池令，西晉置，隸大鴻臚。東晉省，北齊復置，爲園池署長官。園池丞，北齊置，爲園池令副貳。　　中宮僕：官名。即中宮僕令、丞。中宮僕令，東漢始置中宮僕，掌皇后車馬。由宦官充任，隸大長秋。秩千石。北齊復置，稱中宮僕令，爲中宮僕署長官，仍以宦官充任。從九品上。中宮僕丞，北齊置，爲中宮署次官。　　奚官：官名。即奚官令、丞。西晉始置，掌管宮人疾病、罪罰、喪葬等事，管理使役從坐爲奴罪犯家屬。東晉或省。南北朝仍置，南朝梁、陳八品下，北齊從九品上。奚官丞，北齊置，爲奚官署次官，以宦者充任。

［6］暴室局丞：官名。漢少府掖庭令下有暴室丞，主中婦人疾病者就此室，其皇后貴人有罪亦就此室。西晉置暴室令，屬光禄勳。北齊置爲暴室局長官，以宦者爲之。品秩不詳。

［7］中黄門：官署名。十六國後燕、北魏、北齊皆置，北齊屬長秋寺，以令、丞爲其長貳，領中黄門冗從僕射、中黄門博士等官，皆用宦者。

［8］冗從僕射：官名。即中黄門冗從僕射。東漢始置，統領中黄門冗從，掌侍衛皇宮，護衛車駕。魏晉南朝不置。北魏北齊復置。從八品上。　博士：官名。即中黄門博士。具體職掌不詳。

［9］掖庭：官署名。即掖庭署。北齊置，掌宮女之事，以宦者爲之。設令、丞爲其長貳。　晉陽：官署名。即晉陽宮署。北齊置，負責管理晉陽宮事務。設令、丞爲其長貳。　中山：官署名。即中山宮署。北齊置，負責管理中山宮事務。設令、丞爲其長貳。

［10］宮教博士：官名。北齊長秋寺掖庭署、晉陽宮署、中山宮署置，中山宮署宮教博士掌後宮教授。各二員，以宦者爲之。從九品上。

［11］麵豆局丞：官名。北齊置，爲麵豆局長官，職掌不詳。

［12］園池署：官署名。北齊置，管理皇家園林、温泉。設令、丞爲其長貳。

［13］桑園部丞：官名。北齊置，爲桑園部長官，以宦者充任。

［14］中宮僕署：官署名。北齊置，掌後宮車馬。設令、丞爲其長貳。

［15］乘黄局教尉：官名。北齊置，爲乘黄局長官，掌後宮車馬，以宦者充任。品秩不詳。　細馬車都督：官名。北齊置，爲細馬車部長官，以宦者充任。品秩不詳。　車府部丞：官名。北齊置，爲車府部長官，管理後宮諸車。以宦者充任。品秩不詳。

［16］奚官：官署名。即奚官署。南朝齊、梁設奚官局，負責管理宮人使藥、疾病、罪罰、喪葬等事。以宦官充任。北齊改名奚官署，職掌不變。設令、丞爲其長貳。

[17]染局丞：官名。北齊置，掌後宮染織，以宦者擔任。

將作寺，[1]掌諸營建。大匠一人，[2]丞四人。[3]亦有功曹、主簿、錄事員。[4]若有營作，則立將、副將、長史、司馬、主簿、錄事各一人。[5]又領軍主、副，[6]幢主、副等。[7]

[1]將作寺：官署名。北齊置，掌諸營建土木工程。

[2]大匠：官名。即將作大匠。西漢時由將作少府改名。掌領徒隸修建宮室、宗室、陵寢及其他土木工程，植樹於道旁。新莽改名都匠。東漢復舊，三國、魏沿置，兩晉、南朝有事則臨時設置，事訖即罷，常以他官兼領。南朝梁改名大匠卿，遂常置，陳沿置。北魏仍置，領將作都將、將作監等官，太和十七年定爲從二品下，二十三年改爲從三品。北齊爲將作寺長官，從三品。

[3]丞：官名。即將作丞。西漢始置，爲將作大匠副貳。東漢沿置，秩六百石。三國魏，七品。兩晉、南朝省。北魏、北齊置，北齊從七品上。

[4]功曹：官名。此指將作寺功曹。爲將作寺重要僚屬之一。　主簿：官名。此指將作寺主簿。爲將作寺重要僚屬，掌印，負責文書的勾檢稽失。品秩不詳。　錄事：官名。此指將作寺錄事。掌管寺中文書等事務。品秩不詳。

[5]將：官名。北齊置，將作大匠所領屬官，若有營作則置，負責營造事務。品秩不詳。　副將：官名。北齊置，將作大匠所領屬官，若有營作則置。品秩不詳。　長史：官名。此指將作大匠所領。品秩不詳。　司馬：官名。此指將作大匠所領司馬。品秩不詳。　主簿：官名。此指將作大匠所領主簿。掌印，負責文書的勾檢稽失。品秩不詳。　錄事：官名。此指將作大匠所領錄事。掌文書等事務。品秩不詳。

[6]軍主：官名。南北朝置，爲軍的主將。所統兵力無定員，自數百人至萬人以上不等。軍主名號衆多，統率步兵的軍主之外，還有馬軍主、水軍主、帳内軍主、臺軍主等。北齊時與幢主、別將、統軍、都將合爲負責宮禁守衛的備身武職。當時除作戰、警衛外，亦有屬將作大匠，負責營造事務的軍主。軍主在南朝無固定品階，多以將軍領之，最高者爲三品將軍。北朝地位稍低，在此職上設有相當於南朝軍主的統軍。此指將作大匠所領軍主，負責營造事務。北齊從七品。　　副：官名。即軍副。南北朝時期軍的副長官，協助軍主管理軍務，軍主有闕則代領其衆。南朝無品階，多以將軍、中郎將等領之，北朝地位較低。此指將作大匠所領軍副，負責營造事務。北齊八品。

[7]幢主：官名。南北朝置，爲幢的主將。北魏以百人爲幢，宿衛禁中。幢主即旗主、旗頭之意。所領人數近於隊主，主要用於儀衛，有時亦參加作戰。多以他職兼領。北齊時，宿衛宮禁的諸備身武職中皆置此職，將作寺亦置，負責營造。從九品。　　副：官名。即幢副。南北朝時期幢的副長官，協助幢主管理軍務，幢主有闕則代領其衆。品秩不詳。

　　昭玄寺，[1]掌諸佛教。置大統一人，[2]統一人，[3]都維那三人。[4]亦置功曹、主簿員，[5]以管諸州郡縣沙門曹。[6]

[1]昭玄寺：官署名。北魏始置，稱監福曹。主管全國佛教事務。北齊改名昭玄寺，職掌如故。

[2]大統：官名。即昭玄大統。北魏和平初改道人統爲沙門統，爲全國最高僧官，主持昭玄事務，管理全國僧衆。僧徒除殺人外，皆由昭玄以内律僧制治罪。北齊設昭玄大統掌全國各處佛教寺院及僧衆。品秩不詳。

　　[3]統：官名。即昭玄統。北齊置，協助大統管理佛教事務，亦稱“沙門統”。品秩不詳。

　　[4]都維那：官名。北魏始置，北齊沿置。輔佐大統、統管理全國佛教事務，位在各寺寺主之上。品秩不詳。

　　[5]功曹：官名。此指昭玄寺功曹。爲昭玄寺重要僚屬之一。品秩不詳。　　主簿：官名。此指昭玄寺主簿。爲昭玄寺重要僚屬，掌印，負責文書的勾檢稽失。品秩不詳。

　　[6]沙門曹：官署名。北齊州、郡、縣置，管理境內寺院僧務。以都統、統、維那爲長官。

　　領軍府，[1]將軍一人，[2]掌禁衛宮掖。朱華閣外，凡禁衛官，皆主之。輿駕出入，督攝仗衛。中領軍亦同。[3]有長史、司馬、功曹、五官、主簿、録事，[4]釐其府事。又領左右衛、領左右等府。[5]

　　[1]領軍府：官署名。北齊置，負責宮廷的守護保衛。

　　[2]將軍：官名。即領軍將軍。東漢置，三國魏沿置，爲禁衛軍最高統帥。吳亦置。西晉初省，惠帝時復置。東晉屢次改爲北軍中候，尋復。北魏時如以侍臣帶此職，則稱中領軍將軍。永平中，將四中郎將劃屬領軍將軍。太和十七年定爲二品上，二十三年改爲從二品。東魏將四中郎將還屬護軍。北齊以之爲領軍府長官，負責宮廷的護衛保護。從二品。北齊後期，官爵濫授，同時任此職者有二十人之多，文宣帝後設領軍大將軍，位在其上。

　　[3]中領軍：官名。東漢始置，與中護軍皆典禁兵。三國魏、蜀皆置。西晉省併北軍中候，惠帝時復置（一說永嘉中始復）。東晉屢次改爲北軍中候，尋復。南朝沿置。北魏侍臣帶“領軍”者，稱中領軍，太和十七年定爲二品中，二十三年改爲三品。北齊負責宮廷的守護保衛。三品。

[4]長史：官名。此指領軍府長史。掌府事，爲文職上佐，職任類似於總管。品秩不詳。　司馬：官名。此指領軍府司馬。掌參贊軍務，管理本府武職。品秩不詳。　功曹：官名。此指領軍府功曹。爲領軍府重要僚屬之一。品秩不詳。　五官：官名。此指領軍府五官。爲領軍府重要僚屬，地位僅次於功曹。品秩不詳。　主簿：官名。此指領軍府主簿。爲領軍府重要僚屬，掌印，負責文書的勾檢稽失。品秩不詳。　錄事：官名。此指領軍府錄事。掌管領軍府文書等事務。品秩不詳。

[5]左右衛：官署名。即左、右衛府。是左衛、右衛的合稱。西晉泰始元年分中衛而置。設左、右衛將軍各一員，又置長史、司馬、功曹、主簿等屬員。掌領宿衛營兵。並掌前驅、由基、強弩三部司馬，熊渠、伏飛虎賁，及虎賁、羽林、異力、上騎、命中虎賁五督。東晉罷長史。南朝沿晉制。北魏增置左、右衛將軍員額，並依第三品將軍例置僚屬。北齊開府，爲左、右衛府，置左、右衛將軍爲長官。隸領軍府。分掌左、右厢，共主朱華閣外禁衛官。以武衛將軍爲副長官，有司馬、功曹、主簿、錄事釐其事務。下轄御仗、直蕩、直衛、直突、直閣等屬官。又有武騎、雲騎、驍騎等禁衛官。　領左右：官署名。即領左右府。北齊置，侍衛皇帝左右，供御兵杖。以領左右將軍爲長官，後又設左右大將軍，位在領左右將軍之上。

左右衛府，將軍各一人，[1]掌左右厢。[2]所主朱華閣以外，各武衛將軍二人貳之。[3]皆有司馬、功曹、主簿、錄事，[4]釐其府事。其御仗屬官，有御仗正副都督、御仗五職、御仗等員。[5]其直蕩屬官，有直蕩正副都督、直入正副都督、勳武前鋒正副都督、勳武前鋒五藏等員。[6]直衛屬官，有直衛正副都督、翊衛正副都督、前鋒正副都督等員。[7]直突屬官，有直突都督、勳武前鋒散都督等員。[8]直閤屬官，有朱衣直閤、直閤將軍、直寢、直齋、直後之屬。[9]又有武騎、雲騎將軍各一人，[10]驍騎、游擊、前後左右等四軍將軍，[11]左右中郎將，[12]各五人，步兵、越騎、射聲、屯騎、長水等校尉，[13]奉車都尉等，[14]各十人，武賁中郎將、羽林監各十五人，[15]冗從僕射三十人，[16]騎都尉六十人，[17]積弩、積射、強弩等將軍及武騎常侍，[18]各二十五人，殿中將軍五十人，[19]員外將軍一百人，[20]殿中司馬督五十人，[21]員外司馬督一百人。[22]

[1]將軍：官名。即左、右衛將軍。魏末司馬炎即晉王位，分中衛將軍爲左、右衛將軍。兩晉南朝沿置。北魏亦置左、右衛將軍，太和初爲從二品上，後降爲三品。北齊左、右衛府置左、右衛將軍各一員爲長官，分掌左、右厢，共主朱華閤外禁衛。三品。

[2]左右厢：即禁衛兵。

[3]武衛將軍：官名。三國魏、吳皆置。兩晉時或置或省。南朝宋復置，齊、梁、陳沿置。十六國漢、前涼、前秦、西涼、西秦、南涼、西燕亦置。北魏時仍掌宿衛禁軍，太和十七年定爲從二品下，二十三年改爲從三品。北齊佐左、右衛將軍掌宮禁宿衛。從三品。

[4]司馬：官名。此指左右衛府司馬。掌參贊軍務，管理本府武職。北齊左右衛府司馬，七品。　功曹：官名。此指左右衛府功曹。爲左右衛府重要僚屬之一。品秩不詳。　主簿：官名。此指左右衛府主簿。爲左右衛府寺重要僚屬，掌印，負責文書的勾檢稽失。品秩不詳。　錄事：官名。此指左右衛府寺錄事。掌管左右衛府文書等事務。品秩不詳。

[5]御仗正副都督：官名。皇帝侍從武官首領之一，掌輿駕出

入仗衛。御仗正都督，從四品上。御仗副都督，從五品上。 御仗五職：北齊所置御仗屬官的合稱，分別爲御仗都將、御仗別將、御仗統軍、御仗軍主、御仗幢主等。負責輿駕出入仗衛。從八品。御仗：官名。北齊置，負責輿駕出入仗衛等事務。九品。

[6]直盪正副都督：官名。北齊置，負責輿駕出入之侍衛。直盪正都督，從四品上。直盪副都督，從五品上。 直入正副都督：官名。北齊置，負責輿駕出入之侍衛。直入正都督，五品上。直入副都督，六品。 勳武前鋒正副都督：官名。北齊置，統勳武前鋒五職等，掌禁衛宮掖。勳武前鋒正都督，七品上。勳武前鋒副都督，從七品上。 勳武前鋒五藏：北齊所置勳武前鋒都督屬下五官的合稱，分別爲勳武前鋒都將、勳武前鋒別將、勳武前鋒統軍、勳武前鋒軍主、勳武前鋒幢主。負責禁衛宮掖。

[7]直衛正副都督：官名。北齊置，負責輿駕出入之侍衛。直衛正都督，五品上。直衛副都督，從六品。 翊衛正副都督：官名。北齊置，負責輿駕出入之侍衛。翊衛正都督，從五品。翊衛副都督，七品。 前鋒正副都督：官名。北齊置，負責輿駕出入之侍衛。前鋒正都督，七品。前鋒副都督，從七品上。

[8]直突都督：官名。北齊置，負責輿駕出入之侍衛。從六品上。 勳武前鋒散都督：官名。北齊置，負責輿駕出入之侍衛。從七品。

[9]朱衣直閤：官名。即朱衣直閤將軍。南朝梁始置，陳沿置，四品。北齊從四品。 直閤將軍：官名。南朝始置。爲皇帝左右侍衛之官，梁時亦領兵出征。北魏沿置，以宗室任此職。北魏孝文帝太和十七年定爲從三品下。北齊時爲左右衛府直閤屬官，從四品。

直寢：官名。北魏始置，爲皇帝左右的侍衛武官，多選用功臣子弟充任。北齊時爲左右衛府直閤屬官。從五品。 直齋：官名。北魏始置，以直殿內齋閤而得名。孝武帝時，加強宿衛，增武直人數，自直閤以下分別增爲數百人，選輕捷彪悍者充任。北齊時爲左右衛府直閤屬官。從五品。 直後：官名。北魏始置，爲皇帝左右侍衛武官，亦或以給事中、宣威將軍等領之。原爲比視官，有罪不得除刑。孝明帝時，胡太后從任城王元澄之議，得依中正例當刑。南朝齊亦置。北齊爲左右衛府直閤屬官，從六品上。

[10]武騎：官名。即武騎將軍。南朝梁始置，普通六年（525）刊正將軍名號時罷。北齊時屬左、右衛府，爲侍衛朱華閤以外的禁衛武官。四品上。　雲騎將軍：官名。南朝梁改驍騎將軍爲雲騎將軍，陳沿置。北齊亦置，四品上。

[11]驍騎：官名。即驍騎將軍。雜號將軍之一。三國魏置爲中軍，晋領營兵，掌宮掖及京城宿衛，南朝沿置。北魏、北齊亦置。四品上。　游擊：官名。雜號將軍之一。西漢始置，魏晋南朝沿置，南朝梁天監六年置左、右游擊將軍。原游擊將軍改游騎將軍。十六國前凉、北燕亦置。北魏置爲侍衛武職，四品上。北齊沿置，四品上。　前後左右：官名。即前後左右四軍將軍，又稱四軍、四將軍。三國魏有前、後、左、右將軍，合稱四軍將軍，掌兵及四夷，四品。吳、蜀亦置。西晋沿置。南朝並有之。北魏亦置，太和十七年定爲從三品上，二十三年改爲從四品上。北齊沿之，從四品上。

[12]左右中郎將：官名。西漢置，居宮禁中，與五官分領中郎，更直宿衛，協助光禄勳考核管理郎官、謁者、從官。東漢出居外朝。三國沿置。魏、西晋仍置，職任漸輕。西晋罷，南朝復置。北魏爲冗職，用以安置閑散武臣。從四品。北齊沿之，從四品。

[13]步兵：官名。即步兵校尉。西漢始置，領上林苑屯兵，防成京師，兼任征伐。東漢、三國魏、晋、南朝沿置。北魏又稱步兵校尉，初領營兵，位次列卿，後罷其兵，成爲武臣散官，無職掌。太和十七年定爲從三品中，二十三年改爲五品。北齊沿置，從四品。　越騎：官名。即越騎校尉。西漢始置。東漢初罷，後改青巾左校尉置，三國魏、晋、南朝沿置。北魏初典掌禁軍，位次列卿，後成爲武散官，不領兵。太和十七年定爲從三品中，二十三年改爲五品。北齊從四品。　射聲：官名。即射聲校尉。西漢始置，領待

詔射士，掌常備精兵，屯戍京師，亦任征伐。東漢初省，後復置，三國魏、晋、南朝沿置。北魏初典掌禁軍，位次列卿，後成爲武散官，不領兵。太和十七年定爲從三品中，二十三年改爲五品。北齊從四品。　屯騎：官名。即屯騎校尉。西漢始置，東漢初改爲驍騎，後復舊。三國魏、晋、南朝沿置。北魏初典掌禁軍，位次列卿，後成爲武散官，不領兵。太和十七年定爲從三品中，二十三年改爲五品。北齊從四品。　長水：官名。即長水校尉。西漢始置，屯戍京師，兼任征伐。東漢初省，後復置。三國魏、晋、南朝沿置。北魏初典掌禁軍，位次列卿，後成爲武散官，不領兵。太和十七年定爲從三品中，二十三年改爲五品。北齊，從四品。

[14]奉車都尉：官名。西漢始置，掌皇帝車輿，入侍左右，多由皇帝親信充任。東漢、三國沿置。魏、晋用作加官。南朝隸集書省。北魏列爲冗職，太和十七年定爲從四品上，二十三年改爲從五品上。北齊沿之，從五品。

[15]武賁中郎將：官名。即虎賁中郎將，唐人因諱改。西漢時更期門爲虎賁郎，置虎賁中郎將統領。東漢、三國魏、蜀、吳、西晋沿置，東晋興寧二年（364）罷。南朝宋復置，齊、梁、陳沿置。北魏亦置，太和二十三年定爲六品。北齊屬左右衛府，六品。　羽林監：官名。東漢置羽林左、右監。三國魏（一説西晋）省其左而置，掌宿衛送從。晋唯置羽林左監。南朝宋復置，齊、梁、陳沿置。北魏沿置，六品。北齊因之。

[16]冗從僕射：官名。三國魏置，爲統營兵，爲皇帝侍衛首領，掌宮禁侍衛，隸光禄勳。五品。西晋沿置，與虎賁中郎將、羽林監合稱三將。五品。東晋以後無營兵，南朝屬領兵將軍（中領軍）。宋泰始以後，多以軍功得之，無復員限。五品。梁五班，陳七品。北魏屬領軍將軍，統領直齋，侍衛皇宮。太和十七年定爲從四品上，二十三年改爲六品。北齊沿置，六品。

[17]騎都尉：官名。秦末漢初爲統領騎兵之武職，無員，無固定職掌，不統兵時爲侍衛武官。西漢宣帝時以一人監羽林騎，又以

一人領西域都護，後又有領三輔胡越騎、監河堤事者。東漢、三國沿置，魏、晉時爲親近侍從武官，多用作皇族、外戚的加官，奉朝請。西晉末罷，南朝復置。十六國多置，北魏爲冗職，太和十七年定爲從四品上，二十三年改爲從六品上。北齊因之，從六品上。

[18]積弩：官名。即積弩將軍。三國魏置左右積弩將軍，爲雜號將軍。四品。西晉罷振威、揚威護軍，置左右積弩將軍。四品。南朝宋、齊時，東宮亦置左右積弩將軍。南朝宋多以軍功得此職。梁沿置，四班。十六國亦有置。北魏沿置，太和十七年定爲從四品下，二十三年改爲七品上。北齊因之，七品上。　積射：官名。即積射將軍。東漢初置，統兵，爲雜號將軍。西晉復置（一説三國魏時復置），領積射營。東晉沿之。十六國西秦亦置。南朝宋泰始以後，多以軍功得此，無員限。梁、陳沿置。北魏太和二十三年定爲七品上。北齊時屬左右衛府，七品上。　強弩：官名。即強弩將軍。西漢元朔五年（前124）置，以李沮任之，統兵伐匈奴。兩漢爲雜號將軍，省置無常。三國魏末置以掌宿衛。四品。西晉立弩營，以爲長官，充任皇帝侍衛。南朝宋泰始以後成爲將軍名號。齊、梁、陳沿置。北魏太和十七年定爲從四品下，二十三年改爲從七品上。北齊，從七品上。　武騎常侍：官名。西漢置爲加官，亦稱常侍武騎，皇帝近侍護衛之一，東漢省。南朝宋大明中復置，爲侍從武官，齊、梁、陳因之。北齊沿置，從七品。

[19]殿中將軍：官名。三國魏置，掌典禁兵督守殿廷。兩晉、南朝沿置。北魏沿置，太和十七年定爲五品中，二十三年改爲八品上。北齊因之，八品上。

[20]員外將軍：官名。即殿中員外將軍。爲正員以外添授的將軍。西晉初殿中將軍定員二十人，過員者爲殿中員外將軍，十六國後趙亦置。南朝沿置。北魏太和十七年定爲從五品中，二十三年改爲從八品，北齊從八品。

[21]殿中司馬督：官名。西晉始置，統領禁軍，負責宮殿內的宿衛，分隸於左、右衛將軍，六品。東晉始任用士族。南朝宋初增

爲二十人，後無員限。六品。梁爲侍從武官，位爲位不登二品者五班。北魏太和十七年定爲從六品中，二十三年改爲九品。北齊沿置，九品。

　　[22]員外司馬督：官名。即殿中員外司馬督。爲正員以外添授的司馬督。南朝宋時，殿中司馬督定員二十人，過員者稱殿中員外司馬督。梁位爲位不登二品者七班。北魏太和二十三年定爲從九品，北齊因之，從九品。

　　　領左右府，有領左右將軍、領千牛備身，[1] 又有左右備身正副都督、左右備身五職、左右備身員。[2] 又有刀劍備身正副都督、刀劍備身五職、刀劍備身員。[3] 又有備身正副督、備身五職員。[4]

　　[1]領左右將軍：官名。北齊置，侍衛皇帝左右，爲領左右府長官。後於其上置領左右大將軍，遂降爲此官。從三品。　領千牛備身：官名。亦稱千牛備身。北魏始置，掌乘輿御刀，宿衛侍從。北齊沿置，六品。

　　[2]左右備身正副都督：官名。北齊置，皇帝侍從武官首領之一，掌宿衛侍從。左右備身正都督，從四品上。左右備身副都督，從五品上。　左右備身五職：北齊所置左右備身正副都督屬下五官的合稱，分別爲左右備身都將、左右備身別將、左右備身統軍、左右備身軍主、左右備身幢主。負責宿衛侍從。七品。　左右備身：官名。北齊置，爲侍衛武官，掌宿衛侍從。從七品。

　　[3]刀劍備身正副都督：官名。北齊置，掌執刀劍宿衛侍從。刀劍備身正都督，從四品上。刀劍備身副都督，從五品上。　刀劍備身五職：北齊所置刀劍備身正副都督屬下五官合稱，分別爲刀劍備身都將、刀劍備身別將、刀劍備身統軍、刀劍備身軍主、刀劍備身幢主。負責侍衛皇帝左右。八品。

[4]備身正副督：官名。北齊置，掌宫禁侍衛。備身正督，從四品。備身副督，從五品。　備身五職：北齊所置備身正副督屬下五官合稱，分别爲備身别將、備身都將、備身統軍、備身軍主、備身幢主。負責宫禁侍衛。從八品。

護軍府，[1]將軍一人，[2]掌四中、關津。[3]輿駕出則護駕。中護軍亦同。[4]有長史、司馬、功曹、五官、主簿、録事，[5]鳌其府事。其屬官，東西南北四中府皆統之。四府各中郎將一人，[6]長史、司馬、録事參軍、統府録事各一人。[7]又有統府直兵及功曹、倉曹、中兵、外兵、騎兵、長流、城局等參軍各一人，[8]法、田、鎧等曹行參軍各一人。[9]又領諸關尉、津尉。[10]

[1]護軍府：官署名。北齊置，爲護軍將軍、中護軍府署。

[2]將軍：官名。即護軍將軍。東漢末曹操改丞相府護軍爲中護軍，其資重得遷護軍將軍，職掌相同，典武官選舉，與中領軍（領軍將軍）同掌禁軍，出征時督護諸將，隸屬領軍。四品。西晉職權減少，東晉省併入領軍，後復分置。南朝沿置。北魏沿置，太和十七年定爲二品上，二十三年改爲從二品。北齊爲護軍府長官，皆金章紫綬。魏、晉、南朝宋、陳其品皆與中護軍同，梁、北魏、北齊則比中護軍高一階。從二品。

[3]四中：官署名。指東、西、南、北四中郎將府。北齊置，爲東、西、南、北四中郎將管理機構。

[4]中護軍：官名。東漢置，掌軍中參謀、協調諸部。東漢末曹操改護軍置，曹魏、蜀亦置。西晉職權減少。東晉省併入領軍，後復分置。南朝沿置。北魏則侍臣帶護軍始加中字，太和十七年定爲二品中，二十三年改爲三品。北齊沿置，三品。

[5]長史：官名。此指領軍府長史。掌府事，爲文職上佐，職

任類似於總管。五品。　司馬：官名。此指領軍府司馬。掌參贊軍務，管理本府武職。五品。　功曹：官名。此指領軍府功曹。爲領軍府重要僚屬之一。從九品。　五官：官名。此指領軍府五官。爲領軍府重要僚屬，地位僅次於功曹。品秩不詳。　主簿：官名。此指領軍府主簿。爲領軍府重要僚屬，掌印，負責文書的勾檢稽失。品秩不詳。　録事：官名。此指領軍府録事。掌管領軍府文書等事務。品秩不詳。

[6]中郎將：官名。即東、西、南、北中郎將。東中郎將，東漢末年置，率師征伐。魏晉南北朝沿置，地位重要，多有較固定的轄區和治所。東魏都鄴後，於碻石橋置東中郎將府。北魏初，屬中護軍（護軍將軍），世宗永平中暫時隸屬中領軍（領軍將軍）。東魏武定七年復屬中護軍，北齊亦屬護軍府，從三品。西中郎將，東漢末年置，率師征伐。魏晉南北朝沿之，或鎮守某地。東魏都鄴後，於蒲泉置西中郎將府。北魏初，屬中護軍（護軍將軍）。世宗永平中，暫時隸屬中領軍（領軍護軍）。東魏武定七年復屬中護軍，北齊亦屬護軍府，從三品。南中郎將，東漢末年置，率師征伐。魏晉南北朝沿置，多率師征戰，職權頗重。東魏都鄴後，於濟北置南中郎將府。北魏初，屬中護軍（護軍將軍），世宗永平中權隸中領軍（領軍將軍）。東魏武定七年（549）復屬中護軍，北齊亦屬護軍府，從三品。北中郎將，東漢末年置，率師征伐。魏晉南北朝沿置，地位重要，多有較爲固定的轄區和治所。東魏都鄴後，於洺水置北中郎將府。北魏初，屬中護軍（護軍將軍），世宗永平中暫時隸屬中領軍（領軍將軍）。東魏武定七年復屬中護軍，北齊亦屬護軍府，從三品。

[7]長史：官名。此指四中郎將府長史。掌府事，爲文職上佐，職任類似於總管。六品上。　司馬：官名。此指四中府司馬。掌參贊軍務，管理本府武職。六品。　録事參軍：官名。此指四中郎將府録事參軍事。負責總録文簿，舉彈善惡。七品上。　統府録事：官名。此指四中郎將府統府録事。具體職掌不詳。

[8]統府直兵：官名。此指四中郎將府統府直兵，具體職掌不詳。　功曹：官名。此指四中郎將府功曹參軍。掌糾駁獻替。七品。　倉曹：官名。此指四中郎將府倉曹參軍。掌倉穀事，七品。

中兵：官名。此指四中郎將府中兵參軍。爲幕府僚屬，七品。

外兵：官名。此指四中郎將府外兵參軍。爲幕府僚屬，從七品上。

騎兵：官名。此指四中郎將府騎兵參軍。爲幕府僚屬，從七品上。　長流：官名。此指四中郎將府長流參軍。爲幕府僚屬，從七品上。　城局：官名。此指四中郎將府城局參軍。掌盜賊勞作事。從七品上。

[9]法：官名。此指四中郎將府法曹行參軍。八品上。　田：官名。此指四中郎將府田曹行參軍。八品上。　鎧：官名。此指四中郎將府鎧曹行參軍。八品上。

[10]關尉：官名。秦始置，掌稽查出入吏民，徵收關稅。後代沿置。北齊置於諸關，掌關隘守衛，控制人員進出，屬護軍府。從九品上。　津尉：官名。北齊置，管理河津渡口。從九品上。

行臺，[1]在令無文。其官置令、僕射。[2]其尚書丞郎，[3]皆隨權制而置員焉。其文未詳。

[1]行臺：魏晉南北朝時期尚書臺（省）臨時在外設置的分支機構。“臺”指中央尚書省，出征時於其駐地設立代表中央的臨時機構稱行臺。兩晉時多爲權臣自行建立，以發號施令。又稱行尚書臺或行臺省。若任職者權位特重，稱大行臺。北魏、北齊時設置漸多，成爲地方最高行政機構。

[2]令：官名。即行臺尚書令。北魏設爲諸行臺最高長官，總管所轄地區軍政、民政。北齊沿置。　僕射：官名。即行臺尚書僕射。北魏設爲諸行臺高級官員，爲行臺尚書令副職，尚書令缺或未置，則爲行臺最高長官，分左、右則左居右上。北齊沿置。

[3]尚書丞：官名。有行臺尚書左、右丞之分。行臺尚書左丞，北魏置，東魏、北齊沿置，多省稱爲行臺左丞，在行臺内職掌同尚書左丞。行臺尚書右丞，北魏置，東魏、西魏、北齊沿置，多省稱爲行臺右丞。在行臺内職掌同尚書右丞。　郎：官名。即行臺郎中，亦稱行臺郎。北魏置，東魏、西魏、北齊沿置，爲行臺諸曹郎中的泛稱，各曹皆冠以曹名。有時以稱不理具體曹務的官員。

太子太師、太傅、太保，[1]是爲三師，掌師範訓導，輔翊皇太子。少師、少傅、少保，[2]是爲三少，各一人，掌奉皇太子，以觀三師之德。出則三師在前，三少在後。

[1]太子太師：官名。西晋始置，爲東宮三師之首。掌輔導太子，因避景帝司馬師之諱，時稱太子太帥。三品。東晋、南朝省，北魏、北齊復置，皆二品。　太傅：官名。即太子太傅。西漢始置，掌保養、監護、輔翼太子，昭、宣以後，兼掌教諭訓導，並與太子少傅同領東宮官屬，管理衆務。新莽改稱太子師，東漢復舊，但唯掌輔導太子。魏、晋時若未置詹事則領東宮官屬，掌衆務。南朝宋以後不復領東宮官屬。北魏、北齊復置，皆二品。　太保：官名。即太子太保。西晋始置。掌輔導太子。三品。東晋、南朝省，北魏、北齊復置，皆二品。

[2]少師：官名。即太子少師。西晋始置。掌輔導太子。三品。東晋、南朝省，北魏、北齊復置，皆三品。　少傅：官名。即太子少傅。西漢始置，佐太子太傅輔導太子，並與其同領東宮官屬，管理衆務。東漢時除輔導太子外，總領東宮官屬，管理衆務。魏、晋時若未置詹事則領東宮官屬。南朝宋以後不復領東宮官屬。北魏、北齊皆三品。　少保：官名。即太子少保。西晋始置。掌輔導太子。三品。東晋、南朝省，北魏、北齊復置，皆三品。

詹事,[1]總東宮內外衆務,事無大小,皆統之。府置丞、功曹、五官、主簿、錄事員。[2]領家令、率更令、僕等三寺,[3]左、右衛二坊。[4]三寺各置丞,[5]二坊各置司馬,[6]俱有功曹、主簿,[7]以承其事。

[1]詹事:官名。即太子詹事。戰國時秦國置,爲管理太后、王后、太子諸宮庶務的官員。秦、西漢皇太后、皇后、太子宮皆置。東漢省,其屬官改隸太子少傅。魏晉以來唯置於太子宮,故亦稱太子詹事。掌東宮內外庶務,明帝後省。西晉復置,領東宮庶務,後或省或置。太安後常置。自後太子諸師雖以輔導爲名,詹事實負輔翊教導太子之責,兼掌東宮一切事務、官屬。北魏初分置左、右,太和十七年定爲二品下,後併爲一員,二十三年改爲三品。北齊沿置,亦三品。詹,古碑志亦作"瞻"。

[2]府:官署名。即太子詹事府。管理東宮事務的官署,以詹事爲長官。南北朝時設,東宮內外大小事務及輔翼太子之職皆屬之,職權甚重。 丞:官名。即太子詹事丞,初爲詹事副貳官,協掌宮內庶務,戰國秦太后、王后、太子諸宮皆設。秦、西漢沿置,後或改或省。魏晉以來,唯置於太子東宮,管理詹事府內事務,掌文書。北魏太和十七年定爲從五品中,二十三年改七品。北齊七品。 功曹:官名。此指詹事府功曹。爲詹事府重要僚屬之一。從九品。 五官:官名。此指詹事府五官,爲詹事府重要僚屬,地位僅次於功曹。品秩不詳。 主簿:官名。此指詹事府主簿,爲詹事府重要僚屬,掌印,負責文書的勾檢稽失。品秩不詳。 錄事:官名。此指詹事府錄事,掌管詹事府文書等事務。品秩不詳。

[3]家令:官署名。即太子家令寺。北齊置,主管東宮刑獄、膳食、倉儲、奴婢諸務。以太子家令爲其長官。太子家令,秦始置,隸太子詹事。西漢沿置,管理太子湯沐邑,兼掌東宮刑獄、飲

食、倉庫等。新莽改稱中更。東漢復置，魏晋南朝沿置。北魏從四品上，北齊沿之，亦從四品上。　率更：官署名。即太子率更令寺。北齊置，掌東宮周衛禁防，漏刻鐘鼓。以太子率更令爲其長官。太子率更令，秦始置，西漢沿置，掌知漏刻，主東宮值宿事。東漢魏晋南朝沿置。北魏從四品上。置詹事時則隸之，不置詹事則隸太子二傅。北齊置爲太子率更寺長官。從四品上。　僕：官署名。即太子僕寺。北齊置，掌東宮輿馬諸務。以太子僕爲其長官。太子僕，秦始置。西漢沿置，主東宮車馬。東漢、三國魏、兩晋南朝沿置。北魏從四品上，北齊從四品上。

[4]左、右衛二坊：官署名。即太子左、右衛二坊。北齊置，隸太子詹事府，共掌東宮禁衛。長官爲率，屬官有司馬等。左、右衛坊各領騎官備身、内直備身、備身、直閣、直前、直後，太子旅騎、屯衛、典軍校尉，騎尉等侍衛武職。

[5]丞：官名。即太子家丞、太子率更丞、太子僕丞。太子家丞，秦始置，爲太子家令副貳。兩漢沿置，秩四百石。魏晋八品，南朝宋九品，梁位不登二品者七班，北魏九品，北齊爲太子家令寺次官，掌判寺事，九品。太子率更丞，秦始置，爲太子率更令副貳。西漢沿置，秩四百石。魏晋八品，南朝宋九品，梁位不登二品者七班，北魏九品。北齊置爲太子率更寺次官，掌判寺事。太子僕丞，秦始置，西漢沿置，佐太子僕掌東宮車馬諸務。三國魏、南朝梁亦置，北魏定爲從八品下，北齊置爲太子僕寺次官，九品。

[6]司馬：官名。此指太子左、右衛二坊司馬。從七品上。

[7]功曹：官名。此指太子左、右衛二坊功曹。爲左、右衛二坊重要僚屬之一。品秩不詳。　主簿：官名。此指太子左、右衛二坊主簿，爲左、右衛二坊重要僚屬，掌印，負責文書的勾檢稽失。品秩不詳。

家令，領食官、典倉、司藏等署令、丞。[1]又領内坊令、丞。^[2]掌知閣内諸事。其食官，^[3]又別領器局、酒局二丞，^[4]典倉又別領園丞，^[5]司藏又別領仗庫、典作二局丞。^[6]率更領中盾署令、丞各一人。^[7]掌周衛禁防，漏刻鐘鼓。僕寺領厩牧署令、丞，^[8]署又別有車輿局丞^[9]。

[1]食官：官名。即太子食官令、丞。太子食官令，東漢始置，掌東宮飲膳事務，隸太子少傅。秩六百石。三國魏改隸太子家令。七品。兩晋不復屬太子家令，職掌同太官令，七品。南朝宋屬太子中庶子，七品。北魏太和十七年定爲五品上，北齊爲太子食官署長官，九品。太子食官丞，北齊置爲太子食官署次官。品秩不詳。
典倉：官名。即太子典倉令、丞。太子典倉令，北齊置爲太子典倉署長官，管理東宮糧食倉儲事務。九品。太子典倉丞，北齊置爲太子典倉署次官。品秩不詳。　司藏：官名。即太子司藏令、丞。太子司藏令，北齊置爲太子司藏署長官，負責東宮庫藏、財貨出納及土木營繕等事務。從九品。太子司藏丞，北齊置爲太子司藏署次官，員一人。品秩不詳。

[2]内坊令：官名。即太子内坊令。北齊置，太子内坊長官，具體職掌不詳。九品上。　丞：官名。即太子内坊丞。北齊置，太子内坊次官。品秩不詳。

[3]食官：官署名。即太子食官署。掌太子飲膳事務，以令、丞爲其長貳。

[4]器局：官名。即太子器局丞。北齊置爲太子器局長官，具體職掌不詳，流外官。　酒局：官名。即太子酒局丞。北齊置爲太子酒局長官，具體職掌不詳。

[5]典倉：官署名。即太子典倉署。北齊置，掌東宮糧食倉儲事務。以令、丞爲其長貳。　園丞：官名。西漢始置，屬太常，掌守陵園。東漢沿置，秩三百石。北齊掌園圃種植之事。

[6]司藏：官署名。即司藏署。北齊置，掌東宮庫藏、財貨出

納及土木營繕等事。以令、丞爲其長貳。　仗庫：官名。即太子仗庫局丞。北齊置爲太子仗庫局長官，爲流外官。　典作：官名。即太子典作局丞。北齊置爲太子典作局長官，爲流外官。

[7]中盾署令：官名。即太子中盾署令。兩漢時爲太子官屬，北魏置，掌周衛禁防、漏刻鐘鼓。太和十七年定爲五品上。北齊爲太子中盾署長官，九品。　丞：官名。即太子中盾署丞。北齊置爲太子中盾署次官。

[8]厩牧署令：官名。即太子厩牧署令，北齊置爲太子厩牧署長官，掌東宮車馬、閑厩、牧畜。從九品上。　丞：官名。即太子厩牧署丞。北齊置爲太子厩牧署次官。品秩不詳。

[9]署：官署名。即太子厩牧署。北齊置，掌東宮車馬、閑厩、牧畜。設令、丞爲其長貳。　車輿局丞：官名。即太子車輿局丞。北齊置爲太子車輿局長官。品秩不詳。

左、右衛坊率，[1]各領騎官備身正副都督、騎官備身五職、騎官備身員。[2]又有內直備身正副都督、內直備身五職、內直備身員。[3]又有備身正副都督、備身五職員。[4]又有直閤、直前、直後員。[5]又有旅騎、屯衛、典軍等校尉各二人，[6]騎尉三十人。[7]

[1]左、右衛坊率：官名。即太子左、右衛坊率。北齊置爲太子左、右衛坊長官，屬太子詹事府，掌東宮禁衛。

[2]騎官備身正副都督：官名。即太子騎官備身正、副都督。北齊置，掌東宮侍衛。騎官備身正都督，從四品。騎官備身副都督，從五品。　騎官備身五職：北齊太子騎官備身正、副都督下所置五官合稱。分別爲太子騎官備身都將、別將、統軍、軍主、幢主。皆爲東宮侍衛武官。七品。　騎官備身：官名。北齊置，即太子騎官備身。爲東宮侍衛武官。從七品。

[3]内直備身正副都督：官名。即太子内直備身正、副都督。北齊置，掌東宫侍衛。太子内直備身正都督，從四品。太子内直備身副都督，從五品。　內直備身五職：北齊太子内直備身正、副都督下所置五官合稱。北齊置，分別爲太子内直備身都將、別將、統軍、軍主、幢主，皆侍衛東宫。從七品。　內直備身：官名。即太子内直備身。北齊置，爲東宫侍衛武官。八品。

[4]備身正副都督：官名。即太子備身正、副都督。北齊置，掌東宫侍衛。太子備身正都督，五品。太子備身副都督，六品。備身五職：北齊太子備身正、副都督下所置五官合稱。分別爲太子備身都將、別將、統軍、軍主、幢主，皆侍衛東宫。從八品。

[5]直閤：官名。即太子直閤。北齊置，掌東宫禁衛。從五品。直前：官名。即太子直前。北齊置，掌侍衛太子。從六品。　直後：官名。即太子直後。北齊置，掌侍衛太子。從七品。

[6]旅騎：官名。即太子旅騎校尉。北齊置，爲東宫侍從武官。五品。　屯衛：官名。即太子屯衛校尉。南朝宋始置，爲東宫侍從武官，掌騎兵。齊沿置。北魏亦置，從五品。北齊沿之。　典軍：官名。即太子典軍校尉。北齊置，爲東宫侍從武官。五品。

[7]騎尉：官名。北齊置，爲東宫侍從武官。七品。

門下坊，[1]中庶子、中舍人、通事守舍人、主事守舍人，[2]各四人。又領殿内、典膳、藥藏、齋帥等局。[3]殿内局有内直監二人，[4]副直監四人。[5]典膳、藥藏局，監、丞各二人。[6]藥藏又有侍醫四人。[7]齋帥局，齋帥、内閤帥各二人。[8]

[1]門下坊：官署名。即太子門下坊。北齊置，掌東宫供奉事務。

[2]中庶子：官名。即太子中庶子。秦始置，西漢置庶子。王

莽改曰中尚翼子。東漢置太子中庶子，三國魏、兩晉、南朝沿置。北魏四品上，北齊四品上。　中舍人：官名。即太子中舍人。秦、漢有太子舍人，在東宮更直宿衛。西晉置中舍人，東晉南北朝沿置。北魏太和十七年定爲四品中，二十三年改五品上。北齊隸太子門下坊，五品上。　通事守舍人：官名。南朝齊始置爲東宮屬官，掌傳達令旨，内外啓奏。梁、陳沿置。北齊太子門下坊置通事守舍人。負責宣傳令書，導引賓客。　主事守舍人：官名。南朝梁置爲東宮屬官，職掌不詳。北齊沿置。

[3] 殿内：官署名。即太子殿内局。北齊置，掌東宮衣服、筆硯等事務。　典膳：官署名。即太子典膳局。北齊置，掌東宮進膳、嘗食等事務。以監、丞爲其長貳。　藥藏：官署名。即太子藥藏局。北齊置，掌皇太子疾病診視及醫藥諸務。以監、丞爲其長貳。太子藥藏丞八品。　齋帥：官署名。即太子齋帥局。北齊置，掌東宮灑掃、鋪設諸事務。

[4] 内直監：官名。亦稱太子内直監。北齊爲太子殿内局長官，六品。

[5] 副直監：官名。亦稱太子副直監。北齊爲太子殿内局次官，從六品。

[6] 監：官名。即太子典膳監。北齊置爲太子典膳局長官，掌東宮進膳、嘗食。品秩不詳。　丞：官名。即太子典膳丞。北齊置爲太子典膳局次官，八品。

[7] 侍醫：官名。即太子侍醫。北齊置，掌侍奉太子疾病，診候議方。七品。

[8] 齋帥：官名。即太子齋帥。北魏始置，北齊沿置，掌東宮侍衛及灑掃等事務。八品。　内閤帥：官名。即太子内閤帥。北齊置，掌東宮閤内侍衛。品秩不詳。

典書坊，[1] 庶子四人，[2] 舍人二十人。[3] 又領典經坊，[4]洗馬八人，[5]守舍人二人，[6]門大夫、坊門大夫、主簿各一人。[7]并統伶官西凉二部、伶官清商二部。

[1]典書坊：官署名。即太子典書坊。北齊置，掌東宮行令書、表啓等。

[2]庶子：官名。即太子庶子。秦始置。兩漢沿置，魏晋以後成爲太子侍從官員，獻納規諫。北魏沿置，從四品上，北齊亦從四品上。

[3]舍人：官名。即太子舍人。秦始置，掌行書令、表啓等。兩漢、三國、魏晋南朝沿置。北魏從六品下，北齊亦從六品。

[4]典經坊：官署名。即太子典經坊。北齊置，爲東宮官署，掌經籍等。設洗馬、守舍人。

[5]洗馬：官名。亦稱太子洗馬。秦始置，時亦作先馬，掌賓贊受事，太子出行則爲前導。兩漢、魏晋、南朝沿置。北魏太和十七年定爲從四品上，二十三年改爲從五品上。北齊亦從五品上。

[6]守舍人：官名。即太子守舍人。北魏置，爲東宮屬官，太和十七年定爲從六品下。北齊沿置。

[7]門大夫：官名。即太子門大夫。秦始置，掌東宮門禁。兩漢、魏晋、南朝沿置。北魏從六品上，北齊亦從六品上。　坊門大夫：官名。即太子坊門大夫。北齊置，爲東宮屬官。品秩不詳。主簿：官名。此指太子典書坊主簿。品秩不詳。

自諸省臺府寺，各因其繁簡而置吏。有令史、書令史、書吏之屬。[1]又各置曹兵，[2]以共其役。其員因繁簡而立。其餘主司專其事者，各因事立名，條流甚衆，不可得而具也。

[1]令史：官名。漢始置，魏晋南朝沿置。公府、將軍府、御

史臺及尚書、門下、中書等省皆置令史，掌文書。尚書各曹郎以下置令史、書令史，分曹任事，有品秩，無定員，限滿可補郎。北魏亦同。北齊亦中央各機構皆置，均有品秩。　書令史：官名。三國魏始置，爲朝中各府署掌文書簿記的低級官吏，位令史下，各署員額不等。兩晉南北朝時期在省、臺、府、寺等中央官署中多置此官，位次令史。三國魏、兩晉、南朝宋、北魏時爲流内九品官，南朝梁、陳、北齊皆爲流外吏職。　書吏：吏名。西漢始置，承辦官府文書案牘之吏員。魏晉南北朝時中書省均設，歷代員額不等，陳時員額達二百人，位主事之下。書吏不足，並取助書。北魏置於諸局，太和十七年定爲九品上。北齊沿置，位書令史之下。

[2]曹兵：北齊時爲各級官署配備以供役使之人，無定員，諸省臺府寺因繁簡而補增或删減之。

　　王，[1]位列大司馬上。非親王則位在三公下。[2]置師一人，[3]餘官大抵與梁制不異。[4]其封内之調，[5]盡以入臺，[6]三分食一。公已下，[7]四分食一。

[1]王：爵名。漢代以後王爲爵位的最高一等，多用以封授宗室，少數建有殊勳的功臣亦封王，但歷代皆不多見。三國魏、南朝陳、北魏、北齊皆一品。

[2]親王：爵名。其稱始於南北朝時，指皇族中封王者。

[3]師：官名。亦稱王師。西晉置爲王國官，掌輔導諸王。後避諱改爲傅，南朝宋復舊，齊、梁、陳沿置。北魏、北齊亦置。北魏太和十七年定爲三品上，二十三年改三品。北齊三品。

[4]梁：即南朝梁（502—557），都建康（今江蘇南京市）。

[5]封：帝王賜予臣子的土地。　調：即户調。古代按户徵收的一種賦税。

[6]臺：指尚書省。其下度支尚書管理全國賦税收入。

[7]公：爵名。西周時定爲五等爵制第一等，僅次於王，位在侯上。一說西周時爵位等級劃分尚不嚴格，春秋、戰國時期始形成嚴格的五等爵制。秦統一後罷。東漢末復置，有封邑，置官署。魏晉時依封邑規模，分郡公、縣公、鄉公三等。皆一品。南北朝時省鄉公，並於始受封者前加"開國"二字，以別於承襲爵位者。南朝陳，郡公、縣公皆二品，北魏一品，北齊從一品。

　　皇子王國，置郎中令，[1]大農，[2]中尉，[3]常侍，[4]各一人。侍郎，[5]二人。上、中、下三將軍，[6]各一人。上、中大夫，[7]各二人。防閤，[8]四人。典書、典祠、學官、典衛等令，[9]各一人。齋帥、四人。食官、厩牧長、各一人。典醫丞、二人。典府丞、一人。執書、二人。謁者、四人。舍人十人。等員。[10]

　　[1]郎中令：官名。西漢時爲諸侯王國屬官，侍從左右，戍衛王宮。魏晉南朝時爲王國三卿之一，公、侯等國亦或置，其品秩隨國主地位高低不等。北朝時諸王、公、侯、伯、子、男國皆置。北魏皇子郎中令七品上，北齊皇子郎中令六品上。

　　[2]大農：官名。東漢末魏王國列卿之一。曹丕稱帝後，改名爲大司農。諸王國仍置。兩晉公國亦置。南朝王國皆置，公國不常置。其品秩隨國主地位高低而定。北魏、北齊王、公、侯、伯、子、男國皆置。北魏皇子大農從六品上，北齊亦從六品上。

　　[3]中尉：官名。西漢時爲諸侯國屬官，主管軍事。東漢沿置。魏晉南北朝時期地位稍減，掌國中軍兵。其品秩隨國主地位而高下不等。北魏皇子國中尉七品上，北齊亦七品上。

　　[4]常侍：官名。魏晉南朝王、公等國置爲屬官。侍從左右，贊相禮儀，獻替諫諍。兩晉、南朝皆分置左右，員額依國之大小不等。兩晉、南朝、北魏、北齊沿置，分置左右，員額依國之大小不

等。北魏皇子常侍從七品，北齊皇子常侍亦從七品。

[5]侍郎：官名。西漢置爲諸侯王國屬官，掌侍從左右。魏晋南北朝亦置，掌贊相威儀，通傳教令。魏、西晋王、公、侯等國皆置。南朝或分置左、右。北魏、北齊略同，皇子侍郎八品上。

[6]上：官名。即上將軍。戰國時魏、秦、燕、齊國皆置此官，爲督軍征戰的主帥，一説爲前軍之將。西漢亦置，位極尊。北魏置爲諸皇子及王、公國屬官，諸皇子所屬爲從八品，北齊沿置，品秩皆同。　中：官名。即中將軍。北魏始置，爲諸皇子及王、公國屬官，統國中軍兵。品秩隨國主地位而高下不等，皇子中將軍從八品。北齊沿置，品秩皆同。　下：官名。即下將軍。北魏始置，爲諸皇子及王、公國屬官，統國中軍兵。品秩隨國主地位而高下不等，皇子國下將軍從八品。北齊沿置，品秩皆同。

[7]上：官名。即上大夫。北齊置，輔佐諸皇子、王、公。品秩隨國主地位而高下不等，皇子上大夫從八品。　中大夫：官名。西漢置爲王國屬官，晋、南北朝沿置。北齊品秩隨國主地位而高下不等，皇子國中大夫從八品。

[8]防閤：官名。亦作防閣。南朝時諸王、都督、刺史置防閤，以勇略之士防衛齋閤。北齊亦置，皇子防閤九品上。

[9]典書：官名。即典書令。原爲吏部尚書之職，西晋王國置典書令一人。東晋、十六國前燕、南朝皆置，北魏、北齊沿置，皇子典書令皆九品上。　典祠：官名。即典祠令。三國魏始置，爲諸王、公、侯、伯、子國屬官。兩晋南北朝沿置。北魏太和二十三年定皇子典祠令爲從九品上，北齊亦同。　學官：官名。即學官令。西晋王國置，東晋南朝沿置。北魏皇子學官令從九品上，北齊亦同。　典衛：官名。三國魏晋諸公、侯國所置侍衛官。掌守衛居宅事。南朝因之。北魏僅皇子國置，從九品上。北齊皇子典衛令從九品上。

[10]齋帥：官名。此指皇子齋帥。掌鋪設灑掃事。　食官：官名。即食官長。南朝始爲諸侯王府屬官，掌營造、膳食事。北齊亦

置。 厩牧長：官名。又稱牧長。西晋時諸王國府置牧長，掌知畜牧牛馬事，南朝宋因之，齊改名厩牧長，北齊因之。 典醫丞：官名。南朝始爲諸侯王府屬官，掌醫藥等事。北齊亦置。 典府丞：官名。王國屬官，西晋始置，初名典府，後逐漸演變爲典府丞。掌知府内雜事。陳及北齊因之。 執書：官名。北齊置爲皇子及諸王國屬官。職掌不詳。 謁者：官名。此指皇子國謁者。秦始置爲諸侯王國屬官，掌關通内外，導引賓客。漢魏晋南北朝沿置。 舍人：官名。三國時置爲王國屬官，掌文檄之事。魏晋南北朝沿置。

　　諸王國，則加有陵長、廟長、常侍各一人，[1]而無中將軍員。上、中大夫各減一人。諸公又減諸王防閣、齋帥、典醫丞等員。[2]諸侯伯子男國，[3]又減諸公國將軍、大夫員。諸公主則置家令、丞、主簿、録事等員。[4]

　　[1]陵長：官名。南朝梁諸王國置，北齊王國及公侯國亦置。廟長：官名。南朝梁諸王國置，北齊王國及公侯國亦置。 常侍：官名。此指諸王國常侍。從八品。

　　[2]公：爵名。西周五等爵之一。魏晋以後，開始依照封國規模，分郡公、縣公、鄉公、開國公、開國郡公、開國縣公等名目。三國魏咸熙元年（264）定制：凡公爵，賜地方七十里、邑一千八百户，許置相一人，職如太守，又置郎中令、中尉、大農、司馬、常侍、侍郎、家令、典祠、典書、典衛、典禮等屬官。一品。西晋咸寧三年（277）置大、次、小王國，凡大國、次國始封王之支子封爲公，置公國如五千户王國，設官因魏制，無定制。許置軍千人，以中尉領之。一品。東晋諸公仍置國，無常侍，罷中尉，不置軍。南朝宋因之。齊唯置郎中令一卿。梁置相，掌民政，由朝廷選差；典祠令、典書令、典衛長等，得自選補。諸公位視三公，班次

之。陳分開國郡公、開國縣公兩等，皇子皆封公。北魏天賜元年（404），定王、公、侯、子四等爵，公二品，封小郡。太和二十三年定制：開國郡公一品，開國縣公從一品。北齊開國郡公從一品，散郡公、開國縣公二品，散縣公從二品，其國各設郎中令、大農、中尉、常侍、侍郎、上下將軍等官，典書、典祠、典衛等令。

[3]侯：爵名。西周五等爵之一。戰國秦至秦朝行二十等爵，十九級爲關內侯，居京畿無國邑；二十級爲徹侯，有食邑。東漢後期列侯依其封邑地區等級，又有縣侯、鄉侯、都鄉侯、亭侯、都亭侯之別，末期曹操所設關中侯、關外侯爲虛封，不食租。三國魏復五等爵制，侯次公，居第二等。兩晉至南北朝有郡侯、縣侯、鄉侯、亭侯、開國侯、散侯、關內侯等名號。三國魏咸熙元年定制，諸侯國地方七十里，邑一千六百户，官屬同公，設相一人，職如縣令，又有傅、家令、丞、庶子、文學、司馬、旅賁。凡侯爵皆一品。西晉咸寧三年定大、次、小王國之制，大國、次國承封王之支子爲侯，侯國制度同不滿五千户王國，置軍一千人，以中尉領之。東晉罷中尉，不置軍，又省大農、常侍及侍郎。南朝宋因之，自三品至六品不等。齊侯國置郎中令一卿。梁置相，由朝廷選任，掌民政；典祠令、典書令、典衛長等，得自選補。其食邑千户已上，置家丞、庶子。陳制，自三品至九品不等。北魏天賜元年定制，侯封大縣，三品。太和二十三年定爲二品或從二品。北齊開國縣侯從二品，散縣侯三品，侯國設官減公國將軍、大夫員，封內之調，四分食一。北魏、北齊侯國設郎中令、大農、中尉、常侍、侍郎、典書、典祠、學官、典衛等令，食官、廐牧等長。　伯：爵名。西周五等爵之一。三國魏咸熙元年復五等爵，定諸伯地方六十里，邑千二百户，一品。西晉始對立國建官食封邑之伯爵加“開國”之號。咸寧三年定爵制，規定大國、次國繼承封王之支子爲伯，不置軍，官屬減公侯國。南北朝沿置。　子：爵名。西周五等爵之一。三國魏咸熙元年定爵制，諸子地方五十里，邑八百户。凡子爵，官一品。晉咸寧三年定大、次、小王國制，其五千户以上之小國，始封

王之支子爲子。東晉南朝沿置。北魏天賜元年定制，子封小縣。

男：爵名。西周五等爵之一。三國魏咸熙元年復五等爵，定諸男地方三十五里，邑四百户，位一品。晉朝始對立國建官食封邑之男爵加"開國"之稱。西晉咸寧三年定王國制，規定不滿五千户始封王之支子、始封公侯之支子皆爲男。男國不置軍，官屬減公國，無定制。東晉南北朝沿置。

[4]家令：官名。即公主家令。西漢始置，隸宗正，掌公主家中諸項事務。東漢沿置，秩六百石，有丞。魏八品。晉、南朝省置無常。晉八品，北魏太和十七年爲七品中，二十三年定爲九品上，北齊九品上。　丞：官名。即公主家丞。東漢時置爲公主家令副職，佐令執掌公主家事務，隸宗正。秩三百石。北齊亦置。品秩不詳。　主簿：官名。此指公主主簿。爲公主家重要僚屬，掌印，負責文書的勾檢稽失。品秩不詳。　録事：官名。此指公主録事。掌管公主家文書等事務。品秩不詳。

司州，[1]置牧。[2]屬官有別駕從事史，[3]治中從事史，[4]州都，[5]主簿，[6]西曹書佐，[7]記室，[8]户曹，[9]功曹，[10]金曹，[11]租曹，[12]兵曹、騎曹，[13]都官、法曹、部郡等從事員。[14]主簿置史，[15]西曹已下各置掾史。[16]又領西、東市署令、丞，[17]及統清都郡、諸畿郡。[18]

[1]司州：北齊時治所在今河北臨漳縣西南。

[2]牧：官名。西漢成帝時改州刺史置牧，秩二千石，位次九卿，監察州郡。後廢置不常。東漢靈帝時復置，掌一州軍政大權，位高於郡守。自三國至南朝，成爲一州最高長官，與刺史並置時位高於刺史。其間，亦有遥領之制。南朝宋以後僅揚州、豫州等置，爲榮譽稱號，授丞相等權臣。北魏、北齊司州置，從二品。

[3]別駕從事史：官名。簡稱別駕。西漢時置爲州之佐史。爲

州之上佐，職權甚重，事無不統。三國魏、蜀、吳皆置。晋沿魏制，南朝主吏員選舉。十六國前秦、前涼、後秦皆置。北魏亦置，太和二十三年改定官品，司州別駕爲從四品上，他州別駕依州等不同，自五品至七品不等。北齊沿置，司州從四品上，上州六品上，下州七品上。魏、晋、北魏前期，別駕例用本州人，由刺史自行辟除。其後，漸爲朝廷任命。

[4]治中從事史：官名。簡稱治中。西漢時置爲州之佐吏。主選署及文書案卷，三國魏、蜀、吳皆置。晋、南朝亦置。十六國前涼置。北魏亦置，州或一至三人不等，太和二十三年定司州治中爲從四品下，他州治中自正五品至正七品不等，治中多遷別駕。北齊司州治中從事史從四品，上州治中從事史六品，中州從六品，下州無。

[5]州都：官名。此指司州州都。原爲魏晋南朝各州大中正的別稱，也有説是州都大中正的省稱，亦稱都士。掌一州之人物品第，以爲吏部銓選之根據，並有委任州主簿及從事之權。北魏爲州牧屬官，掌評士族内部品第。職似中正，在九品中正制度下依品第選任官吏，其任頗重。北齊爲州刺史屬官，視從七品，地位遠低於州大中正。

[6]主簿：官名。西漢州郡官府置，典領文書簿籍，經辦事務。東漢、三國、魏、晋、南朝沿之。北朝州郡亦置，雖非掾吏之首，但地位較高。北齊司州主簿視從七品。

[7]西曹書佐：官名。西晋改功曹書佐置，爲州刺史佐吏，掌諸吏及選舉事，位別駕、治中下，與主簿相亞而略低，在諸從事之上。北齊司州所置視八品。

[8]記室：官名。即記室從事。漢朝自三公府至郡縣皆置爲佐吏，具體名稱不一，太尉屬吏有記室令史，郡府有主記室史，縣府有記室史，皆主文書表報。三國魏定諸府記室官七品。兩晋南北朝以來有記室令史、記室督、記室參軍、中記室參軍等名目，省稱記室。品秩不詳。

[9]户曹：官名。即户曹從事。漢三公府及郡府置，爲户曹長官，掌民户、祠祀、農桑等事務。三國魏、晋、南朝及北魏、北齊沿置，僅置於州郡縣户曹。品秩不詳。

[10]功曹：官名。即功曹從事。漢縣府所屬功曹之長，亦稱主吏掾。掌選舉，兼參諸曹事務。北齊司州置爲功曹長官，視從八品。

[11]金曹：官名。即金曹從事。東漢末州郡置，但非定制。北齊司州置，爲金曹長官，視從八品。

[12]租曹：官名。即租曹從事。北齊司州置，爲租曹長官，視從八品。

[13]兵曹：官名。即兵曹從事。北齊司州置，爲兵曹長官，視從八品。　騎曹：官名。即騎曹從事，北齊置於京畿州、郡、縣府。州設從事，爲騎曹長官，管理軍馬。郡、縣設掾掌騎曹事。視從八品。

[14]都官：官名。即都官從事。北魏置爲司州牧、司州刺史屬官。太和十七年定爲從四品中。北齊沿置。視從八品。　法曹：官名。即法曹從事，北齊司州置爲法曹長官，視從八品。　部郡：官名。即部郡從事，亦稱部郡從事史。三國始置，掌督促文書、察舉非法，爲州之佐吏。南朝沿置。北齊諸州亦置，視九品。

[15]史：官府佐吏統稱。西漢郡縣皆置史，主文書。名目不一，郡府屬吏曰卒史，縣丞、尉屬吏曰丞史、尉史，縣令屬吏曰令史。晋沿置，爲郡縣諸曹屬吏，與掾同置而位低於掾。南北朝沿置。

[16]掾：官府佐吏統稱。西漢置於三公府及其他重要官府，分曹治事。三國、晋、南北朝公府皆置，北齊除大理寺外，並置於郡縣。

[17]西、東市署令、丞：官名。春秋時楚國置市令，主管市場交易。漢代大城市均置市長，然長安兩市，一市置長，一市置令。南北朝或置或廢。北齊司州內設西、東市署令、丞爲市署長貳，京

邑二市署令從七品。

[18]清都郡：都城所在郡。　　畿郡：京師附近的郡。

清都郡，置尹，[1]丞，[2]中正，[3]功曹、主簿，[4]督郵，[5]五官，[6]門下督，[7]録事，[8]主記，[9]議生，[10]及功曹、記室、户、田、金、租、兵、騎、賊、法等曹掾，[11]中部掾等員。[12]

[1]尹：官名。即清都尹。北齊置爲都城所在郡長官，多由宗室擔任。三品。

[2]丞：官名。即清都郡丞。北齊置爲都城所在郡副長官。秦漢郡置丞，爲郡守（太守）副貳，佐郡守掌衆事。秩六百石，由朝廷任命。東漢沿置，後又罷邊郡丞，以長史領丞職。三國置，魏八品，亦稱府丞。西晉沿置，東晉罷。南朝宋復置，梁、陳沿置。西晉、南朝宋皆八品，梁郡丞十班，陳萬户郡丞七品，萬户以下郡丞八品。北魏、北齊亦置，北齊清都郡丞從五品。

[3]中正：官名。即郡中正。又稱小中正、郡正。三國魏曹丕始置，掌考察州郡人才品德。三國魏時由各郡長官推選，晉例由司徒選授，掌一郡人物之品第，以爲吏部銓選官吏之依據。南北朝沿置。北齊清都郡中正，視八品。

[4]功曹：官名。此指清都郡功曹。北齊爲視第八品。　　主簿：官名。此指清都郡主簿。北齊爲視從八品。

[5]督郵：官名。西漢始置，爲郡府屬吏。本名督郵書掾（或謂督郵曹掾），省稱督郵掾、督郵。主要職掌除督送郵書外，又代表郡守督察諸縣、宣達教令，兼及案繫盜賊，點録囚徒，催繳租賦等。由郡守自辟，職權甚重，分有二部、三部、四部、五部不等，其職名或冠以東、西、南、北、中，或稱五部督郵。秩六百石。三國、魏、晉皆置，晉督郵因事而立，多者一郡達三十餘人。十六國

之後涼，南朝宋、齊、梁及北齊沿置。

[6]五官：官名。此指清都郡五官。

[7]門下督：官名。西漢郡縣屬官，主盜賊事。亦稱門下督盜賊。東漢、魏、晉、南朝沿置，北齊爲清都郡及上上州、郡、縣屬官。

[8]録事：官名。此指清都郡録事。

[9]主記：官名。三國魏置爲郡府官，爲長官親近之吏，掌記録、文書。北齊清都郡，鄴、臨漳、成安三縣置。

[10]議生：官名。晋郡縣屬吏中散吏之一，職掌謀議。北齊清都郡，鄴、臨漳、成安三縣置。

[11]功曹：官名。即功曹掾，漢縣府所屬功曹之長，亦稱主吏掾。掌選署功勞。北齊司州及諸州置爲曹屬官，清都郡，鄴、臨漳、成安三縣置掾主其曹事。　記室：官名。即記室掾。北齊司州及諸州置爲曹屬官，清都郡，鄴、臨漳、成安三縣置掾主其曹事。

戶：官名。即戶曹掾。漢三公府及郡府置，爲戶曹長官。主戶曹事。三國、西晋沿之。東晋、南朝僅置於州郡縣戶曹、公府、將軍府。北齊司州及諸州置爲曹屬官，清都郡，鄴、臨漳、成安三縣置掾主其曹事。　田：官名。即田曹掾，西漢置爲郡縣屬官，掌農政。北魏一度置，北齊司州及諸州置爲曹屬官，清都郡，鄴、臨漳、成安三縣置掾主其曹事。　金：官名。即金部掾。漢三公府置金曹，掌貨幣、鹽鐵事，以掾主其事。郡國亦置，兼掌市政。三國、西晋丞相、相國府，諸公府，大將軍府皆置。東晋諸縣亦置。北齊司州及諸州置爲曹屬官，清都郡，鄴、臨漳、成安三縣置掾主其曹事。　租：官名。即租曹掾。北齊司州及諸州置爲曹屬官，清都郡，鄴、臨漳、成安三縣置掾主其曹事。　兵：官名。東漢太尉府設兵曹，以掾爲其長官，主兵事。秩比三百石。郡縣亦置。北齊司州及諸州置爲曹屬官，清都郡，鄴、臨漳、成安三縣置掾主其曹事。　騎：官名。即騎曹掾。北齊司州及諸州置爲曹屬官，清都郡，鄴、臨漳、成安三縣置掾主其曹事。管理軍馬。　賊：官名。

即賊曹掾。東漢置爲郡縣屬官，掌盜賊事，秩百石。西晉郡縣亦置。北齊司州及諸州置爲曹屬官，清都郡，鄴、臨漳、成安三縣置掾主其曹事。　　法：官名。即法曹掾。北齊司州及諸州置爲曹屬官，清都郡，鄴、臨漳、成安三縣置掾主其曹事。

[12]中部掾：官名。漢諸郡置五部督郵，爲郡府屬吏，職司監察屬縣，地位重要。督郵分部設置，其職名有中、東、西、南、北之稱。其中河南尹置四部督郵，中部爲掾。北齊鄴、臨漳、成安三縣亦置中部掾。

鄴、臨漳、成安三縣令，[1]各置丞、中正、功曹、主簿、門下督、錄事、主記，[2]議及功曹、記室、户、田、金、租、兵、騎、賊、法等曹掾員。[3]鄴又領右部、南部、西部三尉，[4]又領十二行經途尉。[5]凡一百三十五里，[6]里置正。[7]臨漳又領左部、東部二尉，[8]左部管九行經途尉。凡一百一十四里，里置正。成安又領後部、北部二尉，[9]後部管十一行經途尉，七十四里，里置正。清都郡諸縣令已下官員，悉與上上縣同。[10]諸畿郡太守已下，悉與上上郡同。[11]

[1]鄴：縣名。北齊時治所在今河南安陽市。　　臨漳：縣名。北齊時治所在今河北臨彰縣西南。　　成安：縣名。北齊時治所在今河北臨彰縣西南，後移治今河北成安縣。　　縣令：官名。省稱令。戰國時始置，爲縣級行政機構長官，掌一縣之政令。秦漢魏晉南北朝沿置，令長區別及其本身秩位高低除依户口多少、地區大小外，還包括治理難易及治績好壞。北魏重京縣，洛陽令爲從五品。外縣則初期有令有長，天賜二年（405）縣置三令長，八品，後多爲令。太和二十三年定上縣令正六品下，中縣令正七品下，下縣令正八品

下。北魏後期多選用厮令史擔任，縉紳耻居其位。北齊鄴、臨漳、成安三縣令從五品。

[2]丞：官名。即縣丞。戰國時置，爲縣令副佐。協助縣令治理一縣政事。秦漢沿置，秩四百石至二百石，由中央任命。職掌文書及倉獄事宜。三國魏、吴置，魏大縣縣丞秩四百石，八品；次縣、小縣九品。西晋沿置。南朝宋皆九品，但不常置。梁置，北齊鄴、臨漳、成安置，他縣亦置，皆從九品上。　中正：官名。北齊鄴、臨漳、成安三縣及其他諸縣置爲縣屬官。　功曹：官名。此指鄴、臨漳、成安三縣功曹。　主簿：官名。漢時已於縣置主簿，至晋南北朝沿置，例由縣令自辟署。北齊沿置，諸縣皆置。　門下督：官名。此指鄴、臨漳、成安三縣門下督。　録事：官名。此指鄴、臨漳、成安三縣録事。　主記：官名。此指鄴、臨漳、成安三縣主記。

[3]議及功曹：中華本校勘記以爲："按上文清都郡條，'議'下當有'生'字。"議生，官名。此指鄴、臨漳、成安三縣議生。　功曹：官名。此指鄴、臨漳、成安三縣功曹掾。　記室：官名。此指鄴、臨漳、成安三縣記室掾。　户：官名。此指鄴、臨漳、成安三縣户曹掾。　田：官名。此指鄴、臨漳、成安三縣田曹掾。金：官名。此指鄴、臨漳、成安三縣金曹掾。　租：官名。此指鄴、臨漳、成安三縣租曹掾。　兵：官名。此指鄴、臨漳、成安三縣兵曹掾。　騎：官名。此指鄴、臨漳、成安三縣騎曹掾。　賊：官名。此指鄴、臨漳、成安三縣賊曹掾。　法：官名。此指鄴、臨漳、成安三縣法曹掾。

[4]右部、南部、西部三尉：官名。即右部尉、南部尉、西部尉。西漢時置部尉，爲掌管一部的治安之官。部爲區域單位，或一郡分爲幾部，或一大城市分爲幾部。西漢長安有四部尉，東漢洛陽亦有四部尉。西晋洛陽，東晋建康亦設六部尉。北齊在京畿周圍共設七部尉。

[5]行經途尉：官名。北魏於京師洛陽各處置經途尉，分屬六

部尉，負責京師治安管理。初職任較輕，從九品。北齊沿置，以稱
行經途尉，置於京師鄴城各處。從九品。

[6]里：古代基層行政單位。周制，二十五家爲里。秦漢時以
里爲一級基層單位，設里正爲其長。晋制，縣率百户置里吏一人。
北魏立三長制，五家一鄰，五鄰一里，設里長。北齊沿之。

[7]正：官名。即里正。春秋始置，爲一里之長。戰國、秦漢
沿置，東漢又稱里魁。北魏置，掌管京師諸坊内事務，先爲流外四
品，後爲流外勳品。北齊每坊置二人。

[8]左部、東部二尉：官名。北齊置，即左部尉、東部尉，負
責京畿周圍地區治安。

[9]後部、北部二尉：官名。北齊置，即後部尉、北部尉，負
責京畿周圍地區治安。

[10]上上縣：北齊制度，全國諸縣分爲上中下三等，每等又有
上中下之差，自上上縣至下下縣凡九等。

[11]上上郡：北齊制度，全國諸郡分爲上中下三等，每等又有
上中下之差，自上上郡至下下郡凡九等。

　　上上州刺史，[1]置府。屬官有長史，[2]司馬，[3]録事、
功曹、倉曹、中兵等參軍事及掾、史，[4]主簿及掾，[5]記
室掾、史，[6]外兵、騎兵、長流、城局、刑獄等參軍事
及掾、史，[7]參軍事及法、墨、田、鎧、集、士等曹行
參軍及掾史，[8]右户掾史，[9]行參軍，[10]長兼行參軍，[11]
督護，[12]統府録事，統府直兵，箱録事等員。[13]州屬官，
有别駕從事史，[14]治中從事史，[15]州都，[16]光迎主
簿，[17]主簿，[18]西曹書佐，[19]市令及史，[20]祭酒從事
史，[21]部郡從事，[22]皂服從事，[23]典籤及史，[24]門下
督，[25]省事，[26]都録事及史，[27]箱録事及史，朝直、刺

姦、記室掾，[28]户曹、田曹、金曹、租曹、兵曹、左户等掾史等員。[29]

[1]上上州：北齊制度，全國諸州分爲上中下三等，每等又有上中下之差，自上上州至下下州凡九等。　刺史：官名。西漢始置，分全國爲十三部（州），部置刺史一人，無治所，奉詔巡行諸郡，監察二千石長吏及强宗豪右、諸侯王。其後屢有廢置改名。逐漸成爲實際上比郡高一級的地方行政長官，除監察權外，又有選舉、劾奏之權，有權干預地方行政，又擁有領兵之權。三國魏州或置牧，或置刺史。蜀、吳皆置，晋刺史分級，南朝宋同，齊亦置，制不詳。梁、陳亦置。北魏孝文帝時司州置刺史，官極崇重，爲二品中。至太和二十三年時改爲司州牧，從二品。外州則例置刺史。天賜二年制，諸州置三刺史，宗室一人，異姓二人。皇興中亦有一州置二刺史者。以後不見。至太和二十三年，定上州刺史三品，中州從三品，下州正四品下。北齊三等上州刺史，三品。

[2]長史：官名。西漢置爲地方官府佐官，諸邊郡於丞外復置此職，佐太守掌兵馬，秩六百石。内郡亦有置者。東漢時諸邊郡、屬國不置丞而置此職，掌兵馬，常稱爲將兵長史。不置西域都護時，以西域長史代行其職，負責處理西域各國事務。度遼將軍、護羌校尉、護烏桓校尉亦置。魏晋南北朝地方官府及諸護夷蠻中郎將、校尉多置。其品秩隨府主地位而定。北齊三等上州長史爲從四品上。

[3]司馬：官名。此指上上州刺史府司馬。北齊三等上州司馬從四品上。

[4]録事：官名。此指上上州録事參軍事。北齊三等上州録事參軍事六品。　功曹：官名。此指上上州功曹參軍事。北齊三等上州功曹參軍事從六品上。　倉曹：官名。此指上上州倉曹參軍事。北齊三等上州倉曹參軍事從六品上。　中兵：官名。此指上上州中

兵參軍事。北齊三等上州中兵參軍事從六品上。　掾、史：官府佐吏統稱。此指上上州録事參軍事掾、史，功曹參軍事掾、史，倉曹參軍事掾、史，中兵參軍事掾、史。

[5]主簿：官名。此指上上州刺史府主簿。北齊三等上州主簿七品上。　掾：官府佐吏統稱。此指上上州刺史府主簿掾。

[6]記室掾：官名。此指上上州刺史府記室掾。　史：官名。即記室史，西晉置，爲郡府屬官，掌文書記録，位在主記室下。北齊置爲州刺史府屬官。

[7]外兵：官名。此指上上州刺史府外兵參軍事。北齊三等上州外兵參軍事七品上。　騎兵：官名。此指上上州刺史府騎兵參軍事。北齊三等上州騎兵參軍事七品上。　長流：官名。此指上上州刺史府長流參軍事。北齊三等上州長流參軍事七品上。　城局：官名。此指上上州刺史府城局參軍事。北齊三等上州城局參軍事七品上。　刑獄：官名。此指上上州刺史府刑獄參軍事。北齊三等上州刑獄參軍事七品上。　掾、史：官府佐吏統稱。此指上上州外兵參軍事掾、史，騎兵參軍事掾、史，長流參軍事掾、史，城局參軍事掾、史，刑獄參軍事掾、史。

[8]參軍事：官名。此指上上州刺史府參軍事。北齊三等上州參軍事從七品上。　法：官名。此指上上州刺史府法曹行參軍。北齊三等上州法曹行參軍從七品上。　墨：官名。此指上上州刺史府墨曹行參軍。北齊三等上州墨曹行參軍從七品上。　田：官名。此指上上州刺史府田曹行參軍。北齊三等上州田曹行參軍從七品上。鎧：官名。此指上上州刺史府鎧曹行參軍。北齊三等上州鎧曹行參軍從七品上。　集：官名。此指上上州刺史府集曹行參軍。北齊三等上州集曹行參軍從七品上。　士：官名。此指上上州刺史府士曹行參軍。北齊三等上州士曹行參軍從七品上。　掾史：官府佐吏統稱。此指上上州法曹行參軍掾、史，墨曹行參軍掾、史，田曹行參軍掾、史，鎧曹行參軍掾、史，集曹行參軍掾、史，士曹行參軍掾、史。

[9]右户掾史：官名。北齊上上州刺史府置右户曹，設掾、史等員。

[10]行參軍：官名。三國蜀諸葛亮丞相府所置，無固定職掌。兩晋、南朝、北魏、北齊公府、將軍府、州府亦置，不署曹，員額不定。北魏從七品上至流外，北齊三等上州行參軍八品上。

[11]長兼行參軍：官名。此指上上州刺史府長兼行參軍。北齊三等上州長兼行參軍九品上。

[12]督護：官名。此指上上州刺史府督護。北齊三等上州督護從九品上。

[13]箱録事：官名。北齊置，爲州刺史府及州屬官，具體職掌不詳。

[14]別駕從事史：官名。此指上上州別駕從事史。北齊三等上州別駕從事史六品上。

[15]治中從事史：官名。此指上上州治中從事史。北齊三等上州治中從事史六品。

[16]州都：官名。此指上上州州都。北齊諸州州都視八品。

[17]光迎主簿：官名。爲州、郡、縣屬官，與光迎功曹專掌迎接新任長官之事，位在同級功曹、主簿之上，能優先入仕。品秩不詳。

[18]主簿：官名。此指上上州主簿。北齊三等上州主簿七品上。

[19]西曹書佐：官名。此指上上州西曹書佐。

[20]市令：官名。此指上上州市令。

[21]祭酒從事史：官名。亦稱祭酒從事。晋始置爲州府主要僚屬，掌州所置兵、賊、倉、户、水、鎧諸曹事，不設之州則以主簿治事。南朝沿置。北齊諸州置，視九品。

[22]部郡從事：官名。此指上上州部郡從事。北齊諸州部郡從事視從九品。

[23]皂服從事：官名。即地位較低的從事。爲州刺史屬官，位

在典籤上。皂服，穿黑色衣服的官吏，表明身份較低。

　　[24]典籤：官名。南北朝置，亦稱典籤帥或籤帥、主帥。原爲州、府掌管文書的佐吏。由於南朝宋時多以年幼的皇子出鎮，皇帝委派親信擔任此職協助處理政事，故品階雖不高，實權在長史上。典籤有時亦可帶縣令。出任者多爲寒人，每州、府員數人，一歲中輪番還都，匯報當地情况，成爲皇帝升黜地方長官的主要依據。以後其權愈重，即使年長皇子或其他人出任刺史，亦爲其所控制。南朝齊時，連皇子的飲食起居都由其控制，明帝以後其權任始漸輕。北朝各州亦置，但權任遠較南朝爲輕。北齊三等上州典籤從八品。
　　史：官府佐吏統稱。此指州典籤史。

　　[25]門下督：官名。此指上上州門下督。

　　[26]省事：官名。此指上上州省事。

　　[27]都録事：官名。南朝梁置爲郡屬官，掌文簿。北齊諸州亦置。　史：官府佐吏統稱。此指州都録事史。

　　[28]朝直：官名。即朝直掾，北齊置爲州屬官，職掌不詳。刺姦：官名。即刺姦掾。東漢獻帝建安年間曹操置爲屬官，分左、右，掌管司法事務。三國魏自一至三品將相公府皆置，因所屬不同而有刺姦掾、刺姦主簿、刺姦都督等稱。均可省爲刺姦，品級不一。吳亦置。西晉諸公及將軍開府者，置刺姦都督一人以爲僚屬。十六國後趙置刺姦外部都督，掌糾舉不法。南北朝時唯北齊定刺姦掾爲州屬官。　記室掾：官名。此指上上州記室掾。

　　[29]户曹：官名。此指上上州户曹掾。　田曹：官名。此指上上州田曹掾。　金曹：官名。此指上上州金曹掾。　租曹：官名。全稱爲租曹掾，此指上上州租曹掾。　兵曹：官名。此指上上州兵曹掾。　左户：官名。此指上上州左户掾。

　　上上州，府、州屬官佐史，合三百九十三人。[1]上中州減上上州十人。上下州減上中州十人。中上州減上下州五十一人。中中州减中上州十人。中下州减中中州十人。下上州减中下州五十人。下中州减下上州十人。下下州减下中州十人。

[1]“上上州”至“合三百九十三人”：中華本標點作“上上州府，州屬官佐史，合三百九十三人”。侯旭東以爲首句標點誤，三百九十三人乃是通計府屬官與州屬官而得，從改。（參見侯旭東《〈隋書〉標點勘誤及校勘補遺五則》，《中國史研究》2001 年第 1 期）

上上郡太守，[1]屬官有丞，[2]中正，[3]光迎功曹，[4]光迎主簿，[5]功曹，[6]主簿，[7]五官，[8]省事，[9]録事，[10]及西曹、户曹、金曹、租曹、兵曹、集曹等掾、佐，[11]太學博士，[12]助教，[13]太學生，市長，[14]倉督等員。[15]合屬官佐史二百一十二人。上中郡减上上郡五人。上下郡减上中郡五人。中上郡减上下郡四十五人。中中郡减中上郡五人。中下郡减中中郡五人。下上郡减中下郡四十人。下中郡减下上郡二人。下下郡减下中郡二人。

[1]太守：官名。戰國時爲郡守尊稱。秦統一後分全國爲三十六郡，郡置守、尉、監。西漢更名郡守爲太守。新莽改名大尹。東漢復故。爲一郡最高行政長官，掌管郡之民政、司法、監察、軍事、財賦。三國、兩晋、南朝沿置。北魏分上、中、下郡三等，各爲四、五、六品。北齊於上、中、下三等之内又各分上、中、下，合九等。三等上郡太守從三品。

[2]丞：官名。此指上上郡丞。北齊三等上郡丞，六品。

[3]中正：官名。此指上上郡中正。北齊諸郡中正視從八品。

[4]光迎功曹：官名。爲州、郡、縣屬官，與光迎主簿專掌迎

接新任長官之事，位在同級功曹、主簿之上，能優先入仕。

[5]光迎主簿：官名。此指上上郡光迎主簿。品秩不詳。

[6]功曹：官名。此指上上郡功曹。北齊諸郡功曹視從八品。

[7]主簿：官名。此指上上郡主簿。北齊諸郡主簿視從九品。

[8]五官：官名。此指上上郡五官。

[9]省事：官名。此指上上郡省事。

[10]錄事：官名。此指上上郡錄事。

[11]西曹：官名。即西曹掾、佐。西曹掾，東漢、三國魏、晉朝諸公、位從公僚屬，爲西曹長官，掌府吏署用事。北齊司州、諸郡、諸縣亦置。西曹佐，北齊諸郡屬官，位在西曹掾下。　户曹：官名。即户曹掾、佐。户曹掾，此指上上郡户曹掾。户曹佐，北齊諸郡屬官，位在户曹掾下。　金曹：官名。即金曹掾、佐。金曹掾，此指上上郡金曹掾。金曹佐，北齊諸郡屬官，位在金曹掾下。

租曹：官名。即租曹掾、佐。租曹掾，此指上上郡租曹掾。租曹佐，北齊諸郡屬官，位在租曹掾下。　兵曹：官名。即兵曹掾、佐。兵曹掾，此指上上郡兵曹掾。兵曹佐，北齊諸郡屬官，位在兵曹掾下。　集曹：官名。即集曹掾、佐。集曹掾，北齊置爲郡屬官，此指上上郡集曹掾。集曹佐，北齊諸郡屬官，位在集曹掾下。

[12]太學博士：官名。此指郡太學博士，掌教授生徒。

[13]助教：官名。此指郡太學助教，輔助太學博士教授生徒。

[14]市長：官名。秦漢大城市商業區均置。西漢長安有兩市，一市設令，屬京兆尹；一市設長，屬左馮翊。洛陽、邯鄲、臨淄、宛、成都皆設市長。西漢洛陽市長屬大司農，東漢改屬河南尹，秩四百石。三國魏於鄴、洛陽均設，十六國前涼亦置。北齊諸郡縣皆置。

[15]倉督：官名。此指郡倉督。

上上縣令，[1]屬官有丞，[2]中正，光迎功曹，[3]光迎主簿，[4]功曹，主簿，録事，及西曹、户曹、金曹、租曹、兵曹等掾，[5]市長等員。[6]合屬官佐史五十四人。上中縣減上上縣五人。上下縣減上中縣五人。中上縣減上下縣六人。中中縣減中上縣五人。中下縣減中中縣一人。下上縣減中下縣一人。下中縣減下上縣一人。下下縣減下中縣一人。

[1]上上縣令：官名。北齊三等上縣令六品。

[2]丞：官名。即上上縣丞。北齊諸縣丞從九品上。

[3]光迎功曹：官名。此指上上縣光迎功曹。

[4]光迎主簿：官名。此指上上縣光迎主簿。

[5]西曹：官名。此指上上縣户西曹掾。　户曹：官名。此指上上縣户曹掾。　金曹：官名。此指上上縣金曹掾。　租曹：官名。此指上上縣租曹掾。　兵曹：官名。此指上上縣兵曹掾。

[6]市長：官名。此指上上縣市長。

自州、郡、縣，各因其大小置白直，[1]以供其役。

[1]白直：兩晉南北朝時在官當值無月薪的小吏。北齊時自一品至流外勳各給事力，而力役則由郡縣白直充當。

三等諸鎮，[1]置鎮將、副將，[2]長史，[3]録事參軍，[4]倉曹、中兵、長流、城局等參軍事，[5]鎧曹行參軍，[6]市長，[7]倉督等員。[8]

[1]鎮：捍防守禦據點。北魏於各地置，地位與州等同。不置州郡的西、北地區則兼統軍政、民政，與州郡並置地區僅掌軍政，

若兼所在州刺史則仍兼掌軍政、民政。孝文帝改制後内地多廢，北魏末年北地亦改爲州。北齊沿置，分三等。

[2]鎮將：官名。北魏置，爲鎮的長官。在不設州郡的地區，如西邊、北邊諸鎮，兼統領軍民；在設州郡的内地，主要掌軍政；兼任駐在州刺史時，則兼理民政。北魏前期多以宗室或鮮卑貴族爲之，多兼刺史，亦並持節、都督鄰近州鎮，地位高於刺史，孝文帝改制以後，地位漸低。北齊沿置，三等鎮將皆四品。　副將：官名。即鎮副將。北魏置爲鎮的副長官，佐鎮將掌鎮務。重要之鎮置都副將，職掌同，而品秩在其上。太和十七年職員令及二十三年復次職令皆未載其品秩。北齊亦置，三等鎮副將從四品。

[3]長史：官名。此指鎮長史。北齊三等鎮長史，六品上。

[4]録事參軍：官名。此指鎮録事參軍。負責總録文簿，舉彈善惡。北齊三等鎮録事參軍七品。

[5]倉曹：官名。此指鎮倉曹參軍事。北齊三等鎮倉曹參軍事從七品上。　中兵：官名。此指鎮中兵參軍事。北齊三等鎮中兵參軍事從七品上。　長流：官名。此指鎮長流參軍事。北齊三等鎮長流參軍事從七品。　城局：官名。此指鎮城局參軍事。北齊三等鎮城局參軍事從七品。

[6]鎧曹行參軍：官名。此指鎮鎧曹行參軍。北齊三等鎮鎧曹行參軍八品。

[7]市長：官名。此指鎮市長。

[8]倉督：官名。此指鎮倉督。

三等戍，[1]置戍主、副，[2]掾，[3]隊主、副等員。[4]

[1]戍：南北朝時所置地方軍事行政機構。設於邊境軍事要地，隸於州。掌轄區内軍務，拱衛邊防，干預民政和財政。北魏隸於鎮，北齊沿置。

[2]戍主：官名。南北朝時爲戍的主將，掌防守捍禦之事，除管理軍政，還干預民政和財政。多以郡太守、縣令、州参軍及雜號將軍等官兼領。北齊諸戍主從七品。　副：官名。即戍副。南北朝時置，爲戍的副主將，協助戍主管理軍政等事務。北魏孝昌三年（527），曾因政權不穩，詔留戍副質子於京師。北齊沿置，從八品。

[3]掾：官府佐吏統稱。此指戍掾。

[4]隊主：官名。東晋、南北朝時軍事編制單位隊的主將，上屬軍主。其所指揮的兵力無定員，自數十人至數百人不等，南朝多以雜號將軍領之，北魏爲比視官，犯譴本不得當刑，孝明帝時依中正之例可當刑。擔任儀衛等任務時可有較高品階。北齊太子二衛亦置，從五品。太子諸隊主，從六品。依所率領的部衆不同，有馬隊主、白丁隊主、白直隊主、宗子隊主、羽林隊主等。此指戍的屬官。　副：官名。即隊副。東晋、南北朝置，爲隊主副貳。北魏初爲比視官，犯譴本不得當刑，孝明帝時依中正之例可當刑。北齊太子二衛置，從七品。太子諸隊副，從八品。此指戍的屬官。

官一品，每歲祿八百匹，[1]二百匹爲一秩。[2]從一品，七百匹，一百七十五匹爲一秩。

[1]祿：官員所得薪水。

[2]秩：官吏俸祿，也指官吏的職位或品級。漢朝官秩以石計，自二千石至百石不等。西漢主要爲穀，東漢爲半錢半穀。兩晋南北朝大體沿襲漢制。北齊分品官歲祿爲四秩，官一品，歲祿八百匹，一秩二百匹；官九品，歲祿二十八匹，一秩爲七匹。事繁者優一秩，閒者降一秩。即同一品內，事繁之官增一秩，增該品歲祿總額的四分之一，事閒之官，減該品歲祿總額的四分之一。

二品，六百匹，一百五十匹爲一秩。從二品，五百匹，一百二十五匹爲一秩。

三品，四百匹，一百匹爲一秩。從三品，三百匹，七十五匹爲一秩。

四品，二百四十匹，六十匹爲一秩。從四品，二百匹，五十匹爲一秩。

五品，一百六十匹，四十匹爲一秩。從五品，一百二十匹，三十匹爲一秩。

六品，一百匹，二十五匹爲一秩。從六品，八十匹，二十匹爲一秩。

七品，六十匹，十五匹爲一秩。從七品，四十匹，十匹爲一秩。

八品，三十六匹，九匹爲一秩。從八品，三十二匹，八匹爲一秩。

九品，二十八匹，七匹爲一秩。從九品，二十四匹，六匹爲一秩。

禄率一分以帛，一分以粟，一分以錢。事繁者優一秩，平者守本秩，閑者降一秩。長兼、試守者，[1]亦降一秩。官非執事、不朝拜者，[2]皆不給禄。又自一品已下，至於流外勳品，[3]各給事力。一品至三十人，下至於流外勳品，或以五人爲等，或以四人、三人、二人、一人爲等。繁者加一等，平者守本力，閑者降一等焉。

[1]試守：官制用語。西漢確立任用官吏有試、守之制。試者任期一年，僅得半俸。若試用稱職，滿歲爲真，得全俸。

[2]執事：專司某一職事的屬官。

[3]流外勳品：流外官品級，自勳品至九品，共九級。

州、郡、縣制禄之法，刺史、守、令下車，[1]各前取一時之秩。

[1]下車：初即位或到任爲"下車"。典出《禮記·樂記》："武王克殷，反商，未及下車，而封黄帝之後於薊。"

上上州刺史，歲秩八百匹，與司州牧同。上中、上下各以五十匹爲差。中上降上下一百匹，中中及中下，亦以五十匹爲差。下上降中下一百匹，下中、下下，亦各以五十匹爲差。

上上郡太守，[1]歲秩五百匹，降清都尹五十匹。上中、上下各以五十匹爲差。中上降上下四十匹，中中及中下，各以三十匹爲差。下上降中下四十匹，下中、下下各以二十匹爲差。

[1]上上郡太守：各本皆作"上郡太守"。依前句上上州刺史，及後接上中、上下各以五十匹爲差，推測句首脱"上"字，應爲上上郡太守。（參見王化昆《〈隋書〉勘誤四則》，《中國史研究》2002年第3期）

上上縣，歲秩一百五十匹，與鄴、臨漳、成安三縣同。上中、上下各以十匹爲差。中上降上下三十匹，中中及中下，各以五匹爲差。下上降中下二十匹，下中、下下各以十匹爲差。

州自長史已下，逮于史吏，郡縣自丞已下，逮于掾

佐，亦皆以帛爲秩。郡有尉者，[1]尉減丞之半。皆以其
所出常調課之。其鎮將，戍主，軍主、副，幢主、副，
逮于掾史，亦各有差矣。

[1]尉：官名。即郡尉。秦始皇統一後分天下爲三十六郡，郡
置守、尉、監。郡尉協助郡守典武職甲卒，爲郡守主要佐官，秩比
千石，有丞。漢因之，景帝中元二年更名"都尉"。協助太守典掌
軍事，維護治安，統率、訓練本郡軍隊，職權頗重。自置府，有
丞、主簿、諸曹掾史等屬吏。有時代理太守職務。邊郡往往分置爲
數部。秩比二千石。新莽曾改名太尉，東漢內地諸郡省，併其職於
太守，如有緊急軍情，亦臨時設置。邊郡仍置，多分部。三國、晉
諸郡皆置，五品。大郡多候、右都候，隸屬衛尉，秩分置數部。後
省。北齊設郡尉。

諸州刺史、守、令已下，幹及力，[1]皆聽敕乃給。
其幹出所部之人。一幹輸絹十八匹，幹身放之。力則以
其州、郡、縣白直充。

[1]幹：官吏名。漢代郡縣官府閣下及諸曹皆置，爲官府中的
低級官吏，主管文書。魏晉南北朝除郡縣外，中央如尚書諸曹亦
置，地位卑下。

三師、王、二大、大司馬、大將軍。三公，爲第一品。
開府儀同三司、開國郡公，[1]爲從一品。

[1]開府儀同三司：官名。三國魏始置開府儀同三司，爲大臣
加號，許開設府署。兩晉南北朝大多沿襲其制，光祿大夫以上並得

儀同三司。北魏孝文帝時正式成爲官名，太和十七年定開府儀同三司爲一品下，二十三年改爲從一品。北齊沿置，但末年地位漸低，除授冗濫，宮中所養鬭鷄亦加此號。

儀同三司，太子三師，特進，尚書令，驃騎、車騎將軍，二將軍加大者，在開國郡公下。衛將軍，加大者，在太子太師上。四征將軍，加大者，次衛大將軍。左右光禄大夫，散郡公，開國縣公，爲第二品。

尚書僕射，置二，左居右上。中書監，[1]四鎮，加大者，次四征。中、鎮、撫軍將軍，三將軍，武職罷任者爲之。領軍、加大者，在尚書令下。護軍、翊軍將軍，金紫光禄大夫，散縣公，開國縣侯，爲從二品。

[1]中書監：《通典》卷三八《職官》“中書監”後有“司州牧”。

吏部尚書，四安將軍，中領、護，太常、光禄、衛尉卿，太子三少，中書令，太子詹事，侍中，列曹尚書，四平將軍，[1]大宗正、太僕、大理、鴻臚、司農、太府卿，清都尹，三等上州刺史，左右衛將軍，秘書監，銀青光禄大夫，散縣侯，開國縣伯，爲第三品。

[1]四平將軍：《通典》卷三八《職官》“四平將軍”後有“諸王師”。

散騎常侍、三等中州刺史、司徒左長史、四方中郎

將、四護匈奴、羌戎、夷、蠻越。中郎將、國子祭酒、御史
中丞、中侍中、長秋卿、將作大匠、冠軍將軍、太尉長
史、領左右將軍、武衛將軍、太子左右衛率、輔國將
軍、四護校尉、太中大夫、龍驤將軍、三等上郡太守、
散縣伯，[1]爲從第三品。

[1]散縣伯：《通典》卷三八《職官》中此官在“三等上郡太
守”上。

　　鎮遠、安遠將軍，太常、光禄、衛尉少卿，尚書吏
部郎中，[1]給事黄門侍郎，太子中庶子，司徒右長史，
司空長史，太宗正、太僕、大理、鴻臚、司農、太府少
卿，[2]三公府司馬，中常侍，中尹，城門校尉，武騎、
雲騎、驍騎、游擊將軍，[3]已前上階。建忠、建節將軍，
通直散騎常侍，諸開府長史、中散大夫，[4]三等下州刺
史，三等鎮將，諸開府司馬，開國縣子，爲第四品。

[1]尚書吏部郎中：中華本此處標點作“尚書、吏部郎中”，
北齊並無尚書一職，此處標點有誤。從中華本《通典》改。
[2]太宗正：中華本作“大宗正”。另《通典》卷三八《職官》
“大宗正、太僕、大理、鴻臚、司農、太府少卿”在“游擊將
軍”後。
[3]武騎：《通典》卷三八《職官》作“虎騎”，本書當因避
諱改。
[4]中散大夫：諸本作“中大夫”，中華本《通典》卷三八
《職官》以爲《隋書》有誤，應作“中散大夫”。

中堅、中壘將軍，尚書左丞，三公府諮議參軍事，司州別駕從事史，三等上州長史，太子三卿，前、左、右、後軍將軍，中書侍郎，太子庶子，三等中郡太守，左右備身、刀劍備身、備身、衛仗、直盪等正都督，三等上州司馬，已前上階。振威、奮威將軍，[1]諫議大夫，尚書右丞，諸開府諮議參軍，司州治中從事史，左右中郎將，步兵、越騎、射聲、屯騎、長水校尉，朱衣直閤，直閤將軍，太子騎官備身、內直備身等正都督，三等鎮副將，散縣子，爲從第四品。

[1]奮威將軍：諸本皆作"奮武將軍"，中華本《通典》卷三八《職官》據本志前述改"奮武"作"奮威"，從改。

廣德、弘義將軍，太子備身、直入、直衛等正都督，領左右、三等中州長史，三公府從事中郎，秘書丞，皇子友，國子博士，散騎侍郎，太子中舍人，員外散騎常侍，三等中州司馬，已前上階。折衝、制勝將軍，主衣都統，尚食、尚藥二典御，太子旅騎、屯衛、典軍校尉，領護府長史、司馬，諸開府從事中郎，開國縣男，爲第五品。

伏波、陵江將軍，[1]三等下州長史，三公府掾屬，著作郎，通直散騎侍郎，太子洗馬，左右備身、刀劍備身、御仗、直盪等副都督，[2]左右直長，中尚食、中尚藥典御，[3]三等下州司馬，已前上階。輕車、樓舡將軍，駙馬都尉，[4]翊衛正都督，直寢，直齋，奉車都尉，都水使者，諸開府掾屬，崇聖、歸義、歸正、歸命、歸德侯，清都郡丞，治書侍御史，鄴、臨漳、成安三縣令，中給事中，三等下郡太守，大理司直，太子直閣、二衛隊主，太子騎官、内直備身副都督，開國鄉男，散縣男，爲從第五品。

[1]陵江：《通典》卷三八《職官》作“凌江”。

[2]御仗、直盪：“仗”底本作“使”，“盪”底本作“塗”，從中華本校勘記改。

[3]中尚食、中尚藥典御：《通典》卷三八《職官》作“中尚藥、中尚食典御”。

[4]駙馬都尉：官名。簡稱駙馬。西漢武帝時始置，皇帝出行時掌副車，爲侍從近臣，常用作加官。東漢、魏、晋沿置，多用作宗室、外戚、功臣子、貴族、親近之臣的加官，或亦加於尚公主者。至梁、陳漸成定制，專加於尚公主者。北朝略同，專加於帝婿，雖位至卿尹，此號不去。北魏太和十七年定爲從四品上，二十三年改六品，北齊爲從五品。

　　勁武、昭勇將軍，尚書諸曹郎中，中書舍人，三公府主簿，三等上州別駕從事史，四中府、三等鎮守長史，三公府錄事參軍事，皇子郎中令，[1]三公府功曹、記室、户、倉、中兵參軍事，[2]皇子文學，謁者僕射，已前上階。明威、顯信將軍，太子備身副都督，四中府司馬，武賁中郎將，[3]羽林監，冗從僕射，直入副都督，千牛備身，大理正、監、評，侍御師、諸開府錄事、功曹、記室、倉、中兵等曹參軍事，[4]三等上州錄事參軍事，治中從事史，三等上郡丞，三等上縣令，太子内直監，平準署令，爲第六品。

　　[1]皇子郎中令：《通典》卷三八《職官》此官列於謁者僕射後。

　　[2]三公府功曹、記室、户、倉、中兵参軍事：《通典》卷三八《職官》將此系列官與三公府録事参軍事並列。

　　[3]武賁中郎將：《通典》卷三八《職官》作“虎賁中郎將”。

　　[4]侍御師、諸開府録事：中華本此句“侍御師”與“諸開府録事”之間未斷開，此應爲兩官職。從《通典》卷三八《職官》改。

　　度遼、横海將軍，直突都督，三等中州別駕從事史，三公府列曹参軍事，[1]給事中，太子門大夫，三等上州功、倉、中兵等参軍事，皇子大農，騎都尉，直後，符璽郎中，三等中州録事参軍事，已前上階。踰岷、越嶂將軍，[2]直衛副都督，三等中州從事史，[3]諸開府主簿、列曹参軍事，[4]三等中州功、倉、中兵等参軍事，[5]太子舍人，三寺丞，太子直前，太子副直監，太子諸隊主，爲從第六品。

　　[1]三公府列曹参軍事：《通典》卷三八《職官》作“三公府諸曹行参軍事”。

　　[2]越嶂：《通典》卷三八《職官》作“越障”。

　　[3]三等中州從事史：《通典》卷三八《職官》作“三等中州治中從事史”。

　　[4]列曹参軍事：《通典》卷三八《職官》作“諸曹行参軍”。

　　[5]三等中州功、倉、中兵等参軍事：《通典》卷三八《職官》此系列官在“太子舍人”後。

戎昭、武毅將軍，勳武前鋒正都督，三公府東西閣祭酒，三等下州別駕從事史，三等上州府主簿、列曹參軍事，三等下州錄事參軍事，四中府錄事參軍事，王公國郎中令，積弩、積射將軍，員外散騎侍郎，皇子中尉，三公府參軍事、列曹行參軍，已前上階。雄烈、恢猛將軍，翊衛副都督，諸開府東西閣祭酒參軍事、列曹行參軍，三等下州功、倉、中兵參軍事，四中府功、倉、中兵參軍事，三等中州府主簿、列曹參軍事，[1]二衛府司馬，詹事府丞，左右備身五職，三等鎮錄事參軍事，六寺丞，秘書郎中，著作佐郎，太子侍醫，太子騎尉，太子騎官備身五職，三等中郡丞，三等中縣令，爲第七品。

[1]三等中州府主簿、列曹參軍事：《通典》卷三八《職官》作"三等中州參軍事"。

楊麾、曜鋒將軍，[1]勳武前鋒副都督，强弩將軍，三公府行參軍，三等上州參軍事、列曹行參軍，三等下州府主簿、列曹參軍事，四中府列曹參軍事，王公國大農，長秋、將作寺丞，太子二率坊司馬，三等鎮倉、中兵參軍事，已前上階。蕩邊、開域將軍，勳武前鋒散都督，太學博士，皇子常侍，太常博士，武騎常侍，左右備身，刀劍備身五職，都將、別、統、軍主、幢主。三等中州參軍事、列曹行參軍，諸開府行參軍，奉朝請，國子助教，公車、京邑二市署令，三等鎮列曹參軍事，三縣丞，侍御史，尚食、尚藥丞，齋帥，中尚食、中尚藥丞，太子直後、二衛隊副，前鋒正都督，太子騎官備身，太子內直備身五職，已見前。諸戍主、軍主，爲從第七品。

[1]楊：庫本、中華本作"揚"。　曜：《通典》卷三八《職官》作"耀"。

静漠、綏戎將軍，協律郎，三等上州行參軍，三等下州參軍事、列曹參軍事，四中府列曹行參軍，侯、伯國郎中令，殿中將軍，皇子侍郎，已前上階。平越、殄夷將軍，刀劍備身五職，已見前。前鋒副都督，太子內直備身，主書，殿中侍御史，太子典膳、藥藏丞，太子齋帥，三等中州行參軍，王、公國中尉，[1]三等鎮鎧曹行參軍，三等下郡丞，三等下縣令，爲第八品。

[1]王、公國中尉：《通典》卷三八《職官》此官後有"三公府典籤"。

飛騎、隼擊將軍，三公府長兼左右户行參軍、長兼行參軍，門下録事，尚書都令史，檢校御史，諸署令，[1]諸開府典籤，中謁者僕射，中黄門冗從僕射，已前上階。武牙、武奮將軍，[2]備身御仗五職，宮門署僕射，太子備身五職，侯、伯國大農，皇子上、中、下將軍，皇子上、中大夫，[3]王、公國常侍，諸開府長兼左右户行參軍，諸開府長兼行參軍，員外將軍，勳武前鋒五職，司州及三等上州典籤，太子諸隊副，諸戍諸軍副，清都郡丞，[4]爲從第八品。

[1]諸署令：《通典》卷三八《職官》詳列了諸署令，包括"諸陵、太廟令，大樂、武庫諸署令，衣冠將軍，太倉、典客、驊騮、鉤盾、鼓吹、守宮、左右尚方、左藏、太官、掖庭、司染、典農、左右龍、左右牝、冶東西、駞牛、司羊諸署令"。

[2]武牙、武賁：《通典》卷三八《職官》作"虎牙、虎賁"。

[3]皇子上、中大夫：《通典》卷三八《職官》作"皇太子上、中大夫"。

[4]清都郡丞：其官品已見於上，從五品。《文獻通考》卷六七《職官考二十一》將"清都郡丞"記在從八品。按三等上郡丞爲六品，清都郡丞官品應高於或與之相當，從五品更爲合理。此處應爲衍文。

清野將軍，子、男國郎中令，諸署、內謁者局統，[1]三等上州長兼行參軍，中黃門、太子內坊令，[2]公主家令，皇子防閤、典書令，四門博士，大理律博士，校書郎，三公府參軍督護，都水參軍事，七部尉，諸郡尉，已前上階。橫野將軍，王、公國侍郎，侯、伯國中尉、謁者，太子三寺丞，諸開府參軍督護，殿中司馬督，御仗，太子食官、中省、典倉等令，[3]太子備身，平準、公車丞，三等中州典籤，爲第九品。

[1]諸署、內謁者局統：中華本"諸署"與"內謁者局統"間未斷開，不通，因改。《通典》卷三八《職官》詳述諸署包括"太祝、導官、太史、太醫、黃藏、衛士、細作諸署令"。

[2]中黃門：官名。西漢置，掌皇宮黃門之內諸伺應雜事，持

兵器宿衛宮殿，爲服役於宮廷中的低級宦官。名義上隸屬少府，無定員。東漢宦官專權，其職任稍重，位次小黄門。秩比百石，後增爲比三百石。魏、晉沿置，隸屬不詳。七品。東晉南朝省。十六國後漢（前趙）、南燕、後燕皆置，侍從左右，出納王命，寵幸用事。北魏、北齊亦置，隸中黄門令，位在小黄門上。北魏太和十七年定爲五品中，二十三年定爲九品上，北齊九品上。

[3]中省：《通典》卷三八《職官》作"中盾"。

偏將軍，諸宮教博士，太子司藏、厩牧令，太子校書，諸署別局都尉，諸尉，[1]諸關津尉，三等上州參軍督護，三等中州長兼行參軍，秘書省正字，皇太子三令，[2]王、公國上中下將軍及上中大夫，諸署令，[3]諸縣丞，已前上階。裨將軍，領軍護軍府、太常光禄衛尉寺、詹事府等功曹、五官、奉禮郎，[4]子、男國大農，小黄門，員外司馬督，太學助教，諸幢主、遥途尉，[5]中侍中省録事，[6]三等下州典籤，尚書、門下、中書等省醫師，[7]爲從第九品。

[1]諸尉：《通典》卷三八《職官》作"合昌、方城局都尉"。

[2]皇太子三令：《通典》卷三八《職官》作"皇子典書、典祠、學官、典衛等令"。

[3]諸署令：《通典》卷三八《職官》作"廩犧、太宰、司儀、左校、中宮僕、奚官、肴藏、清潭、典寺、乘黄、車府、籍田、華林、甄官諸署令"。

[4]奉禮郎：《通典》卷三八《職官》作"治禮郎"。

[5]遥：中華本以爲當作"經"。又中華本《通典》卷三八《職官》作"廷尉"。以爲《隋書》有誤，但廷尉之官品不應如此

之低，《通典》誤。

[6]中侍中省録事：中華本此句原標點作“中侍中、省録事”。按，中侍中官品已見前，爲從三品。中華本標點有誤。

[7]醫師：官名。北齊尚書、門下、中書省置，具體職掌不詳，應與醫療有關。

流内比視官十三等。第一領人酋長，[1]視從第三品。第一不領人酋長，視第四品。第二領人酋長，第一領人庶長，視從第四品。諸州大中正，[2]第二不領人酋長，第一不領人庶長，視第五品。諸州中正，[3]畿郡邑中正，[4]第三領人酋長，第二領人庶長，視從第五品。第三不領人酋長，第二不領人庶長，視第六品。第三領人庶長，視從第六品。第三不領人庶長，視第七品。司州州都、主簿，國子學生，視從第七品。諸州州都督簿，[5]司州西曹書佐，清都郡中正、功曹，視第八品。司州列曹從事，諸州西曹書佐，諸郡中正、功曹，清都郡主簿，視從第八品。司州部郡從事，諸州祭酒從事史，視第九品。諸州部郡從事，司州守從事，[6]諸郡主簿，司州武猛從事，[7]視從第九品。

[1]領人酋長：“人”字中華本以爲當作“民”，唐人諱改。領民酋長，官名。北魏始置，委任依附其政權的少數民族首領爲之，可世襲，未列入中央政權的正式官職。太和十七年職員令及太和二十三年復次職員令，均未載此品階。北魏末期戰亂後，北方邊鎮的軍人集團地位提高，進入中央政權。北齊沿置，有第一領民酋長、第一不領民酋長、第二領民酋長、第一領民庶長、第二不領民酋長、第一不領民庶長、第三領民酋長、第二領民庶長、第三不領民

酋長、第二不領民庶長、第三領民庶長、第三不領民庶長之別。

　　[2]大中正：官名。東漢末始置中正，負責評定士族品第。三國魏齊王曹芳時在郡中正之上設州大中正，核實郡中正所報的品、狀，主管州內士族品第的評定，並有推舉和罷免郡中正的權力（須經司徒府通過）。本官的設立是當時地方士族勢力擴大的結果。兩晋、南北朝沿襲此制。州大中正由司徒選授，本鄉內鄉品二品的士族高門可以參預其推舉，出任者皆爲鄉品二品的士族高門，許多家族世代相襲。北魏後期選授較濫，恩幸、閹宦亦有任此職者。北齊時規定州大中正須由京官擔任，如官職調出京師，則不能擔任此職。

　　[3]州中正：官名。東漢末置中正，由各郡長官推選籍貫本郡，任職於朝廷的有名望士人兼任，無品、無禄。掌將本郡士族依家世與本人才德劃分爲第一品至第九品九個等級，並寫出“品”與“狀”，作爲吏部委任官職的依據之一。三國、晋、南北朝沿置。有州中正，郡國大中正和小中正，北齊時畿郡邑亦設中正。

　　[4]邑：即食邑。受封者所享有的封地，因收其租税而食，而稱之爲食邑。亦稱爲采邑。春秋時晋國將縣邑分封給大夫，作爲俸禄形式。漢初，諸侯王、列侯對其封邑還享有一定的行政管理權，景帝後逐漸被剝奪，僅可斂取封邑內民户的租税，數量按户數多少計算，食邑隨爵位黜升而損益，亦得世襲。魏晋南北朝沿置，其制大抵是受封者分成食封户所納租税，其邑可在本封邑內，亦可不在本封邑。北齊王、公、侯、伯、子、男開國食邑者，王三分食一，公以下四分食一。自三國魏始，有些爵位是虛封的，有爵位但不食租，沒有食邑。需加“真食”名號纔得食租。

　　[5]諸州州都督簿：“督簿”一官史書中未見，但查本書《百官志下》記隋“諸州州都、主簿”視從八品。隋朝官制沿襲北齊甚多，或疑此處爲“諸州州都、主簿”之誤。

　　[6]司州守從事：官名。西晋司隸校尉下置守從事，東晋改司隸校尉爲揚州刺史，是否仍置守從事不詳。北齊司州置守從事，具

體職掌不詳。

[7]武猛從事：官名。東漢末臨時設爲州刺史僚屬。三國魏、西晉司隸校尉及諸州刺史皆置，參掌軍事。北齊唯司州置。

　　周太祖初據關內，[1]官名未改魏號。及方隅粗定，改創章程，命尚書令盧辯，[2]遠師周之建職，置三公三孤，[3]以爲論道之官。次置六卿，[4]以分司庶務。其所制班序：[5]

[1]周太祖：北周宇文泰的謚號。紀見《周書》卷一、二，《北史》卷九。　關內：地區名。指今故函谷關（今河南靈寶市東北）或今潼關以西地區。

[2]尚書令：官名。西魏北周時爲尚書省長官，主持尚書省事務，爲最高行政官員。　盧辯：人名。北周時人。傳見《周書》卷二四，《北史》卷三〇有附傳。

[3]三公：官名。指太師、太傅、太保。據《唐六典》卷一《三師三公尚書都省》注云："後周依周官，以太師太傅太保爲三公，不置府僚。"員各一人。正九命。　三孤：官名。指少師、少傅、少保。此三官相傳西周置，佐太師、太傅、太保輔弼君王，後省。北周復置，爲大臣加官，位尊而無職司。正八命。按，武帝保定三年（563）亦以太傅燕國公于謹爲三老，位居三公之上。

[4]六卿：官名。《周禮》天官冢宰、地官司徒、春官宗伯、夏官司馬、秋官司寇、冬官司空的合稱。西魏仿《周禮》，以天官大冢宰卿、地官大司徒卿、春官太宗伯卿、夏官大司馬卿、秋官大司寇卿、冬官大司空卿爲六卿。

[5]其所制班序：關於西魏、北周依《周禮》建六官一事，本書語焉不詳，多有缺漏，下據《周書》卷二四《盧辯傳》、《唐六典》、《通典》、王仲犖《北周六典》等相關材料略加補充。

西魏、北周建六官，分別爲天官府、地官府、春官府、夏官府、秋官府、冬官府。

天官府掌管宮廷供奉、侍御、警衛及全國財政收支、賦役調發、百官俸給等事務。在下"五府總於天官之詔"時，成爲全國最高行政機構，總管全國各項事務。其屬官有：大冢宰卿，掌邦治，以建邦之六典，佐皇帝治邦國。一人，正七命。小冢宰上大夫，二人，正六命。天官府都上士，正三命。司會中大夫，掌管全國財政。正五命。司會上士，正三命。司會中士，正二命。司會旅下士，正一命。司書上士，正三命。宗師中大夫，掌皇室，定世系，辨昭穆，訓以孝悌。正五命。小宗師下大夫，正四命。小宗師上士，正三命。小宗師中士，正二命。宗正上士，正三命。宗正中士，正二命。宗正下士，正一命。左右宮伯中大夫，掌侍衛之禁，各更直於内。正五命。左右小宮伯下大夫，正四命。左右宮伯都上士，正三命。左右中侍上士，掌御寢之禁。正三命。左右侍上士，正三命。左右侍中士，正二命。左右前侍中士，正二命。掌御寢南門之左右。左右後侍中士，正二命。掌御寢北門之左右。左右騎侍下士，正一命。左右宗侍下士，陪左右前侍之後，夜則衛於寢庭之中。正一命。左右庶侍下士，掌非皇帝所御門閣之禁。左右勳侍下士，正一命。掌陪左右庶侍而守出入。御正上大夫，職在弼諧。凡諸刑罰爵賞，爰及軍國大事，皆須參議。四人，正六命。御正中大夫，正五命。小御正下大夫，正四命。小御正上士，正三命。小御正中士，正二命。主寢上士，正三命。主寢中士，正二命。司服上士，掌皇帝十二服。二人，正三命。司服中士，二人，正二命。納言中大夫，掌出入侍從。天子出入，則侍從左右。大祭祀盥洗，則授巾。二人，正五命。納言下大夫，掌貳納言中大夫之職。二人，正四命。納言上士，正三命。納言中士，正二命。給事上士，掌理六經及諸文志，給事於帝左右。正三命。給事中士，六十人，正二命。掌式上士，正三命。掌式中士，正二命。主璽下士，掌神璽、傳國璽與六璽之藏。四人，正一命。膳部中大夫，掌飲食，凡飲食必先嘗之。一人，正五命。小膳部下大夫，正四命。小膳部上士，正三命。小膳部下士，正一命。内膳上士，二人，正三命。内膳中士，四人，正二命。主食十二人。食醫下士，正一命。外膳上士，正三命。外膳中士，正二命。外膳下士，正一命。典庖中士，正二命。典庖下士，正一命。典饎中士，正二命。典饎下士，正一命。酒正中士，二人，正二命。酒正下士，四人，正一命。餳藏中士，一人，正二命。餳藏下士，一人，正一命。掌醢中士，一人，正二命。掌醢下士，十二人，正一命。司鼎俎中士，正二命。司鼎俎下士，正一命。掌冰中士，正二命。掌冰下士，正一命。太醫下大夫，正四命。小醫下大夫，正四命。小醫上士，正三命。主藥下士，六人，正一命。醫正上士，正三命。醫正中士，正二命。醫正下士，正一命。醫生三百人。瘍醫上士，正三命。瘍醫中士，正二命。瘍醫下士，正一命。太府中大夫，掌貢賦貨賄，以供國用。正五命。太府上士，一人，正三命。玉府上士，正三命。玉府中士，正二命。内府上士，正三命。内府中士，正二命。外府上士，二人，正三命。外府中士，二人，正二命。左府上士，正三命。左府中士，正二命。右府上士，正三命。右府中士，正二命。縫工上士，正三命。縫工中士，正二命。染工上士，一人，正三命。染工中士，正二命。計部中大夫，一人，正五命。小計部下大夫，正四命。小計部上士，正三命。掌納上士，正三命。掌納中士，正二命。掌出上士，正三命。掌出中士，正二命。司内上士，正三命。小司内中士，正二命。内小臣奄中士，正二命。内小臣奄下士，正一命。内司服奄中士，掌皇后衣。正二命。内司服奄下士，正一命。典婦功奄中士，正二命。典婦功奄下士，正一命。巷伯中士，正二命。巷伯下士，正一命。

地官府，掌民戶、土地、賦役、倉廪、教育、關市及山澤漁獵諸事。其下屬官有：大司徒卿，掌邦教。一人，正七命。小司徒上大夫，二人，正六命。地官府都上士，正三命。民部中大夫，掌承司徒教，以籍帳之法，贊計人民之多寡。二人，正五命。民部吏上士，正三命。民部吏中士，正二命。鄉伯中大夫，正五命。小鄉伯下大夫，正四命。小鄉伯上士，正三命。小鄉伯中士，正二命。鄉大夫每鄉下大夫，正四命。鄉正上士，正三命。鄉正中士，正二命。州長每州上士，正三命。州長每州中士，正二命。左右遂伯每方中大夫，正五命。小遂伯下大夫，正四命。小遂伯上士，正三命。小遂伯中士，正二命。遂大夫每遂下大夫，正四命。遂正上士，正三命。遂正中士，正二命。稍伯每方中大夫，正五命。小稍伯下大夫，正四命。小稍伯上士，正三命。小稍伯中士，正二命。稍大夫每稍下大夫，正四命。稍正上士，正三命。稍正中士，正二命。縣伯每方中大夫，正五命。小縣伯下大夫，正四命。小縣伯上士，正三命。小縣伯中士，正二命。縣大夫每縣下大夫，正四命。縣正上士，正三命。縣正中士，正二命。畿伯每方中大夫，正五命。小畿伯下大夫，正四命。小畿伯上士，正三命。小畿伯中士，正二命。畿大夫每畿下大夫，正四命。畿正上士，正三命。畿正中士，正二命。黨正每黨旅下士，正一命。載師中大夫，掌任土之法，辨夫家田里之數，會六畜車乘之稽，審賦役斂弛之節，制畿疆修廣之域，頒施會之要，審牧產之政。正五命。小載師下大夫，正四命。小載師上士，正三命。司封中士，正二命。司封下士，正一命。司農上士，掌三農九穀稼穡之政令，一人，正三命。司農中士，一人，正二命。司均上士，掌田里之政令，正三命。司均中士，正二命。司賦上士，掌功賦之政令，正三命。司賦中士，正二命。司役上士，掌力役之政令，正三命。司役中士，正二命。掌鹽每地中士，正二命。掌鹽下士，正一命。掌遺中士，正二命。掌堰下士，正一命。典牧中士，正二命。典牧下士，正一命。典牛中士，一人，正二命。典牛下士，正一命。師氏中大夫，正五命。小師氏下大夫，正四命。小師氏上士，正三命。保氏下大夫，掌規諫，一人，正四命。保氏上士，正三命。司諫上士，正三命。司諫中士，正二命。司救上士，正三命。司救中士，正二命。司媒上士，正三命。司媒中士，正二命。上訓中士，正二命。上訓下士，正一命。誦訓中士，正二命。誦訓下士，正一命。司倉中大夫，掌辨九穀之物，以量國用。正五命。司倉下大夫，一人，正四命。小司倉上士，一人，正三命。舍人上士，正三命。司禄上士，正三命。神倉中士，正二命。神倉下士，正一命。黍倉中士，正二命。黍倉下士，正一命。稷倉中士，正二命。稷倉下士，正一命。稻倉中士，正二命。稻倉下士，正一命。豆倉中士，正二命。豆倉下士，正一命。麥倉中士，正二命。麥倉下士，正一命。米倉中士，正二命。米倉下士，正一命。鹽倉中士，正二命。鹽倉下士，正一命。典麴中士，正二命。典麴下士，正一命。典春中士，正二命。典春下士，正一命。典磑中士，正二命。典磑下士，正一命。司門下大夫，正四命。小司門上士，正三命。掌節中士，正二命。掌節下士，正一命。宮門中士，掌皇城五門之禁令。一人，正二命。宮門下士，一人，正一命。城門中士，掌皇城十二門之禁令，一人，正二命。城門下士，一人，正一命。司關中士，正二命。司關下士，正一命。司市下大夫，一人，正四命。小司市上士，一人，正三命。均工中士，正二命。均工下士，正一命。平準中士，正二命。平準下士，正一命。泉府中士，正二命。泉府下士，正一命。虞部下大夫，掌山澤草木鳥獸而蕃阜之。一人，正四命。小虞部上士，正三命。山虞中士，正二命。山虞下士，正一命。澤虞中士，正二命。澤虞下士，正一命。林衡中士，正二命。林衡下士，正一命。川衡中士，正二命。川衡下士，正一命。掌禽中士，正二命。掌禽下士，正一命。掌囿中士，正二命。掌囿下士，正一命。掌圃下士，正一命。掌炭中士，正二命。掌炭下士，正一命。掌薪下士，正一命。掌芻中士，正二命。掌芻下士，正一命。

春官府，制訂國家各項禮儀，主持祭祀儀式，守護宗廟陵墓，撰寫皇帝詔命，修撰國史以及音樂、卜、祝、僧、道等方面的事務。其屬官有：大宗伯卿，掌邦禮，以佐皇帝和邦國。一人，正七命。小宗伯上大夫，二人，正六命。春官府都上士，正三命。司宗中大夫，正五命。司宗上士，正三命。司宗中士，正二命。司宗旅下士，正一命。守廟中大夫，正五命。小守廟下大夫，正四命。小守廟上士，正三命。小守廟下士，正一命。典祀中大夫，一人，正五命。小典祀下大夫，正四命。小典祀上士，正三命。司几筵中士，正二命。司几筵下士，正一命。司罇彝中士，正二命。司罇彝下士，正一命。掌鬱中士，正二命。掌鬱下士，正一命。司邑中士，正二命。司邑下士，正一命。司犧中士，正二命。司犧下士，正一命。司雞中士，正二命。司雞下士，正一命。司郊上士，一人，正三命。司郊中士，一人，正二命。司郊下士，一人，正一命。司社中士，一人，正二命。司社下士，一人，正一命。掌次上士，正三命。掌次下士，正一命。内史上大夫，一人，正六命。内史中大夫，二人，正五命。小内史下大夫，二人，正四命。小内史上士，二人，正三命。小内史中士，正二命。小内史下士，正一命。御史上士，正三命。御史中士，正二命。御史下士，正一命。外史下大夫，掌書王言及動作之事，以爲國志。掌書籍。正四命。外史上士，正三命。著作上士，掌綴國録。二人，正三命。著作中士，四人，正二命。校書下士，十二人，正一命。禮部下大夫，掌内外九族之差，及玉帛衣服之令，沙門道士之法。原稱典命中士，尋改大司禮，後又改爲禮部下大夫。正四命。小禮部上士，正三命。典瑞中士，正二命。典瑞下士，正一命。典服中士，正二命。典服下士，正一命。司寂上士，掌法門之政。正三命。司寂中士，正二命。司玄中士，掌道門之政。正二命。司玄下士，正一命。治禮中士，一人，正二命。治禮下士，一人，正一命。司謁中士，正二命。司謁下士，正一命。太史中大夫，掌歷家之法。一人，正五命。太史上士，正三命。小史下大夫，正四命。小史上士，正三命。馮相上士，正三命。馮相中士，正二命。保章上士，正三命。保章中士，正二命。樂部中大夫，掌成均之法。原稱司樂中大夫。正五命。小樂部下大夫，正四命。小樂部上士，正三命。小樂部中士，正二命。太學博士下大夫，六人，正四命。太學助教上士，六人，正三命。小學博士上士，正三命。小學助教中士，正二命。樂師上士，一人，正三命。樂師中士，一人，正二命。樂胥中士，正二命。樂胥下士，正一命。司歌中士，正二命。司歌下士，正一命。司鍾磬中士，正二命。司鍾磬下士，正一命。司鼓中士，正二命。司鼓下士，正一命。司吹中士，正二命。司吹下士，正一命。司舞中士，正二命。司舞下士，正一命。篪章中士，正二命。篪章下士，正一命。掌散樂中士，正二命。掌散樂下士，正一命。典夷樂中士，正二命。典夷樂下士，正一命。典庸器中士，正二命。典庸器下士，正一命。太卜下大夫，正四命。小卜上士，正三命。龜占中士，正二命。龜占下士，正一命。筮占中士，正二命。筮占下士，正一命。夢占中士，正二命。夢占下士，正一命。視祲中士，正二命。視祲下士，正一命。太祝下大夫，一人，正四命。小祝上士，正三命。司巫中士，正二命。司巫下士，正一命。喪祝中士，正二命。喪祝下士，正一命。甸祝中士，正二命。甸祝下士，正一命。詛祝中士，正二命。詛祝下士，正一命。神士中士，正二命。神士下士，正一命。司車輅下大夫，掌公車之政，辨其名品，與其物色。正四命。小司車輅上士，正三命。典路中士，正二命。典路下士，正一命。司車中士，正二命。司車下士，正一命。司常中士，掌旗物之藏。正二命。司常下士，正一命。夏采下大夫，正四命。小夏采上士，正三命。守陵每陵上士，一人，正三命。守陵每陵中士，正二命。掌墓中士，正二命。掌墓下士，正一命。職喪中士，正二命。職喪下士，正一命。

夏官府掌軍政，主持征伐及四時治兵講武，並掌官員遷調之權。統率宿衛將士，掌管軍用庫藏及牲畜、車輛等。其屬官有：大司馬卿，掌邦政，以建邦國之九法，佐皇帝平邦國，大祭祀掌其宿衛。一人，正七命。小司馬上大夫，二人，正六命。夏官府都上士，正三命。軍司馬中大夫，正五命。軍司馬上士，正三命。軍司馬中士，正二命。軍司馬旅下士，正一命。職方中大夫，正五命。小職方下大夫，正四命。小職方上士，正三命。土方中士，正二命。土方下士，正一命。山師中士，正二命。山師下士，正一命。

川師中士，正二命。川師下士，正一命。懷方中士，正二命。懷方下士，正一命。訓方中士，正二命。訓方下士，正一命。吏部中大夫，掌群臣及諸子之簿，辨其貴賤，與其年歲，歲登下其損益之數。依六勳之賞，頒禄之差。掌選舉。一人，正五命。小吏部下大夫，一人，正四命。小吏部上士，正三命。司士中大夫，正五命。司士上士，正三命。司士中士，正二命。司勳中大夫，正五命。司勳下大夫，正四命。司勳上士，一人，正三命。司勳中士，正二命。司錄上士，正三命。司錄中士，正二命。左右武伯中大夫，掌內外衛之禁令，兼六率之士。皇帝臨軒，則備三仗於庭。服金甲，執金釦仗，立於殿上東西階之側。行則列兵於帝之左右。從則服金甲，被繡袍。各一人，正五命。左右小武伯下大夫，各二人，正四命。左右小武伯上士，正三命。左右虎賁率上士，正三命。虎賁率倅長中士，正二命。左右虎賁倅長下士，正一命。左右旅賁率上士，掌旅賁之事。其隊服皆青，以朱爲飾。立於三仗第二行之南北。正三命。左右旅賁率倅長中士，正二命。左右旅賁倅長下士，正一命。左右射聲率上士，掌射聲之士。其隊器服皆朱，以黃爲飾。立於三仗第三行之南北。正三命。左右射聲率倅長中士，正二命。左右射聲倅長下士，正一命。左右驍騎率上士，掌驍騎之士。其隊器服皆黃，以皓爲飾。立於三仗第四行之南北。各二人，正三命。左右驍騎率倅長中士，正二命。左右驍騎倅長下士，正一命。左右羽林率上士，掌羽林之士。其隊器服皆皓，以玄爲飾。立於三仗第五行之南北。各二人，正三命。左右羽林率倅長中士，各二人，正二命。左右羽林倅長下士，正一命。左右游擊率上士，掌游擊之士。其隊器服皆玄，以青爲飾。正三命。左右游擊率倅長中士，正二命。左右游擊倅長下士，正一命。兵部中大夫，正五命。小兵部下大夫，正四命。小兵部上士，正三命。武環率下大夫，二人，正四命。武環率上士，正三命。武環倅長下士，正一命。武候率下大夫，二人，正四命。武候率上士，正三命。武候倅長下士，正一命。司固上士，正三命。司固中士，正二命。司火中士，正二命。司火下士，正一命。司辰中士，正二命。司辰下士，正一命。大馭中大夫，正五命。小馭下大夫，正四命。戎馭下大夫，正四命。齋馭下大夫，正四命。道馭上士，正三命。田馭上士，正三命。銜枚中士，正二命。銜枚下士，正一命。司右中大夫，正五命。小司右下大夫，正四命。小司右上士，正三命。小司右中士，正二命。戎右下大夫，正四命。齋右下大夫，正四命。賓右上士，正三命。道右上士，正三命。田右上士，正三命。司射下大夫，正四命。小司射上士，正三命。司仗上士，正三命。司仗中士，正二命。駕部中大夫，一人，正五命。小駕部下大夫，正四命。小駕部上士，一人，正三命。左右厩上士，各一人，正三命。左右厩中士，正二命。左右厩閑長下士，正一命。左右厩奉乘，各二十人。左右厩馭夫，各一百三十人。典牝上士，一人，正三命。典牝中士，一人，正二命。典牡上士，一人，正三命。典牡中士，一人，正二命。典駝中士，一人，正二命。典駝下士，正一命。典羊中士，一人，正二命。典羊下士，正一命。獸醫上士，正三命。獸醫中士，正二命。獸醫下士，正一命。武藏中大夫，一人，正五命。小武藏下大夫，一人，正四命。司袍襖中士，正二命。司袍襖下士，正一命。司弓矢中士，正二命。司弓矢下士，正一命。司甲中士，正二命。司甲下士，正一命。司稍中士，正二命。司稍下士，正一命。司刀盾中士，正二命。司刀盾下士，正一命。

秋官府負責刑法的制定和執行，掌朝儀並負責接待四方使者，管理各種徒隸和罪犯。其屬官有：大司寇卿，掌刑邦國。一人，正七命。小司寇上大夫，二人，正六命。秋官府都上士，正三命。司憲中大夫，辨國之五禁，掌丞司寇之法，以左右刑罰。二人，正五命。司憲上士，二人，正三命。司憲中士，正二命。司憲旅下士，八人，正一命。刑部中大夫，掌五刑之法，附萬民之罪。正五命。小刑部下大夫，一人，正四命。小刑部上士，正三命。小刑部下士，正一命。司刺上士，正三命。司刺中士，正二命。鄉法上士，正三命。鄉法中士，正二命。遂法上士，正三命。遂法中士，正二命。稍法上士，正三命。稍法中士，正二命。縣法上士，正三命。縣法中士，正二命。畿法上士，正三命。畿法中士，正二命。方憲上士，正三命。方憲中士，正二命。掌囚中士，正二命。掌囚下士，正一命。掌朝下大夫，掌朝典筆硯，持至御坐，則承御大夫取以進之。正四命。小掌朝上士，正三命。掌察上士，正三命。掌察中士，正二命。掌察下士，正一命。司約中士，正二命。司約下士，正一命。司盟中士，正二命。司盟下士，正一命。職金中士，正二命。職金下士，正一命。掌璧中士，正二命。掌璧下士，正一命。司厲中士，掌諸奴男女，男子入於罪隸，女子入於舂藁之事。正二命。司厲下士，正一命。布憲中大夫，正五命。布憲下大夫，正四命。小布憲上士，正三命。脩閭中士，正二命。脩閭下士，正一命。掌墠中士，正二命。掌墠下士，正一命。禁殺戮中士，正二命。禁殺戮下士，正一命。禁游中士，正二命。禁游下士，正一命。禁暴中士，正二命。司寤中士，正二命。司寤下士，正一命。蕃部中大夫，掌諸侯朝覲之叙。正五命。小蕃部下大夫，正四命。小蕃部上士，正三命。小蕃部下士，正一命。掌交上士，正三命。掌交中士，正二命。司匡上士，正三命。司匡中士，正二命。賓部中大夫，正五命。小賓部下大夫，一人，正四命。小賓部上士，一人，正三命。司儀上士，一人，正三命。司儀中士，二人，正二命。東掌客上士，一人，正三命。東掌客中士，正二命。南掌客上士，一人，正三命。南掌客中士，正二命。西掌客上士，一人，正三命。西掌客中士，正二命。北掌客上士，一人，正三命。北掌客中士，正二命。司行下士，正一命。掌訝中士，正二命。掌訝下士，正一命。司環中士，正二命。司環下士，正一命。野盧中士，正二命。野盧下士，正一命。象謂中士，正二命。象謂下士，正一命。掌貨賄中士，正二命。掌貨賄下士，正一命。司要下大夫，正四命。小司要上士，正三命。司烜中士，正二命。司烜下士，正一命。伊耆氏中士，正二命。伊耆氏下士，正一命。司調下大夫，正四命。司調中士，正二命。司調下士，正一命。司柞中士，正二命。司柞下士，正一命。司薙中士，正二命。司薙下士，正一命。田正下大夫，正四命。小田正上士，正三命。掌犬中士，正二命。掌犬下士，正一命。司迹中士，正二命。司迹下士，正一命。弋禽中士，正二命。弋禽下士，正一命。捕獸中士，正二命。捕獸下士，正一命。掌皮中士，正二命。掌皮下士，正一命。弭妖中士，正二命。弭妖下士，正一命。翦蠹中士，正二命。翦蠹下士，正一命。庶蠹中士，正二命。庶蠹下士，正一命。司隸下大夫，掌五隸及徒者，捕盜賊囚執之事。正四命。小司隸上士，正三命。掌罪隸中士，正二命。掌罪隸下士，正一命。掌夷隸中士，正二命。掌夷隸下士，正一命。掌蠻隸中士，正二命。掌蠻隸下士，正一命。掌戎隸中士，正二命。掌戎隸下士，正一命。掌狄隸中士，正二命。掌狄隸下士，正一命。掌徒中士，正二命。掌徒下士，正一命。

　　冬官府掌國家各種工匠，負責興造、製作事務，以及金屬開采煉制、河道疏浚、舟船運輸等。其屬官有：大司空卿，掌邦事，以五材九範之徒，佐皇帝富邦國。大祭祀行灑掃。廟社四望，則奉豕牲。一人，正七命。小司空上大夫，二人，正六命。冬官府都上士，正三命。工部中大夫，掌司空之事，掌百工之籍，而理其政令。二人，正五命。工部上士，正三命。工部中士，正二命。工部旅下士，正一命。匠師中大夫，掌城郭宮室之制，及諸器物度量。一人，正五命。小匠師下大夫，一人，正四命。小匠師上士，一人，正三命。小匠師中士，正二命。內匠上士，正三命。內匠中士，正二命。外匠上士，正三命。外匠中士，正二命。司量中士，掌為壇之制。正二命。司量下士，正一命。司準中士，正二命。司準下士，正一命。司度中士，正二命。司度下士，正一命。掌材上士，二人，正三命。掌材中士，二人，正二命。掌材下士，正一命。司木中大夫，掌木工之政令，一人，正五命。小司木下大夫，正四命。小司木上士，正三命。車工中士，正二命。車工下士，正一命。角工中士，正二命。角工下士，正一命。彝工中士，正二命。彝工下士，正一命。器工中士，正二命。器工下士，正一命。

弓工中士，正二命。弓工下士，正一命。箭工中士，正二命。箭工下士，正一命。盧工中士，正二命。盧工下士，正一命。司土中大夫，正五命。小司土下大夫，正四命。小司土上士，正三命。復工中士，正二命。復工下士，正一命。陶工中士，一人，正二命。陶工下士，一人，正一命。塗工中士，正二命。塗工下士，正一命。司金中大夫，正五命。小司金下大夫，正四命。小司金上士，正三命。小司金中士，正二命。典丱中士，正二命。典丱下士，正一命。冶工中士，一人，正二命。冶工下士，正一命。鑄工中士，正二命。鑄工下士，正一命。鍛工上士，正三命。鍛工中士，正二命。鍛工下士，正一命。函工上士，正三命。函工中士，正二命。函工下士，正一命。雕工中士，正二命。雕工下士，正一命。司水中大夫，一人，正五命。小司水下大夫，正四命。小司水上士，正三命。典甕上士，正三命。典甕中士，正二命。典甕下士，正一命。掌津中士，掌津渡川瀆之制，而爲之橋梁。一人，正二命。掌津下士，正一命。舟工中士，一人，正二命。舟工下士，正一命。典魚中士，正二命。典魚下士，正一命。典巋中士，正二命。典巋下士，正一命。司玉下大夫，正四命。小司玉上士，正三命。小司玉中士，正二命。瑂工中士，正二命。瑂工下士，正一命。磐工中士，正二命。磐工下士，正一命。石工中士，正二命。石工下士，正一命。司皮下大夫，正四命。小司皮上士，正三命。裘工中士，正二命。裘工下士，正一命。履工中士，正二命。履工下士，正一命。鞄工中士，正二命。鞄工下士，正一命。韗工中士，正二命。韗工下士，正一命。韋工中士，正二命。韋工下士，正一命。膠工中士，正二命。膠工下士，正一命。毳工中士，正二命。毳工下士，正一命。司色下大夫，一人，正四命。小司色上士，正三命。繢工中士，正二命。繢工下士，正一命。漆工中士，正二命。漆工下士，正一命。油工中士，正二命。油工下士，正一命。司織下大夫，掌凡機材之工。一人，正四命。小司織上士，正三命。弁工中士，正二命。弁工下士，正一命。織絲中士，正二命。織絲下士，正一命。織綵中士，正二命。織綵下士，正一命。織枲中士，正二命。織枲下士，正一命。織組中士，正二命。織組下士，正一命。司卉下大夫，正四命。小司卉上士，正三命。竹工中士，正二命。竹工下士，正一命。籍工中士，正二命。籍工下士，正一命。罟工中士，正二命。罟工下士，正一命。紙工中士，正二命。紙工下士，正一命。

在六官之外，傳世文獻與碑志中另可見一些北周職官，但其隸屬和職掌不詳，其官稱及命品如下：御飾□大夫，正□命。御飾下士，正一命。宣納下大夫，正四命。宣納上士，正三命。宣納中士，正二命。少府下大夫，正四命。御府□大夫，正□命。門正上士，正三命。掌禮上士，正三命。掌冶上士，正三命。掌教上士，正三命。掌教中士，正二命。司成中大夫，正五命。司成下大夫，正四命。麟趾殿學士，掌著述，刊校經史，考校圖籍，五日番上。露門學文學博士□大夫，北周武帝天和二年（567）置露門學，以蕭撝、唐瑾、元偉、王褒任之，教授學子。四人皆爲公卿中的文學之士，任官中大夫。學生大多爲大臣子弟，亦有大臣帶職入學，皇太子亦曾在此受教。四人，正□命。露門學博士下大夫，正四命。露門學士，露門學屬官，教授生徒。亦稱"虎門學士"。露門學生，七十二人。通道觀學士，百二十人。軍正中大夫，正五命。軍正下大夫，正四命。侯正。左右勳曹中大夫，正五命。左右勳曹下大夫，正四命。左右司武上大夫，總宿衛軍事。正六命。左右小司武□大夫，正□命。司武上士，正三命。司武中士，正二命。勁捷左旅上大夫，正六命。果毅右旅下大夫，正四命。左旅下大夫，正四命。右旅侍。忠義都上士。勇猛中大夫，正五命。英果中大夫，正五命。雄俊（峻）中大夫，正五命。雄峻中士，正二命。折衝中大夫，正五命。折衝上士，正三命。振威中大夫，正五命。熊渠中大夫，正五命。伙飛中大夫，正五命。伙飛右旅下大夫，正四命。前驅中大夫，正五命。前侍伯中大夫，正五命。左右侍伯中大夫，正五命。侍伯中旅下大夫，正四命。小侍伯下大夫，正四命。侍伯上士，正三命。右侍伯中士，正二命。右侍下大夫，正四命。胥附中大夫，正五命。小胥附下大夫，正四命。胥附上士，正三命。典馭下大夫，正四命。司馭中大夫，正五命。司御上士，正三命。大馭都下士，正一命。輿正上士，正三命。承御中大夫，正五命。小承御下大夫，正四命。小承御上士，正三命。小承御中士，正二命。小承御下士，正一命。司城中大夫，正五命。司寺下大夫，正四命。成都上士，正三命。

六官之外，可知的北周中央機構還有軍器監，負責軍事器械製造。其屬官有軍器大監、軍器副監。營作監，主要負責宮室建築事宜。其屬官有營作大監、營作副監、營構監。

　　内命，[1]謂王朝之臣。三公九命，三孤八命，六卿七命，上大夫六命，[2]中大夫五命，[3]下大夫四命，[4]上士三命，[5]中士再命，[6]下士一命。[7]

[1]内命：指在朝廷中任職之官。

[2]上大夫：官名。原爲官爵名。周代官制大夫爵中最高的一等。春秋時大國之上大夫相當於次國下卿、小國中卿之位。西魏時在天官、地官等六府中皆置此職，爲六府的副長官。

[3]中大夫：官名。原爲官爵名，周代官制大夫爵中的第二等。春秋時晉、齊等國大夫分上、中、下三等，此爲第二等。西魏、北周置爲六府諸司長官。

[4]下大夫：官名。原爲官爵名，周代官制大夫爵中的第三等。春秋時大國下大夫相當於小國下卿。西魏、北周時天官、六官等六府皆置，多爲各司次官。

[5]上士：官名。原爲官爵名，周代官制士一級爵位的最高一等。西魏、北周天官、地官等六府及下屬諸司皆置。依職掌不同，各冠以所屬官署名。

　　[6]中士：官名。原爲官爵名，周代官制士一級爵位的第二等。西魏、北周天官、地官等六府及下屬諸司皆置，依職掌不同，各冠以所屬官署名。

　　[7]下士：官名。原爲官爵名，周代官制士一級爵位的最低級。西魏、北周天官、地官等六府及下屬諸司皆置，多爲佐貳官。依職掌不同，各冠以所屬官署名。

　　按，另據《北周六典》，内命官還包括内命婦系列，見於史料者如下：

　　三妃，原稱三夫人，武帝建德二年（573）改爲三妃。三妃，有貴妃，長貴妃，德妃。建德六年減爲二妃。宣帝時同時立五皇后，除楊后外，其餘四后，其實爲妃。三妃位視三公。三㛃，武帝時稱世婦。後改爲三。三㛃，位視三孤。六嬪，位視六卿。御媛，位視大夫。分上、中、下媛婦。御婉，三人，位視士。疑亦分爲上、中、下三等。

　　東宮官屬系列，見於史料者如下：太子太師，一人。太子太傅，一人。太子太保，一人。太子少師，一人。太子少傅，一人。太子少保，一人。太子左右宮正□大夫，正□命。太子宮尹下大夫，《通鑑》胡三省注曰：“周置太子宮尹，蓋即詹事之職。”正四命。太子小宮尹上士，正三命。太子小宮尹中士，正二命。太子諫議大夫，四人。太子文學，十人。太子侍讀。左右司衛上大夫，由左右二衛率所改而置。正六命。左右司衛中大夫，正五命。左右司衛上士，正三命。左右司衛中士，正二命。左宗衛。左親衛。左勳衛。左屯衛。太子司旅下大夫，正四命。太子車右中士，正二命。

　　外命，[1]謂諸侯及其臣。諸公九命，[2]諸侯八命，[3]諸伯七命，[4]諸子六命，[5]諸男五命，[6]諸公之孤卿四命，[7]侯之孤卿、公之大夫三命，子男之孤卿，侯伯之大夫、公之上士再命，子男之大夫、公之中士、侯伯之上士一命，公之下士、侯伯之中士下士、子男之士不命。[8]

[1]外命：指封建王侯及其臣屬。

[2]諸公：爵名。包括國公、郡公、縣公。爲五等爵中之第一等。有開國、襲封之別。北周初行周禮，天子稱天王，故王爵不以封皇帝親子弟，諸親子弟僅封爲國公，食邑萬户，武帝建德三年以後得進爵爲王。國公正九命，食邑自三千户至萬户，以封宗室、異姓功臣。郡公、縣公命品史書没有明載，據王仲犖《北周六典》考證，郡公爲正九命，食邑自一千户至八百户。縣公非正九命則當是九命，食邑自五百户至四千七百户。北周封爵正九命者還有國王、郡王和縣王。（參見王仲犖《北周六典》卷八《封爵第十九》，中華書局1979年版，第537—538頁）

[3]諸侯：爵名。爲五等爵中之第二等。縣侯正八命，食邑自五百户至一千八百户（參見王仲犖《北周六典》卷八《封爵第十九》，第554頁）。

[4]諸伯：爵名。爲五等爵中之第三等。縣伯正七命，食邑自五百户至一千九百户（參見王仲犖《北周六典》卷八《封爵第十九》，第554—555頁）。

[5]諸子：爵名。爲五等爵中之第四等。縣子正六命，食邑自二百户至二千户（參見王仲犖《北周六典》卷八《封爵第十九》，第555—556頁）。

[6]諸男：爵名。爲五等爵中之第五等。縣男正五命，食邑自二百户至八百户（參見王仲犖《北周六典》卷八《封爵第十九》，第556—558頁）。

[7]公之孤卿：指諸公之少師、少傅、少保。

[8]據《北周六典》，北周外命官見於史料者，另有王友，二人。王文學，六人。王侍讀。府長史。府司馬。府司録。府從事中郎。府掾。府屬。府列曹參軍。府參軍事。府郎中令。府中尉。府

典籤。府典衛，掌守衛之事。府中大夫。府園苑。府闈官，王公府養牛馬之吏。亦作國官。

外命婦見於史料者，另有大長公主。長公主。公主。王太妃。王妃。太夫人。夫人，北周制，公侯伯子男五等爵之妻皆得稱夫人。郡君。縣君。

其制禄秩，下士一百二十五石，中士已上，至於上大夫，各倍之。上大夫是爲四千石。卿二分，孤三分，公四分，各益其一。公因盈數爲一萬石。[1]其九秩一百二十石，八秩至於七秩，每二秩六分而下各去其一，二秩一秩俱爲四十石。[2]凡頒禄，視年之上下。畝至四釜爲上年，[3]上年頒其正。三釜爲中年，中年頒其半。二釜爲下年，下年頒其一。無年爲凶荒，不頒禄。六官所制如此。[4]

[1]盈數：指十、百、萬等整數。

[2]一秩：二字原脱，據中華本補。

[3]釜：古量器。也叫“鬴”。春秋戰國時流行於齊國。現存有戰國時的子禾子釜和陳純釜，都作壇形，小口大腹，有兩耳。

[4]本書並未提到北周軍事職官系統的設置，此據王仲犖《北周六典》略補如下：

都督中外諸軍事府，其長官爲都督中外諸軍事，國家軍事最高統帥，多由權臣擔任。其下屬官有長史。司馬。司録。從事中郎。府掾。府屬。記室參軍。功曹參軍。户曹參軍。倉曹參軍。兵曹參軍。外兵曹參軍。禮曹參軍。樂曹參軍。賓曹參軍。田曹參軍。水曹參軍。參軍事。行參軍。領親信。北周武成元年（559），改都督諸州軍事爲總管，加使持節，管理轄區軍政民政。所轄區域增減無常，一般轄數州，多者可達數十州。總管開府置僚屬，其下屬官包括：副總管。長史。司馬。司錄。治中。中郎。府掾。府屬列曹參軍。參軍事。防主，始置於東西魏分峙之際，爲防之主將，掌轄區軍政事務，多以刺史、郡守或都督數州或數防諸軍事兼領。副防主，北周唯江陵置。城主，周陳、周齊交戰時置。爲城之主將，多以刺史、郡守等兼領。鎮將。副鎮將。別將，秦漢時別將泛指率部分兵力與主力分道而進的次要將領。北魏中葉以後，軍之元帥稱都督，與主力分道而行爲之輔翼的別將稱別道都將，其後遂稱別將。正六命。統軍，北魏始置，最初爲統率營士，其後遂成偏裨之官稱。正五命。軍主，始置於南朝宋，爲統領士兵之軍將，領兵自一千人至三千人也。北魏、北周亦置，領兵數不定。四命。幢主，南朝宋始置，北魏軍中亦置，領馬步五百。北齊、北周沿置。正三命。戍主，西晉末始置，爲戍的主將。掌防守捍禦之事，除管理軍政，還干預民政和財政。多以郡太守、縣令、州參軍及雜號將軍等官兼領。北魏亦置，曾因政權不穩，曾詔留戍主、副質子於京師。北齊沿置，從七品。此後，戍分上、中、下三等。北周三命。戍副，北魏始置，北齊沿置，北周二命。烽帥，東漢始置，爲守烽火之吏卒。北周亦置。驛將，掌驛之吏。指驛司、典驛。多以正三命、三命品階者任之，又多帶雜號將軍。出師作戰，則時置行軍元帥，爲最高統兵官，領一道或數道行軍總管征戰，兵罷則罷。行軍元帥開府置僚屬，其府屬官有監軍。府長史。府司馬。府列曹參軍，可見於碑志者，唯兵曹、賓曹而已，其餘曹名無考。另有行軍總管，爲一路兵馬臨時統帥，事訖則罷。遇重大軍事行動，則隸於行軍元帥。亦開府置僚屬，其府屬官見於史料者有監軍、長史。北周亦設水軍總管。地方行政系統，則北周建德六年二月，於相、并二總管各置宮及六府官，六府比照中央六官置官。大象元年（579）二月，移相州六府於洛陽，稱東京六府。東京六府統領河陽、幽、相、豫、亳、青、徐七總管。不備官，以東京小司寇、東京小宮伯分掌之。其下屬官見於史料者有：東京小冢宰上大夫，正六命。東京司門下大夫，正四命。東京小宗伯上大夫，正六命。東京司宗中大夫，正五命。東京吏部下大夫，正四命。東京小吏部上士，正三命。東京小司寇上大夫，正六命。東京司憲中大夫，正五命。另同州、并州、相州置司會。州置刺史，北周明帝時改雍州刺史爲牧，一人，九命。牧下屬官有長史。司馬。司錄。大呼藥，正六命。小呼藥，六命。別駕。治中。主簿。列曹參軍。户三萬以上州刺史，正八命。下置長史，六命。司馬，六命。司錄，六命。呼藥，五命。別駕，正四命。治中，四命。主簿。列曹參軍，正三命。户二萬以上州刺史，八命。下置長史，正五命。司馬，正五命。司錄，正五命。呼藥，正四命。別駕。治中。主簿。列曹參軍，三命。户一萬以上州刺史，正七命。下置長史，五命。司馬，五命。司錄，五命。呼藥，四命。別駕，四命。治中，正三命。主簿。列曹參軍，正二命。户五千以上州刺史，七命。下置長史，正四命。司馬，正四命。司錄，正四命。呼藥，正三命。別駕。治中。主簿。列曹參軍，二命。户不滿五千以上州刺史，正六命。下置長史，四命。司馬，四命。司錄，四命。呼藥，三命。別駕，正三命。治中，三命。主簿。列曹參軍，正一命。郡置郡守，京兆尹，一人，八命，下置郡丞、主簿。户一萬五千以上郡守，七命。下置郡丞，四命。主簿。户一萬以上郡守，正六命。下置郡丞，正三命。主簿。户五千以上郡守，六命。下置郡丞，三命。主簿。户一千以上郡守，正五命。下置郡丞，正二命。主簿。户不滿一千以上郡守，五命。下置郡丞，二命。主簿。縣置縣令。長安、萬年縣令，正五命。下置縣丞。主簿。博士。户七千以上縣令，五命。户四千以上縣令，正四命。户二千以上縣令，四命。户五百以上縣令，正三命。户不滿五百以下縣令，三命。下皆置縣丞。主簿。博士。北周又置勳官，勳官本南北朝時期，用以酬戰士，後漸及朝官，在品階和封爵之外，更爲節級。北魏陸續設其官號，但咸是散秩，無所統御，亦皆雜亂。北周始置勳官十一等，以酬勳勞。其命品如下：上柱國，正九命。下設府僚，長史，正七命。司馬，正七命。司錄，正七命。中郎，正五命。掾，正五命。屬，正五命。列曹參軍，正四命。參軍事，正三命。柱國大將軍，十六國後燕始置。北魏初亦置，位在太尉之上，後罷。北魏末復置，位在丞相上，用以安置權臣。西魏任命八人爲柱國，稱八柱國。爲最高官職，其中六人分掌全國府兵。北周除授漸多，成爲没有具體職掌的勳官。周制，授柱國大將軍者，並加使持節大都督。正九命。下設府僚，長史，正七命。司馬，正七命。司録，正七命。中郎，正五命。掾，正五命。屬，正五命。列曹參軍，正四命。參軍事，正三命。上大將軍，正九命。下設府僚，長史，正七命。司馬，正七命。司録，正七命。中郎，正五命。掾，正五命。屬，正五命。列曹參軍，正四命。參軍事，正三命。大將軍，戰國時始置，爲最高軍事統帥。列朝沿置。北周始置爲勳官。正九命。下置府僚，長史，正七命。司馬，正七命。司録，正七命。中郎，正五命。掾，正五命。屬，正五命。列曹參軍，正四命。參軍事，正三命。上開府儀同大將軍，九命。下置府僚，長史，正六命。司馬，正六命。司録，正六命。中郎，五命。掾，五命。屬，五命。列曹參軍，四命。參軍事，三命。開府儀同大將軍，九命。周制，授開府儀同者，並加使持節大都督，其開府，又加驃騎大將軍，侍中。下置府僚，長史，正六命。司馬，正六命。司録，正六命。中郎，五命。掾，五命。屬，五命。列曹參軍，四命。參軍事，三命。上儀同大將軍，九命。下置府僚，長史，六命。司馬，六命。司録，六命。中郎，正四命。掾，正四命。屬，正四命。列曹參軍，正三命。參軍事。儀同大將軍，九命。周制，授開府儀同者，並加使持節大都督，其儀同又加車騎大將軍、散騎常侍。下置府僚，長史，六命。司馬，六命。司録，六命。中郎，正四命。掾，正四命。屬，正四命。列曹參軍，正三命。參軍事。大都督，八命。帥都督，正七命。都督，七命。大都督、帥都督、都督亦置開府置僚屬，但其官屬不可考。北周亦置散官。散官與職事官相對，指有官名而無固定職事的官，亦作爲一種名譽品階。北魏置散官五等，散官不理事，但爲加官，唯假章綬禄賜班位而已，更不別給車服吏卒。因授任僞濫，不限員數，天下賤之。北周沿置，其散官有侍中。散騎常侍。左、右光禄大夫，正八命。左、右金紫光禄大夫，八命。左、右銀青光禄大夫，正七命。太中大夫，七命。中散大夫，七命。誠議大夫，正六命。左、右中郎將，六命。左、右員外常侍，正五命。奉車都尉，五命。奉騎都尉，五命。虎賁給事，正四命。冗從給事，正四命。給事中，四命。奉朝請，四命。左、右員外侍郎，正三命。武騎常侍，三命。武騎侍郎，三命。強弩司馬，正二命。積弩司馬，正二命。武騎司馬，二命。武威司馬，二命。殿中司馬，正一命。員外司馬，正一命。山林都尉，一命。淮海都尉，一命。戎號則有驃騎大將軍，九命。車騎大將軍，九命。驃騎車騎大將軍府長史，正六命。驃騎車騎大將軍府司馬，正六命。驃騎車騎大將軍府司録，正六命。驃騎車騎大將軍列曹參軍，四命。驃騎將軍，正八命。車騎將軍，正八命。驃騎車騎將軍府長史，正五命。驃騎車騎將軍府司馬，正五命。驃騎車騎府司録，正五命。驃騎車騎將軍府列曹參軍，三命。征東將軍，八命。征南將軍，八命。征西將軍，八命。征北將軍，八命。四征將軍府長史，五命。四征將軍司馬，五命。四征將軍府司録，五命。四征將軍府列曹參軍，正二命。中軍將軍，八命。鎮軍將軍，八命。撫軍將軍，八命。中鎮撫軍府長史，五命。中鎮撫軍府司馬，五命。中鎮撫軍府司録，五命。中鎮撫軍府列曹參軍，正二命。平東將軍，正七命。平南將軍，正七命。平西將軍，正七命。平北將軍，正七命。四平將軍府長史，正四命。四平將軍府司馬，正四命。四平將軍府司録，正四命。四平將軍府列曹參軍，二命。前、後、左、右將軍，正七命。前後左右將軍府長史、司馬、司録正四命。前後左右將軍府列曹參軍，二命。冠軍將軍，七命。輔國將軍，七命。冠軍輔國將軍府長史、司馬、司録，四命。冠軍輔國將軍府列曹參軍，正一命。鎮遠將軍，正六命。建忠將軍，正六命。鎮遠建忠將軍府長史、司馬，正三命。鎮遠建忠將軍府列曹參軍，一命。中堅將軍，六命。寧朔將軍，六命。中堅寧朔將軍府長史、司馬，正三命。中堅寧朔將軍府列曹參軍，一命。寧遠將軍，正五命。揚烈將軍，正五命。寧遠揚烈將軍府長史，三命。寧遠揚烈將軍府列曹參軍，一命。伏波將軍，五命。輕車將軍，五命。伏波輕車將軍府長史，三命。伏波輕車將軍府列曹參軍，一命。宣威將軍，正四命。明威將軍，正四命。襄威將軍，四命。厲威將軍，四命。威烈將軍，正三命。討寇將軍，正三命。蕩寇將軍，三命。蕩難將軍，三命。殄寇將軍，正二命。殄難將軍，正二命。掃寇將軍，二命。掃難將軍，二命。曠野將軍，正一命。橫野將軍，正一命。虎威將軍，一命。虎牙將軍，一命。又有千牛備身，千牛左右，不詳官品。

制度既畢，太祖以魏恭帝三年，[1]始命行之。所設官名，訖於周末，多有改更。並具盧傳，[2]不復重序云。

[1]魏恭帝：西魏皇帝元廓的謚號。紀見《北史》卷五，事亦見《周書》卷二《文帝紀下》。

[2]盧傳：指《周書》卷二四《盧辯傳》。